U0577430

随手写教育

《"四特"教育系列丛书》编委会 编著

吉林出版集团股份有限公司
全国百佳图书出版单位

图书在版编目（CIP）数据

随手写教育 / 《"四特"教育系列丛书》编委会编著 .
—长春：吉林出版集团股份有限公司，2012.4
（"四特"教育系列丛书 / 庄文中等主编 . 在故事中升
华经典）

ISBN 978-7-5463-8664-5

I . ①随… II . ①四… III . ①中小学教育－通俗读物
IV . ① G63-49

中国版本图书馆 CIP 数据核字（2012）第 044142 号

随手写教育

SUISHOU XIE JIAOYU

出 版 人	吴　强	
责任编辑	朱子玉　杨　帆	
开　　本	690mm×960mm　1/16	
字　　数	250 千字	
印　　张	13	
版　　次	2012 年 4 月第 1 版	
印　　次	2023 年 2 月第 3 次印刷	

出　　版	吉林出版集团股份有限公司
发　　行	吉林音像出版社有限责任公司
地　　址	长春市南关区福祉大路 5788 号
电　　话	0431-81629667
印　　刷	三河市燕春印务有限公司

ISBN 978-7-5463-8664-5　　　　　定价：39.80 元

前　言

　　学校教育是个人一生中所受教育最重要组成部分,个人在学校里接受计划性的指导,系统地学习文化知识、社会规范、道德准则和价值观念。学校教育从某种意义上讲,决定着个人社会化的水平和性质,是个体社会化的重要基地。知识经济时代要求社会尊师重教,学校教育越来越受重视,在社会中起到举足轻重的作用。

　　"四特教育系列丛书"以"特定对象、特别对待、特殊方法、特例分析"为宗旨,立足学校教育与管理,理论结合实践,集多位教育界专家、学者以及一线校长、老师们的教育成果与经验于一体,围绕困扰学校、领导、教师、学生的教育难题,集思广益,多方借鉴,力求全面彻底解决。

　　本辑为"四特教育系列丛书"之《在故事中升华经典》。

　　这是一部写给老师的书,因为故事中蕴含着慈爱、和谐、人性的教育方式;这也是一部写给学生的书,因为故事中洒满老师们对学生的温暖、感动、爱意、执着、顽强与刚毅……

　　教育是一门科学,也是一门艺术,是塑造人心智的高超艺术。对于教育人人都有自己的看法,而这本书中的观点能给人以许多启示。本书还汇集了众多著名教育学家、知名教师的经典教育文论,共同领略著名专家学术研究风范,引领我们进入教改理论与实践前沿,分享最新研究成果,把握创新教学理念脉搏,感悟前瞻性的教学思想。

　　教育,润物无声,是一种智慧、一种境界、一种追求。教育的这种智慧,这种境界,这种追求,虽然无声无形,但却有踪迹可寻。在教育实践中,那一个个平凡却并不平淡的片段,或呈现出教师解决问题的教育智慧;或记录着教师走出困惑的教学经历;或展现出教师奉献爱心的热忱。回顾那一个又一个生动的教育实践,既是一个沉淀的过程,也是一个升华的过程。

　　本辑共20分册,具体内容如下:

　　1.《师生情难忘》

　　如果我们的人生有一段华美的乐章,那一定来自老师教给我们的7个音符!一天天,一年年,我们在校园里茁壮成长。从懵懂孩童到青春飞扬,然后进入社会大舞台搏击人生。老师谆谆教诲的深情,是我们前行的灯火,给我们温暖、力量和信念……本书选录了100篇发生在师生之间的真情故事。这些平凡而真切的故事,让我们感动,让我们沉思,让我们回忆,让我们心怀敬意和感激……

　　2.《记忆深处》

　　翩翩红叶,徐徐飘落,总不忘留给土地柔软与肥沃;涓涓泉水,潺潺流淌,总不忘带给岸边甘甜与欢歌。享受"师生"情,奉献真诚心!让我们把握这份情,让心灵浸润在肥沃的土壤,开出绚烂的花朵;让我们紧守这份爱,让生命谱写圣洁的乐曲,唱出青春的赞歌。

在坎坷的人生道路上，是谁为我们点燃了一盏最明亮的灯；在荆棘的人生旅途中，是谁甘做引路人为我们指明前进的方向……是您，老师，把雨露洒遍大地，把幼苗辛勤哺育！无论记忆多么久远，每当想起老师，依然激情难耐；每当面对熟悉的老师，那一瞬间，那一件小事……总是激起我们对老师久蓄于心的感激……

3.《成长足迹》

这是发生在校园里的平凡而又感人至深的师生故事。因为爱，所以在教育的天空下，才会发生这么多感人的故事，这些也是对教育生命的审问、感怀和确认。这是一部写给老师的书，因为故事中蕴含着慈爱、和谐、人性的教育方式；这也是一部写给学生的书，因为故事中洒满老师们对学生的温暖、感动、爱意、执着、顽强与刚毅……

4.《悸动的心灵》

追忆往事并不是轻而易举的事情，在漫长的教育生涯中发现自己最难忘的某一个瞬间，其实也就像重新获得一种生存的意义一样美妙。这些教育故事也许并不是教育的解决之道，但却是对教育生命的审问、感怀和确认。也许我们更应该在教育中活出自己，也许我们既活在未来更活在无限的过去，在这些纷繁复杂却又素朴平凡的场景中，有最乐意的付出，有泪水和智慧，更有日日夜夜用心抒写因而温润无比的爱。

5.《春暖花开》

教育是一门科学，更是一门艺术。执著并献身于教育，不仅需要大步向前，也需要回头反思。回顾那一个又一个生动的教育实践，既是一个沉淀的过程，也是一个升华的过程。走进本书，这里全是暖暖的爱。

6.《孩子的微笑》

教育，润物无声，是一种智慧、一种境界、一种追求。教育的这种智慧，这种境界，这种追求，虽然无声无形，但却有踪迹可寻。在教育实践中，那一个个平凡却并不平淡的片段，或呈现出教师解决问题的教育智慧；或记录着教师走出困惑的教学经历；或展现出教师奉献爱心的热忱。

7.《故事里的教育智慧》

本书主要关注家庭教育、学校教育及社会教育中家长与孩子、教师与孩子、孩子与孩子之间的故事，它的特色是小故事蕴含大道理。其宗旨是：讲述真实的教育故事，研究深切的教育问题，创生新锐的教育思想，激活精彩的教育行动。其风格是：直面真实，创新为本和故事体裁。

8.《难忘的教育经典故事》

根据家长、教师和孩子的困惑，用各种形式的教育故事讲述一些很明白的道理，引导人用智慧的手段促进人的成长。这些故事或来自国外的或来自一线教学的实践，对于教育类人群均具有启发性。一个个使教师深思的小故事，一个个让学生向善的小故事，让我们教师真正领会生命教育的内涵。从现在开始关注生命的成长，关注人类的发展，关注社会的进步。

9.《中国教育名家印记》

在人类文明的进程中,数不清的教育大家,手擎着大旗,浓书着历史,描绘着蓝图,才有了今日教育的巨大进步。他们站在教育的殿堂里,发出的宏音,留下的足印,历史永远都不应该忘记,也不会忘记。

本书编者放眼中国教育进程,遴选出对教育产生重大影响的国内近百位教育名家,对其生平、教育思想、学术成果等进行介绍评说。

10.《外国教育名家小传》

在人类文明的进程中,数不清的教育大家,手擎着大旗,浓书着历史,描绘着蓝图,才有了今日教育的巨大进步。他们站在教育的殿堂里,发出的宏音,留下的足印,历史永远都不应该忘记,也不会忘记。

本书编者放眼人类教育进程,遴选出对教育产生重大影响的近百位世界教育名家,对其生平、教育思想、学术成果等进行介绍评说。

11.《随手写教育》

什么是良好的教育?教育是诗性的事业?性教育何去何从?是否应该把儿童世界还给儿童?假设陈景润晚生40年……本书汇聚了中国最佳教育随笔,对于和教育相关的各个方面问题都有所畅谈,对于教育者和被教育者来说都有所裨益。

12.《我心思教育》

本书涉及到了教育学众多的重要领域和主题,包括教育的真义、教育的价值、教育与社会、教育与生活、课程与教学、道德教育、师生关系、教师的学习与成长等等。它力图用感性的文字表达理性的思考,用诗意的语言描绘多彩的教育世界,以真挚的情感讴歌人类之爱,以满腔的热情高扬教育的理想与信念。

13.《教育新思维》

本书站在教育思想的前沿,以既解放思想又科学审慎的态度,兼用独特的视角,论述了近年的教育理论新说,涉及“教育呼唤‘以人为本’”、“公民教育”、“素质教育新解读”、“教育公平与政府责任”、“创新人才培养”、“文化传承与创新”、“教育家办学”等热门话题。这些文章,不避偏,不畏难,遵循教育发展规律和中小学生身心发展规律,引领教育理念和教育实践,反思教育行为误区,无不闪烁着思想和智慧的光芒。对于渴望提升自身理论素养的教育工作者来说,这本书值得一读。

14.《名家名师谈教育》

本书使读者在学习和掌握教育理论的同时,领略到文章的理趣、情趣和文趣,既有助于深厚教师的文化底蕴,又有助于帮助广大教师确立对于教育的理想与信念;既有助于培养和激发广大实践工作者的理论兴趣,又能帮助教师生成教育的智慧和提升广大读者对于生活的热爱与柔情。

15.《世界眼光看教育》

本书荟萃了多位世界级教育思想巨擘的主要思想。从皮亚杰的发生认识论、维果茨基的文化—历史理论、布鲁纳的结构主义,加德纳的多元智能一直到诺丁斯的关怀教育思想等等,现当代世界教育思想的发展脉络清晰、准确而完整。

本书既有思想评介,又有论著摘录,无论教育研究人员还是一线教育工作者,均可非常便捷而精准地从中获得思想大师们的生动启迪,加深对当代教育发展特质的深切理解,是教育、教研、教学工作者不可多得的必备工具书。

16.《大师眼中的教育》

这不是一本以教育专家的身份、眼光、学养来谈教育的书。本书各篇文章提供了许多新史实、新观点,为我国教育史和教育理论工作者长期以来对某些历史人物评价的思维定势提供了新的清醒剂。

17.《教育箴言》

名人名言是前人留给我们的精神财富和智慧结晶。阅读它,不仅能丰富知识,陶冶情操,更能为我们的人生之路指引方向。该书着重论述三方面的内容:教育——造福人类的千秋伟业;教师——人类灵魂工程师、育人的典范;师德——塑造教师灵魂的法宝。

18.《百家教育讲坛》

这是一本兼具思想性、可读性和经典价值的教育智慧读本。书中介绍了孔子、卢梭、爱因斯坦、康德、梁启超、杜威、蔡元培、叶圣陶等几十位古今中外思想家、科学家、教育家关于教育的精彩论述,集中回答了教育的本质、教学的艺术、知识之美、教师的职业生活、儿童的成长等问题。探幽析微,居高声远,让我们直窥教育本原之堂奥。归真返璞,正本清源,你会发现,教育,原来可以如此朴素而美好。

19.《名师真经》

本书从专家心理学研究出发,以新教师到专家教师这一成长过程为线索,剖析了教师在专业化发展中出现的主要问题与阶段性特征,动态性是展现了教师成长的内在原因与实质,并有针对性地提出了促进新教师成为专家教师的系列化教学理念、观点与方法,这有助于教育研究者与实践工作者深入理解教师专业发展的规律,有利于在观念层面上树立科学的教师人才观,以制定行之有效的教师培养方法与措施。

20.《师道尊严》

本书意在激励教师以站着的方式获得成功。全书讲述了站着成长的精神、站着成长的思想、站着成长的基础、站着成长的学问和站着成长的行动。全书力求字字诉说教师成长之心声,篇篇探寻教师优秀之根本,章章开启教师幸福之道路。

由于时间、经验的关系,本书在编写等方面,必定存在不足和错误之处,衷心希望各界读者、一线教师及教育界人士批评指正。

编者

C目 录
ONTENTS

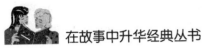

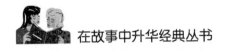

中国的道德和宗教教育（节选）

在教会学院，如华西协合大学、岭南大学、圣约翰大学以及金陵大学，那种独具特色的信仰和信条的宗教教育已经被引进的其他同属一系的与宗教有关的教育所取代。尽管与宗教紧密相关，但诸如有神论哲学、比较宗教学、科学与宗教哲学、宗教与国家、宗教社会史，以及宗教和道德的教育等等都不是我们通常所称的宗教教育。他们本质上是哲学、社会学和教育学的研究。因此，很自然地，上述这些学校正在用其他东西取代这些充满活力的课程。它们自身也自然的形成了一个更加自由的团体。这个团体包括华西协合大学、岭南大学、圣约翰大学、金陵大学以及沪江大学。一项对这些机构多年的研究得出一项结论，他们似乎在步美国教会学院后尘。美国原有的教会学院已渐渐发展成为非教会私立大学。

保守的集团由之江大学和东吴大学组成。除了传统的宗教教育课程，这些大学无意于引进任何其他课程。他们所教授的课程常常是关于新约全书中的四《福音书》、《使徒行传》、旧约全书的预言书等等，但不超出新旧约全书的范围。然而，为公正起见，有必要再次说明的是，本文中所引用的这两所大学的课程目录出版于1912年，因而自那以后的可能的改进是我们想得到的。但是，就1912年的情况而言，资料的真实性足可证实我的这个分类。在课程设置上，即使是极端保守的教会大学，如美国的乔治敦大学、圣奥拉夫大学，也要比上述两所学院更自由。东吴大学平均分配给宗教教育的时间甚至比圣奥拉夫还要多，如果不比乔治敦大学更多的话。

仅有的未作分类的教会大学只有福建协合大学和文华大学。现在没有获得任何关于福建协合大学的宗教教育课程的种类的信息。就花在宗教教育上的时间而言，文华大学属于自由的一类，但在所授课程的内容上来看则很难说是如此。

从之江大学的课程上，我们仍能看出该大学同时教授基督教和儒家伦理的二元趋势。我们发现，在之江大学，与每周有三小时被用于宗教教育一样，每周有三个小时被用于古典作品如伦理学上。这个特点绝非之江大学所独有，或许其他高校也是如此。

关于道德和宗教的教育理论

（1）道德与宗教教育的心理学基础。宗教和道德的教育都是由共同的心理学规律所主导的，具有相同的心理学基础。在人类生活的极早阶段，我们继承了很多明确的取向，以便在特定形势下实行，同时具有明确的目标。这些明确的取向构成了我们所说的人类的本性。在这个概念形成后，对其产生作用的各种力量都被认为是环境的力量。索恩迪克教授主张，人的本质——人是什么，做什么——是其本性以及环境力量的持续不断交替影响的结果。这种观点开创了情景—反应联系理论。这意味着，在某种特定的本性与某种特定的环境之间存在着天然联系。例如，我饿了而面前有一碗饭，我对它的本能的反应便是吃掉它。现在，假设其中某个因素改变了，比方说我不饿了，那我对这碗饭的态度也有所不同，因为情况已经改变。

品性也只不过是以类似方式逐步形成的习惯性的联系。因此，道德和宗教教育的问题就在于形成我们所希望的联系。这种联系是介于某种形势与某种本能或对应的一系列本能之间的。任何一种本能的价值就在于它在特定形势下的作用。在道德与宗教领域，取决于它自身在社会环境下如何起作用。随着社会环境在文明程度上的提高，人类的某些本能，比如性冲动，它在人们生活中是普遍而基本的，然而，任其自由发展是与当前的社会环境不协调的，因而必须加以限制。其它本能，比如愤怒，绝大多数时候对于个人和社会都是有害的，需要加以消解。最后，我们有各种各样有益的本能，诸如社交，合作，需要予以加强和充实。因此，学校对于孩子品格的形成肩负的义务就是限制、劝导、重塑、加强、丰富与发展他们的各种本能，以便他们能以一种和谐和上进的方式适应社会环境。

现在，为了明智地履行这个任务，我们必须认识到三个规律。

首先，我们要认识到兴趣这样一个规律。当孩子的态度是愿意行动并有机会那样去做时，他就会满意。相反，他没有做好准备而被强制行动，或者已做好准备却不允许他行动，这两种情况都会让他不满或恼怒。因此教育方法的一个基本原则就是激起被教育者的兴趣。当我们涉及到宗教或者内心信仰时，这个兴趣原则尤其重要。任何外部的对孩子内心的强制都会引起孩子对抗性的反应。

其次，我们要认识到用进废退这个规律。当在环境与反应之间建立起某种可改变的联系时，在其他条件不变的情况下，这种联系的强度会因之增长，反之则会消退。以吸烟为例。当我们的嘴唇一碰到香烟，一种关系便会产生。我们越是频繁的吸烟，我们和香烟的这种关系就会越牢固，直到最终这个纽

带变得坚不可摧。另一方面，打破任何一个坏习惯的方法便是不再建立任何关系。

最后是要注意效果。当环境与反应之间有弹性的关系被建立，且伴随着或紧跟着的是满意的体验，这种联系就被巩固了。但如果伴随着或紧跟着的是烦恼的话，这种联系被削弱了。这是道德教育最重要的准则。它仅是暂时的和知觉的满足。这种短暂的感官愉悦是恶习赋予一个人的使其不得解脱的原始本性。应用这个效果法则，我们可以把感到愉悦的状态与那些对社会和其他人有利的事物联系起来，把烦恼的体验与不受人欢迎的行为联系起来。这是道德培养最有效的途径。然而，这三种规则是互相关联的。除开兴趣原则，人们可能发明多种竞赛和惩罚来作用于孩子的心境和"过程中的兴趣"，而这在学校实践中是最值得谴责的事情。

（2）社会学基础。随着我们对社会学基础讨论的不断深入，心理规则的作用更加明晰。毕竟，个性只能靠对社会生活的积极参与而形成。小孩子不知道什么叫诚实，什么叫卫生，什么叫信仰，除非一开始他就有了经验。仅仅靠在陆地上学了几个动作，我们是不知道怎么游泳的。如果我们想学会游泳，我们必须在水中游。因此这就是行动。如果我们想知道如何在社会上表现良好的话，我们就必须参与到社会当中去，去找寻道德的意义，去获取判断力，以便在一个全新的环境下通过已有的经验知道应当怎样做。总之，学校，整个学校就是一个小社会。在这里，道德和精神上的理想都会起作用。在这里，孩子可以参与社会生活的重要阶段。因为我们绝大部分时间在以书本和言辞而很少以积极的对社会生活的参与来给孩子传授美德与信仰，我们必须承认现有的方法还远远不够。当一个六岁小孩开始学习孟子或保罗时，他可能表现得理解了一些东西，但是，实际上那很肤浅。荀子在批判正规教育时说："普通人的教育从耳朵进来，从嘴巴出去。所以这只有四英寸深——耳朵和嘴巴的距离。"我们可以放心大胆的说，道德理想不能确保良好的行为，而且任何以意想性运动理论为基础的教育其结果必然令人失望。对于教会学校宗教教育上的基督宗教和儒家伦理学，我们很少或者不能找到冲突的一个原因，就是学校对这两者都是形式上进行讲授而没有实际的参与，于是对行为没有多少影响。

再者，我们努力塑造的小孩子的品格一直处于发展中。他在社会中成长，他的经验处在"不断的重构"状态中，他的兴趣和态度都时刻变化。根据巴德文的说法，孩子先是把外部事物和自己区分开，然后是把外界事物分成人和无生命的物，第三个阶段是试图表演和模仿前者的行为。通过模仿，小孩子亲自了解并感受到别人的心理，因此为别人影响自己的行为提供了机会。

在这样一个影响的作用下，我们也必须认识到行为发展的这四个阶段。首先，我们有本能行为这个阶段。在这个阶段，小孩子的行为只因疼痛和喜悦的影响而变化。再由此达到这样的阶段：在这个阶段，本能的冲动的行为因社会环境的或多或少系统化的奖惩的影响而改变。第三，我们已经到了这样一个阶段，即我们的行为主要取决于自身对社会褒贬的预期。最后，在道德发展的最高阶段，理想调控行动，人们以自认为正确的方式行事，而不顾及他的周边社会环境的赞扬或者贬低。对于我来说，第四个阶段意味着成为"好牧人"（耶稣基督的称号）。这可以理解为："我是好的牧人——我为信徒而放弃生命——我的父亲因我献身而深爱我，我将因此重生。"到此程度，任何事情都是顺理成章的。且继续看吧："没有人可以剥夺我的生命，我是自愿献出生命。我有权奉献它，也有权重新取回它。"这是如此高尚的道德力量，以至于我们必须把它当成我们发展的最终目标。那些肩负塑造孩子行为责任的人们必须对这个从第一个阶段到最高阶段的演进顺序烂熟于心。当行为有时是孩子惟一可以理解的语言时，他们必须运用自身的影响，采用适当的素材，以使孩子能够不断的取得进步，直到达到最高的道德阶段，以及他能照顾他自己。

（3）实用主义基础。与道德和宗教教育的社会学理论紧密相联系的，是这个问题的实用主义方面。在学与做当中，知识与行为之间是统一的。知识是概念和行为的指导，因此行为是知识的人格化。脱离行为的知识是空泛的知识，没有知识的行为是盲目的行为。这两者是一体的，其中任何一个都不能离开其他而单独获得。因此，所有的课程、教室与管理方法必须着眼于性格的最终形成，因为所有的知识都与行为有关。所以，所有的科目与教育方法，因其具有累积影响，必须对健康个性的形成做出贡献。

以历史学习作为例子。学习历史就是根据对过往经历社会因果关系的研究，调整现在的行为，为未来的行为提供指导。因为它与人际关系有关，历史课的教授涉及到道德目标。又由于它与对精神理想的契合有关，历史不免带有宗教色彩。对其他科目也可以得到相似的结论。因此，如果学校在所有课程中能够采用合适的材料和恰当的方法，将能够而且必然能够对品质形成起到最大的综合效果。提供某些课程以净化心灵，而提供其他一些课程培养良好的行为，这样一种尝试犯了原则性的错误，因为它建立在知识与行为脱节的基础上。公立学校与教会学校的道德与宗教课程体系也难免受此诟病。惟一的补救措施是改进教育与管理的素材和方法，以便道德和宗教的元素能与整个学校系统融为一体。采用的方法应当以心理规律为指导，采用的材料应当着眼于社会需求，两者的融合过程应当是注重实效的。

至于教会学校，我必须不给人们留下这样一个印象，即，世界可以不要圣经了。根据刚才阐明的观点，圣经可以当作一部人类信仰的发展史来研究，基督的生平可以作为交谊中人格的顶点来学习，我们并可由此窥见上帝本身。但是，在所有情况下，我们都必须认识孩子的天性，必须认识这一工作的社会重要性，必须提供给他们实际参与的机会。根据其发展阶段，孩子必须被引导去接触各种各样的社会困境，包括贫病以及经受磨难。他必须被引导到与耶稣感同身受并做耶稣曾经为人类所做过的事情。一言以蔽之，必须将他置身于社会的爱、服务、奉献的火热环境当中，并教化他去主动地爱、服务与奉献。

新旧两种观念的价值。凡是好的必须保存和吸收，凡是不好的必须加以扬弃，不论其来源于新和旧。对他们而言，过去是现在和未来的基础，而未来则必定是过去和现在的目标；对他们而言，没有秩序就不可能进步，而秩序仅仅是作为进步的保障而存在；对他们而言，权力是自由的监护者，自由是目的，相对于自由来说，权力只是一种手段。一言以蔽之，他们认识到明显冲突着的每一种观念都有正确的地方，德国的效率有正确的地方，美国的自由也有正确的地方。这个群体有力地推翻了极端的保守也不断阻止着急进的狂暴盲动，这个群体引领新中国走出危急的转变阶段，正呵护着她迈向伟大的未来。祝愿这个忠诚、智慧而勇敢的民族经受住今天的考验。

以科学之方新教育之事

本校同学，知教育之重，社会研究。及至今日，人数倍增，则研究所得，必更昌宏，可为忭贺。

夫国之盛衰，视乎教育；而教育之新旧，视乎研究。守陈法而不革，拘故步而自封，则亦造成旧国，不适于新势而已。本会同人，踊跃如斯，研究之新颖，盖可预知也。苟全国人士研究教育者之数，亦若本会之与年增进，则亦何患不盛乎？然而亦难言矣。或假教育之名，而肆其政治之愿者，不乏其人，则虽置身教育之场，而其意不属，以为用役之才将操纵于天下，教育界不过其逆旅耳。逆旅之兴替，岂足当过客之盼哉？则教育之利害兴革，又岂若人之事哉？斯亦不足责矣！此政客之教育家，无补于事者一也。亦有笃守篇籍，罔知变通，其收效仍莫由光大。虽学术一道，不当废弃乎前言，而拘泥之，夫何堪与言乎进步？此书生之教育家，无补于事者二也。

惟有以科学之方，新教育之事，庶几可耳！参酌古今，辨析毫芒，躬验体察，条理秩然，终身以之，勤劬专一，斯真教育之人矣。夫以科学方法研究教育，其遭遇困难，盖无异于哥伦布之探寻新地，立说而不见信，筹资而不见予，风涛险阻，蛮夷侵凌，其能卒底于成者，亦非偶然矣！吾今略举教育新理发明时之轶事，以助研究教育者之兴趣。

约翰·费司刻（hohn Fiske）创幼稚说，谓族类愈高，其成愈晚，缘伊尝读万力司（Wallace）获取幼猩之事：取幼猩饲之，离母三月而不能行。禽兽生数月而能自立者夥矣，猩独不能，则以其族类高也。等而上之，至于人类，则其成愈晚矣；等而下之，则虫豸多生而知之也。此幼稚说所由创也。桑戴克（Thorndike）欲求父母于子女才能之关系，则以孪生弟兄五十姓，而试之以算数、文法之课，窥其尽同，则孪生者之巧拙常等，可以知遗传之故矣。福兰息司·高尔登（Francis Galton）考察英雄家族之性情，比校剖析，缕列无遗，遂开遗传学之宗。裴司塔洛齐（Pestalozzi）之研究教授法也，则考察其子而得之。艾而克思（Yerkes）之验尝试法也，取龟而置之穴外。龟之欲人新穴也，纵横回旋数十次，久乃得之。桑戴克则以猫为验，置猫笼中，猫见笼外肉，竭力求出，爬搔数十次，始获触机脱出。复纳入之，则其跳踉不似初次之甚矣。再纳之，则其出愈易。多次而后，竟不复试探，径拨机而出。是故，循偶然之故而得常然之理，乃益信效果原则之说。今更谈教育制度之发明，若加雷（Gary）之学校，以善利用校舍著称于世。价微耳（Wirt）之创此制也，盖观诸市廛，商贾支配店伙，彼此错综，不费时地，乃照用此法子学校，以一室而为二校之用，使校内各地无时无学生之踪迹，此上课而彼自修，甲参考而乙操练。是故他人岁需万金者，如此八千金而已足；他人需教师百人者，如此九十人而已足，办学而最合于经济学理者也。斯说初布，世莫之信，遇钢铁大王，其说乃申。节俭之说，固戚戚于讲实利之人耳。然

7

新理之行不亦难哉！福禄伯（Froebel）之设幼稚园，则由爱玩天然物而创之，以爱玩天然物者移之于童稚。然其初始；亦屡遭政府之非难阻止，而其制终获大行于世。盲童学校之起原亦有足述者：某逆旅主人饰盲人令作剧，胡爱（Hany）见之，深知盲人之可教育，于是设学校专纳盲童，创种种新法以施教育。更有异者陈：沙力方夫人（Mrs. Sulli van）研究教育，毕生只教一人，名海伦·克楼（Helen KeUr），然其成就大有功于教育界。盖其所教者，生而兼聋暗瞽三者于一身，常人必以为无可为矣，而女士则穷力以启之，虽其耳目口舌失其作用，而心思犹存，且外尘不染，更有灵于常人者；故使其一指按于鼻，一指按于喉，一指按于唇，以自觉其所感之气息振动之度，用窥想其所表暴之意义，萃其五官之用，寄于感觉，则感觉愈灵，遂授以发音之术，而暗者则不暗矣。此后竟能通数国文，且能演说。

由是观之，世间岂有难事哉？亦视研究者之专否耳！苟其心不专，不以教育为其毕生之业，浅尝轻试，又不遵科学之途术，则其事虽易，目所常见，亦将熟睹而无所创获，矧其难者乎？故有心之人，随时随地皆能触其教育之理而创新说。天下主事万变，斯新理之出无穷，人亦何患无用心之地哉！苟不实事求是，详加审谛，惟就前人之说以遵循之，则教育终无大昌之时也。至于徒袭外人之余绪，而不思自己有以考察之，亦可以自反矣！

第一流的教育家

我们常见的教育家有三种：一种是政客的教育家，他只会运动，把持，说官话；一种是书生的教育家，他只会读书，教书，做文章；一种是经验的教育家，他只会盲行，盲动，闷起头来，办……办……办。第一种不必说了，第二第三两种也都不是最高尚的。依我看来，今日的教育家，必定要在下列两种要素当中得了一种，方才可以算为第一流的人物。

1. 敢探未发明的新理

我们在教育界做事的人，胆量太小，对于一切新理，小惊大怪。如同小孩子见生人，怕和他接近。又如同小孩子遇了黑房，怕走进去。究其结果，他的一举一动，不是乞灵古人，就是仿效外国。也如同一个小孩子吃饭、穿衣，都要母亲帮助，走几步路，也要人扶着，真是可怜。我们在教育界任事的人，如果想自立，想进步，就须胆量放大，将试验精神，向那未发明的新理贯射过去；不怕辛苦、不怕疲倦、不怕障碍、不怕失败，一心要把那教育的奥妙新理一个个的发现出来。这是何等的魄力，教育界有这种魄力的人，不愧受我们崇拜！

2. 敢入未开化的边疆

从前的秀才以为"不出门能知天下事"，久而久之，"不出门"就变做"不敢出门"了。我们现在的学子，还没有解脱这种风气。试将各学校的"同学录"拿来一看，毕业生多半是在本地服务，那在外省服务的，已经不可多得，边疆更不必说了。一般有志办学的人，也专门在有学校的地方凑热闹，把那边疆和内地的教育，都置在度外。推其缘故，只有一个病根，这病根就是怕。怕难、怕苦、怕孤、怕死，就好好的埋没了一生。我们还要进一步看，这些地方的教育究竟是谁的责任？我们要晓得国家有一块未开化的土地，有一群未受教育的人民，都是由于我们没尽到责任。责任明白了，就放大胆量，单身匹马，大刀阔斧，做个边疆教育的先锋，把那边疆的门户，一扇一扇的都给它打开。这又是何等的魄力！有这种魄力的人，也不愧受我们崇拜。

敢探未发明的新理，即是创造精神；敢入未开化的边疆，即是开辟精神。创造时，目光要深；开辟时，目光要远。总起来说，创造、开辟都要有胆量。在教育界，有胆量创造的人，即是创造的教育家；有胆量开辟的人，即是开辟的教育家，都是第一流的人物。大丈夫不能舍身试验室，亦当埋骨边疆尘，岂宜随便过去！但是这种人才，究竟要到什么时候才能出现？究竟要由什么学校造就？究竟要用什么方法养成？是我们现在最关心的问题。

新 教 育

今天得有机会，与诸同志共聚一堂，研究教育，心中愉快得很。现在把关于新教育上各项要点，略些谈谈。

1. 新教育的需要

我们现在处于二十世纪新世界之中，应该创造一个新国家，这新国家就是富而强的共和国。怎样能够创造这新国家呢？固然要有好的领袖去引导人民，使他们富，使他们强，使他们和衷共济；但是虽有好的领袖，而一般人民不晓得哪个领袖是好的，哪个领袖是不好的，也是枉然。所以现在所需要的，是一种新的国民教育，拿来引导他们，造就他们，使他们晓得怎样才能做成一个共和的国家，适合于现在的世界。举例来说，有一个后母给她的儿子洗澡，所用的水，时而太冷冽，时而太热烈，这就是不能合着他儿子的需要。我们所研究的新教育，不应该犯这个毛病，一定要适合现在所需要的。

2. 新教育的释义

先说"新"字是什么意思？某处人家因为要请客，一切设备家伙，都去向别家借用，用过之后，就去还了。这是客来则新，客去便旧了，不得为根本的新。我们中国的教育，倘若忽而学日本，忽而学德国，忽而学法国、美国，那是终究是无所适从。所以新字的第一个意义要"自新"。今日新的事，到了明日未必新；明日新的事，到了后日又未必新。即如洗澡，一定要天天洗，才能天天干净。这就是日日新的道理。所以新字的第二个意义要"常新"。又我们所讲的新，不单是属于形式的方面，还要有精神上的新。这样才算是内外一致，不偏不倚。所以新字的第三个意义要"全新"。

次说"教育"是什么东西？照杜威先生说，教育是继续经验的改造（Continuous reconstruction of experience）。我们个人受了周围的影响，常常有变化，或是变好，或是变坏。教育的作用，是使人天天改造，天天进步，天天往好的路上走；就是要用新的学理，新的方法，来改造学生的经验。

3. 新教育的目的

这目的可分两项来说明：第一对于天然界，要使学生有能力利用他。例如，我们要使光线入室但是不需要风的时候，就要用玻璃窗。照这样把所有一切光、电、水、空气等，都要被我们操纵指挥。现在中国和外国物质文明的高下，都从这利用天然界能力的强弱上分别出来的。然而其中也有危险的地方，如造出许多杀人的东西扰乱世界，是万万不可的。所以第二项目的，是对于群界要讲求共和主义，使人人都能自由守着自己的本分去做各种事业。一方面利用天然界，一方面谋共同幸福。可说一句，新教育的目的，就是要养成这种能力，再概括说起来，就是要养成"自主"、"自立"和"自动"的共和国民。自主的就是要做天然界之主，又要做群界之主。即如选举卖票一事，卖和不卖，到底由自己的主张。果能自主的人，富贵不淫，贫贱不移，威武不屈，人家有什么法子对付他呢？至于自立的人，在天然界群界之中，能够自衣自食，不求靠别人。但是单讲自立，不讲自动，还是没有进步，还是不配做共和国民的资格。要晓得专制国讲服从，共和国也讲服从，不过一是被动的，一是自动的，这就是他们的分别了。

4. 新教育的方法

此番我从南京到上海，再从上海到嘉兴，一直到杭州来，有种种的方法，或是走，或是坐船，或是坐火车，或是坐飞机。在这几种方法之中，哪几种是较好，哪一种是最好，而且哪一种是最快，这便是方法的研究。要研究这个方法，下列的几条，应该注意的：

（甲）符合目的 杀鸡用鸡刀，杀牛用牛刀，这就是适合的道理；教育也要对着目的方法。现在学校里有兵操一门，是为了养成国民有保护国家的能力而设的。但是照这样"立正"、"开步"的练习，经过几年之后，能否达到应战之目的，却需要研究的。

（乙）依据经验 怎样做的事，应当怎样教。譬如游泳的事，应当到池沼里去学习，不应当在课堂上教授。倘若只管课堂的教授，不去实习，即使学了好几年，恐怕一到池里，仍不免要沉下去的。各种知识有可以从书上求的，不妨从书上去得来；有不可以从书上求的，那应该从别处去得它了。

（丙）共同生活 在学校中不能共同做事，一到社会也是不能的。所以要国民有共和的精神，先要学生有共和的精神；要学生有共和的精神，先要使他有共同的生活，有互助的力量。

（丁）积极设施 教人勿赌博、勿饮酒，这都是消极的禁止。至于积极的办法，要使他们时常去做好的事情，没有机会去做那坏的事情。在学校之中，常常有正当的游戏运动，兴味很好，自然没有工夫去做别的坏事了。

（戊）注重启发 在学校里并非一面教人，一面受教，就算了事。要使学生的精神意志和能力渐渐的发育成长。孔子说"不愤不启，不悱不发"。我更要进一步说，使他不得不愤，使他不得不悱。杜威先生也说，教学生的法子，先要使他发生疑问；查出他疑难的地方，使他想种种方法，去解决这个问题；从这些方法之中，选出顶有成效的法子，去试试看对不对；如其不对，就换个法子，如果对了，再去研究一下。照这方法来解释同类的问题和一切的问题。所以现在的时候，那海尔巴脱的五段教授法等，觉着不大适用了。

（己）鼓励自治 这便是教学生对于学问方面或道德方面，都要使他能够自治自修。

（庚）发育身体和精神 要全体顾到，不可偏于一面。譬如在体育上，耳目口鼻手足统要使他健全；在智育上，既要使他自知，又要使他能够利用天然界的事物；在德育上，公德和私德，都不可欠缺的。

（辛）唤起兴味学生有了兴味，就肯用全副精神去做事情，所以"学"和"乐"是不可分离的。学校里面先生都有笑容，学生也有笑容。有些学校，先生板了脸孔，学生都畏惧他，那是难免有逃学的事了。所以设法引起学生的兴味，是很要紧的。

（壬）责成效率凡做一事，要用最简便、最省力、最省钱、最省时的法子，去收最大的效果。做这件事，用这个方法，在一小时所收的效果是这样，用别个方法只需十分钟或五分钟，就有这样的效果，那后法就比前法为胜了。照此把时间、精力、金钱和效果的比较选择，可以得出一个最好的法子。

以上所讲，都是新教育上普通的说明。至于新教育对于学校课程等的设施和教员学生应当怎样的情形，休息几分钟再讲。

5. 新学校

学校是小的社会，社会是大的学校。所以要使学校成为一个小共和国，须把社会上一切的事，拣选他主要的，一件一件的举行起来。不要使学生在校内是一个人，在校外又是一个人。要使他造成共和国民的根基，须在此练习。对于身体方面、道德方面、政治方面，凡国民所不可不晓得的，都要使他晓得，那学校便成为具体而微的社会了。我国学校的弊病，不但在与社会相隔绝，而且学校里面，全以教员做主，并不使学生参与。要晓得一社会里的事务，该使大家知道的，就该大家参与；该使少数领袖管理的，就该少数领袖参与。这样不靠一人，也不靠少数人，使每个学生、每个教员晓得这个学校是我的学校，肯与学校同甘苦，那才是共和国社会里的真学校。

6. 新学生

"学"字的意义，是要自己去学，不是坐而受教。先生说什么，学生也说什么，那便如学戏，又如同留声机器一般了。"生"字的意义，是生活或是生存。学生所学的是人生之道。人生之道，有高尚的、有卑下的、有片面的、有全部的、有永久的、有一时的、有精神的、有形式的。我们所求的学，要他天天加增的，是高尚的生活，完全的生活，精神上的生活，永久继续的生活。进一步说，不可学是学，生是生，要学就是生，生就是学。求学的事，是为预备后来的生存呢？还是现在的生存，就是全体生活的一部分呢？既然晓得教育是继续经验的改造，那么对于天然界和群界，自然受他的影响；天天变动，就是天天受教育，差不多从出世到老，与人生为始终的样子。你哪一天生存不是学？你哪一天学不是生存呢？孔子到了七十岁，方才从心所欲不逾矩，他是一步一步上进的。凡改变我们的，都是先生；就是我们自己都是学生。以前只有在学校里的是学生，一到家里就不是学生；现在都做社会的学生，是从根本上讲，来得着实，不至空虚。虽出校门，仍为学生，就是不出于教育的范围。所以每天的一举一动，都要引他到最高尚、最完备、最能永久、最有精神的地位，那方才是好学生。

7. 新教员

新教员不重在教，重在引导学生怎么样去学。对于教育，第一，要有信仰心。认定教育是大有可为的事，而且不是一时的，是永久有益于世的。不但大学校高等学校如此，即使小学校也是大有可为的。夫勒培尔研究小学教育，得称为大教育家。做小学教师的，人人有夫氏的地位，也有他的能力；只需承认，去干就能成功。又如，伯斯塔罗齐、蒙铁梭利都从研究小学教育得名，即如杜威先生，也是研究小学教育的。这都是实在的事，并非虚为赞扬。我从前看见一个土地庙面前对联上，有一句叫"庙小乾坤大"，很可以来比。况我们学校虽小，里头却是包罗万有。做小学教员的，万勿失此机会，正当做一番事业。而且这里头还有一种快乐——照我们自己想想，小学校里学生小，房子小，薪水少，功课多，辛苦得很，哪有快乐？其实，看小学生天天生长起来，从没有知识，变为有知识，如同一颗种子的由萌芽而生枝叶，而看他开花，看他成熟，这里有极大的快乐。照以上两层——做大事业得大快乐——是为一己的，而况乎要造新国家、新国民、新社会，更非此不行嘛！那不信仰这事的，可以不必在这儿做小学教员。一国之中，并非个个人要做这事的，有的做兵，有的做工，有的做官吏……各人依了他的信仰，去做他的事。一定要看教育是大事业，有大快乐，那无论做小学教员，做中学教员，或做大学教员，都是一样的。第二，要有责任心。不但是自己家中的小孩和课堂中的小孩，我应当负责任；无论这里那里的小孩，要是国中有一个人不受教育，他就不能算为共和国民。在美国一百个人之中，有九十几个受教育。中国一百个人之中，只有一个人受教育。而且二十四个学生中，只有一个女学生。我们要从这少数的人，成为多数的人。要用多少年的工夫？非得终身从事不行。况且我们除了二十岁以前、六十岁以后，正当有为之时没有多少，即使我们自己一生不成，应当代代做去。切不可当教育事业是住旅馆的样子，住了一夜或几夜之后，不管怎么样，就随他去了。那教育事业，还有发达的希望吗？第三，做新教员的要有共和精神。就是不可摆出做官的态度，事事要和学生同甘苦，要和学生表同情，参与到学生里面去，指导他们。第四，要有开辟精神。时候到了现在，不可专在有教育的地方办教育。要有膨胀的力量，跑到外边去。到乡下地方，或是到蒙古、新疆这些边界的地方，要使中国无地无学生。一定要有单枪匹马勇往直前的气概，有如外国人传教的精神，无论什么都不怕，只怕道理不传出去。要晓得现在中国，门户边界的危险，使那个地方的人，晓得共和的样子，用文化去灌输他，使他耳目熟习，改换他从来的方向，是很要紧的。第五，要有试验的精神。有些人肯求进步，有些人只晓得自划地，除了几本教科书外，没有别的书籍。——诸君已经毕业之后，还在这儿讨论教育，那是最好的。——他人叫我怎样办，我便怎样办，专听上头的命令。要晓得上头的命令，只不过举其大端，其中详细的情形，必定要我们去试验。用了种种方法，有了结果，再去批评他的好坏，照此屡试屡验，分析综合，方才可下断语。倘使专靠外国，或专靠心中所有，那么，或是以不了了之，或是但凭空想，或是依照古老的法子，或是照外国的法子，统是危险的。从前人说"温故而知新"，但是新的法子从外国传到中国，又传到杭州，我们以为新的时候，他们已经旧了。所以望大家注意，不可不由自己试验得出真理，方不至于落人之后哩！

8. 新课程

这要从社会和个性两方面讲。从社会这面讲来，要问这课程是否合乎世界潮流，是否合乎共和精神。学了这课程之后，能否在中国的浙江，或是浙江的杭州，做一个有力的国民。更从个性的一面讲来，谁的事教谁，小孩子的事教小孩子，农人的事去教农人，方才能够适合。我且拿学代数来做个例，看这课程是否为学生所需要。我有一次对学生发问道："有几多人应用过代数？"那一百人中止有七八个人举手。又问："不曾用过代数的人举手！"就有九十几个。后再查考那七八个人所用的东西，止须一星期，至多不过一月，就可教了。照这样看来，我们应该有变通的办法。是否为了七八个人去牺牲那九十几个人。那七八个人，或为天文家，或习工业，或学医生，所用代数，不过百分之一罢了。我们不可以为了一个人，去牺牲九十九个人；也不可以为了九十九个人，去牺牲那一个人。总要从社会全体着想，有否其他有用的东西未列在课程里？或是有用不着的东西还列在课程里呢？照这样去取舍才行。

9. 新教材

就教科书一端而论，编书的人，有的做过教员，有的竟没有做过教员。就拿他自己的眼光来做标准，不知道各地方的情形怎么样。用了这种书去教授，哪里能适合呢？所以教科书只可作为参考，否则硬依了他，还是没有的好。又有一种讲义，当看作账簿一般。社会上各种文化风俗，都写在这账簿上。这账簿有没有用处，或是正确不正确，须要仔细考查。譬如富翁，虽然将他所有的财产，写在账簿上，拿来传给他的儿子，若是不去实地指点他，哪几处房子或是田地，是我所有，和这账簿对照一下，他的儿子仍然不晓得底细。也许有几处田地房产，已经卖出；也许有几处买进的，还没有登记上去，总要使他儿子完全明了，那账簿方才有效。要拿教科书上的情形引导把学生看，或是已经变迁的情形，指点他明白。几年前的朝鲜和现在不同；俄国已经分做十几国，更不可以拿从前的来讲。总要明白实际的事情，因为账簿是死的，人是活的，要拿账簿来为我所用，不要将活泼泼的人为死书所用。要晓得账簿之外，还有许多文化在那里，要靠教科书是有害的。

10. 新教育的考成

我到店里去要一件东西，他拿了别的东西给我，我就不答应了，怎么我要这件，你偏与我那件呢？教育的事，也是这样。要按照目的去考成，方才不会枉费了精神和财力。譬如从农业、工业或商业学校里毕业出来的学生，有多少人在那里做他应当做的事。若是不问他的结果，一味的办去，正如做母亲的人把他的女儿出嫁，不将他长女出外的情形，来加以参考，以至于第二第三个女儿吃着同样的苦头，这是因为不考成的缘故。

再有几层，我在别处已经讲过，暂且不说。总之，大家觉得要教育普及，先要认定目的。做若干事，须得若干的代价，绝不是天然能成功的。即就小孩子而论，美国一人需费四元四角五分，中国每人只有六分。试问没有代价的事，能办得好办不好？但这事人人负有责任。我们做教员的，不但教学生，又要想法子使得社会上的人对于教育认为必要。譬如有钱的人，可以教自己的孩子，同时他邻舍的小孩子，因为没得钱受教育，和这小孩子一块儿玩，就把他带坏了。所以单教自己的儿子，还是不中用的。把这种情形使他们觉悟，人非木石，断没有一定不信的。虽然有些困难的地方，我们总可以用自己的力量去战胜他的。

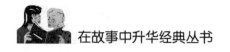

教育者之机会与责任

今天我讲题是《教育者之机会与责任》，但是今天到会的，除教育者外，又有受教育的学生，提倡教育的办学者。我这题目，和上面种种人有什么关系呢？我想，学生对于教育发生的影响，自己首当其冲，自然要去看看教育者是否已经利用他的机会，尽了他的责任。办学者是督察教育者的人，更有急需了解教育者的机会与责任的必要。所以我这演讲，实在是以上三种人都应当注意的。

先从机会方面讲。教育者应当知道教育是无名无利且没有尊荣的事。教育者所得的机会，纯系服务的机会，贡献的机会，而无丝毫名利尊荣之可言。他的机会，可分四种：

（一）有可教之人；

（二）可教者而未能完全教；

（三）可教者而未能平均教；

（四）已受教而未能教好。

以上四种，都是予教育者以实施教育的机会。且先就第一种讲：

第一种是因为社会上有许多可教之人，所以教育者才能实行他的教育，倘若无人可教，则教育者就失其机会而无用武之地了。孔子曰："生而知之者，上也。"美国某哲学家，对于他这句话很有怀疑，他反驳孔子说："生而知之者，下也。"可是他的话确乎也有根据，譬如最下等的动物——细胞，彼从母体脱离后，凡彼母亲会做的事，彼都会做。再推到小牛，彼虽然不似细胞那样快，但是不用隔多时，举凡彼母亲的事，彼也会做了。小猴子却又不同，彼有几个月要在彼母亲的怀里，因为彼又是较高于小牛的动物。人又不然了，人在小孩子的时期，最早要候二三年后，始能行动，后来又慢慢由幼稚园至于大学，去学他的技能，以做他父亲会做的事。总之，幼稚时间长，所以可教；教育者的机会，也是因为有可教的小孩子啊！

第二种是说可教的人没有完全受教。如中国有四万万之众，照现在统计表计算，只有五百四十万个学生。换言之，只有一百分之一·五是学生；一百人之中，能受教育的只有一个半人。这一百分之九十八·五的不能受教育者，都打着我们教育者的门，并且告诉我们说："现在是你们的机会到了，有一个人不入学校，就是你们还没有实行你们的机会。"

第三种是就受教的人说的。中国现在受教育有三桩不平均的地方：（一）女子教育；（二）乡村教育；（三）老人教育。

第一桩，女子教育在中国最不注重。中国全国，有一千三百余县没有女子高等小学，又有五百余县没有一个女学生。若照百分法计算起来，男学生占学生中百分之九十五，女子却只占百分之五；以家庭论，一百个家庭，只有五个是男女同受教育——好家庭了。所以为家庭幸福计，男女都应受同等的教育。女子教育的重要有三：

甲、女子同为人类，自应有知识技能，去谋独立生活。譬如四万万根柱子擎着大厦，设若有二万万根是腐朽不能用的木材，则此大厦必将倾倒，这是很明显的例子。所以女子必须受教育，去共同担负社会的责任。

乙、女子富于感化性，能将坏的男子变好，并且可以溶化男子的性情与人格。诸位不信，请看看你们的亲友，定可得着个很显著的证明。所以欲使男子不致堕落，非从女子教育着手不可。

丙、女子受教育，必定十分顾及他子女的教育，不似男子的敷衍疏忽。所以普及女子教育，不但可以收到家庭教育的好果，并且可以巩固子孙的教育啦！

第二桩，不平均是城乡学校的相差，城里学校林立，乡下一个学校都没有。以赋税论，乡下人出钱，比城里人多些；他们的代价，至少也应当和城里平均，才是公允的办法。故乡村教育，应为教育者所注意。

第三桩，是小孩子可以受教育，而老年人则无受教育之机会。一班教育者，也只顾及小孩子的教育，对于老年人很少加以注意，这也是件不平均的事。中国现在内外交莩，社会多故，如若候着那班小孩子去改造，非待二三十年后不能奏效。所以欲免除目前的危险，必须兼顾着老幼的教育。

许多女子、乡村人、老年人都打着我们教育者的门，如求雨一般的哀求我们放他们进来。这也是我们的机会到了！

第四种机会，是因为小孩子虽然受教，但是没有教好。如已教好，我们教育者又无机会了。没有教好者，可分四层讲：

甲、人为物质环境中的人，好教育必定可以给学生以能力，使他为物质环境中的主宰，去号召环境。如玻璃窗就是我们对于物质环境发展的使命之一。我们要想拒绝风，欢迎日光，所以就造一个玻璃窗子去施行我们拒风迎光的使命，教讨厌的风出去，可爱的日光进来。又如我们喜欢日光和风，但是想拒绝蚊蝇，所以又造了一种纱窗去行我们的使命。这种使命，并非空谈，因为我们有能力，确可使这些自然的环境听我们调度。故学校应给学生使命环境的能力，去作环境的主宰。以上不过是表明人对付环境的两个例子。

水也是自然环境之一，但是人不能对付彼，常常为彼所戕杀。如去年门罗博士到苏州参观教育，同行有四位女学士。过桥的时候，女学士的车子忽然翻落桥底；当时船家和兵士都束手无策，等到想法捞起，已经死了一个。我们从这件事，得着一个教训，就是"学生、船夫、兵士都不会下水"，以致人为自然环境的"水"所杀。

人在青年时发育最快，身体的发育犹如商人获利一样，可是商人获利是最危险均事，偶一不慎，当悖出如其所人。我们青年生长时，亦有危险，学校讲求体育，应问此种体育是否增加学生的体健，使他们不致有种种不测之事发生？

这种学生的父兄，也带了他瘦且弱的子弟，打我们教育者的门，厉声问我们教的是什么教育？

乙、人不但是物质环境中之一人，也是人中之一人。人有团体，有个人，在这团体和个人中，便发生相对的关系。此种关系，应互相联络，以发展人性之美感。在此阶级制度破产时，我们绝不承认社会上还有什么"人上人"，"人下人"，但是"人中人"我们是逃不掉的。我们既然都是人中之一人，那么，人与人自然会有相互的关系了。这种关系能否高尚优美，尚属疑问。且就现在的选举说吧，被选人手里执着些洋钱，选举人手里执着一张票，他们所发生的关系，是洋钱的关系，选举的关系罢了！这种关系能合乎高尚的条件吗？

再看留学生的选举如何。记得从前中央学会选举时，自称为博士、硕士的留学生，不也是一样的舞弊吗？其他如大学毕业生、中学毕业生以及未毕业的中学生，他们又是怎样？他们为什么拿着清高的人格去结交金钱、去结交政客、做金钱的奴隶、作政客的走狗？这样的学生对得起国家社会吗？对得起父母吗？对得起自己的人格吗？

国家、社会、父母，都带着他的子孙，打我们教育者的门，骂我们为何太不认真以致教出这种子弟！

丙、好教育应当给学生一种技能，使他可以贡献社会。换言之，好教育是养成学生技能的教育，使学生可以独立生活。譬如社会上的农夫、裁缝、商人、工人、教员……他们都有贡献社会的技能，他们各人贡献他们所做的事，可以使社会得着许多便利。倘若有一个人没有能力，则此人必分大家的利，而造成社会的恐慌了！所以教育的成绩，就是"技能"；教育就是"技能教育"。且拿现在的师范生做个譬喻，现在师范毕业学生只有十分之八可以服务，十分之一可以升学，其余的十分之一，却做了高等游民了。再看中学毕业生，也只有三分之一可以服务，三分之一可以升学，其余三分之一，也就做了游民了！但是他们虽然不能服务，倒不惯受着清闲的日子，反做出许多不正当的事业，实在危险啊！

这种游民式学生的父兄，也打着我们教育者的门，问我们何以教出这种不会做正当事的子弟？并且教我们重新改过课程，使毕业的学生皆可独立。

丁、人不能没有休息，但休息是人最险之时。人无论怎样忙，都没有损害，倘若休息，则魔鬼立至。我们可以看出社会上许多恶事，都是在休息时候做的。所以学校里有音乐，便是给学生以正当的娱乐，使学生不致在休息时间做出恶事。可是学生回到家里，既无教员同学和他盘桓，又没有经济设置音乐去助他的娱乐，难免不发生其他的事来。所以学校应当使学生在休息时有正当的愉快。

这又是我们教育者的机会了！

总之，以上皆是我们教育者的机会。平常人对于机会怎样对待呢？大约可以看出四种情形来：

（A）候机会有一班教育者天天骂机会不来，好像穷妇人想发财一样，但是机会不是观望的，所以等着机会是极愚拙的事，可以料定永远不会收着成效的。

（B）失机会又有一班教育者，他明明看见机会来了，等到用手去捉彼，彼又跑掉了。如此一次，二次，三次……仍旧不能得着机会。因为机会生在转得极快的嘲盘子上，倘如没有极敏捷的手去捉彼，总会失败的。

（C）看不见机会机会是极微细的东西，有时且要用显微镜和望远镜去找彼。一班近视眼的教育者，若不利用那两种镜子，是很难看见机会的。

（D）空想机会还有些教育者，机会没有来，到处自炫，就像得着机会一样。犹如两个近视眼比看匾，在匾没挂起来的时候，都去用手摸了匾。后来共请一位公证人去批评，他们各人述了自己的心得，公证人忍不住笑了，因为这匾还没有挂上，他们都是"未见空言"咧！

这类"未见空言"的教育者，他们一味的空想，结果总没有机会去枉顾他一次。

现在再谈谈好的教育者。我以为好教育者，应当具有灵敏的手去抓机会，并且要带千里镜去找机会，机会找着了，就用手去抓住彼，不断地抓住彼，还要尽力地发展彼。

再说一说教育者的责任。简单一句话，教育者的责任就是"不辜负机会；利用机会；能用千里镜去找机会；会拿灵敏的手去抓机会"。

办学者和学生都应当看看教育者是否利用他的机会；如果没有利用他的机会，便是他没有尽责。尽责的教育者，可以使学生发生"快乐"与"不快乐"两种感想；但是不尽责的教育者，也可以得着这两种情形，这是什么缘故？

因为教育者尽责，可以使学生在物质环境中做好人，教他学习一种技能去主宰环境。这种教育者，学生对于他有合意的，有不合意的。合意者不生问题，不合意的学生只请他认定教育者是否教我们做一个好人。如是，那我们就应当忍耐着成全这教育者的机会。设若教育者不负责，辜负了机会，不使学生求学，我们这时候，应当知道学生有好有坏，教育者也有尽责与不尽责，不尽责的教育者常为坏学生所欢迎，同时也被好学生唾弃。做好学生、好教育者，更应当对于坏教育者、坏学生，加以严厉的驱逐，使这学校成为好的学校。

这桩事，无论是教育者、学生、办学者，皆当注意。我们不能辜负这机会与责任，自然要奋斗。攻击坏教育者、坏学生，是我们不可不奋斗的事，尤其是安徽不可不奋斗的事！

中国女子教育之既往与将来

今天是中国女子教育很重要的一个纪念日，在前清光绪三三年正月二十四日，合阳历一九〇七年的今天三月八日，中国女子在学制上，方始占得一个地位，所以可算是很大的纪念。

中国有女子教育已经有七八十年，在西历一八四四年第一个女校开在宁波，是英国人耶稣教徒创办的。在西历一八九七年，中国私人方始创办女子的学堂，这都是很可纪念的。光绪二八年（一九○二）所定的学制，还没有女子教育。到二十九年，张之洞定学制，是为"奏定学堂章程"，提到女子不能入学校，有两个理由：一，说女子入了学堂，成群结队的满街走，很不好看的；二，女子不可以读外国书，恐怕传染了西洋自由婚姻一切的习惯。所以说女子读书，可在家里，是家庭包括女子教育时期。此时政府虽不承认有女子学校教育，但私立女子学校却已办了好几年。光绪三三年，女子在学校制度上，才有地位。这年三月八日颁布女子师范学堂章程三十六条、女子小学堂章程二十六条上，允许女子入学。当时女子教育的特点可以说：（一）男女不能同校；（二）学年也不能平等，小学教育，男子有九年，女子只八年，以学年论，女子要低一个年头；（三）男子有中学以上的教育，女子没有中校。这时统计学生，每百个男生，只有两个女生；所以男女生比较起来，男生多四十九倍。

从光绪三三年到现在，还是退步呢？还是进步呢？若是进步，进步到什么地位呢？这是我们应当知道的。从前外国人，都说中国没有女子教育，照现在说，要叫不深晓中国国内情形的人听见了，都要很惊异。何以呢？因为中国的女子教育，很有大的进步。

没有最近的全国统计，到民国五年为止，女生占学生总数4%；全省的统计要近些，江苏女生有13%；山西女生12.5%。我从南京来，南京的情形知道的比较详细一点，那就拿南京的女子教育的统计报告一下。南京的童蒙馆，有女生13%；幼稚园51%；初小32%；高小19%；中学15%；大学9%。十五年的工夫能够这样的发达，可算进步了。在从前，男女都是分校的。到了现在，幼稚园、初小、高小，都可男女同学了。大学是北大和南高先开女禁的；至于中学，现在北京和广东的中学，都在那里试办男女同学。

讲到中学男女同学，一般办学的人，有赞成的，有反对的；社会上又像唯唯诺诺，那意思是看你们办的什么样？就理论说，幼稚园一直到大学，都可以男女同学了，这不是对于女子教育的观念上一个很大的进步？

男女同学，年限、课程都平等了，我们就可以为满足了么？不是的，因为距我们的希望，还远得很哩！我们还要不断的向前进取。

今再说中国女子教育今后的事业，是我们应该知道，应该负责的。

一、江苏女生13%，要和男子一样多还欠许多人。甘肃百人中，女生不够一个，不过千分之八九的光景。新疆还没有一个女学生的报告。那么应该如何使个个女子有受教育的机会，是不是我们的责任？

二、现在女子，在两等小学里的尚多，在中学就少了，大学更少了。如何使各级学校女子与男子数目的比例得到平等，是不是我们的责任？

三、多数学校的课程，不适于女子与社会的需要。所以课程应该使女子适应社会的举动。如何改良课程使女子所学的能在社会、国家、世界上占重要位置呢？这是不是我们的责任？

四、现在知道中国女子教育情形的人实在很少，我只看见一个美国同志露懿士女士，她对于中国女子教育上，很有研究，她著了两部书，一是《中国女子教育论》，一是《四川女子教育调查报告》，都可为研究女子教育的指南针。无论哪一种学问事业，都应当有几个研究的专家，在那里研究考察。我们中国女界，这样的人很少，我很希望像露懿士女士的中国女子快快出来担负研究调查女子教育的责任。

五、各国对于提倡普及义务教育，是结合女子团体来促进的。中国现在还没有这种举动，所以我希望具有知识魄力的女子，组织一个有势力的团体，去促进一切教育。要求中央政府、省政府、地方政府为教育尽力。凡是我们觉得地方上办的学校不好，我们就极力去改良他。及学龄而未入学的儿童，设法教他入校；若照这样的做去，那必有些效验了！

中国受过女子教育的女子，不下五十万，如每年每人带一个小孩子读书，劝一个老太婆相信进学堂的好处，假使人人都能这样，几年之后，收效当无限量！女子的责任很重大，所以必要给他受教育，因为受过了教育的女子，就知道尽自己的责任了。做母亲的人，自己受过教育的，没有不给子女受教育的。然而父亲自己做了博士或是主人，他的子女或者有不受教育的。所以不普及女子教育，好比一个人缺了一只脚，那么哪里支撑得住呢？其实何尝是一脚，不过藏了不用罢了。所以这个责任，是应男女同负的，提倡女子教育，就是提倡普及教育，也是普及世世代代的教育咧！

女子的责任大，受过教育的女子的责任更大；男子似乎太忙，所以这时候正是女子应该出来做事的时候。我看要在这十五周纪念日以后，比前更有进步，须先有两种的精神：

（一）开辟的精神。我们要在没有教育、没有女子教育和反对女子教育的地方，去办教育。前途的障碍，好比荆棘，要阻止我们的进行，所以我们须用大刀阔斧，砍进去，一年不成，二年，二年不成，三年，总有一年可以

成功。

（二）试验的精神。试验的精神，是进步之母，遇见了一个难题，就要去设法解决这个难题，法子不行，就研究考虑修改，再不行，再改，必有进步。开辟是要使得能够成功；试验是要使得能够进步。我很希望中国的教育和子女教育像飞机一样向前向上，一日千里继续不已的进步。但要想继续不已的进步，就须继续不已的开辟，继续不已的试验。这是我的机会责任，是你的机会责任，是我们大家的机会和责任。

教育与科学方法

今天所要讲的不是教育研究法，是"教育与科学方法"，就是科学方法在教育上的应用。人生到处都遇见困难，到处都充满了问题。有的是天然界给我们出题目，有的是社会上给我们出题目，有的是空气、光线、花草给我们出题目。既然题目有这么多，我们应付这些问题的方法也分好几种。有的人见古人怎样解决，我们也怎样解决。这种解决是不对的，是没进步的。因为古时现象不是与今日现象一样，所以以古就今的办法往往是错的。有的人依外国的方法来解决问题：日本怎样办教育，我们也怎样办教育；德国怎样办，我们也怎样办；美国怎样办，我们也怎样办。这种解决也是不对。因为人家发明之后，未必公开，或不愿公开。从不愿公开到公开，已经若干时间，再从公开到中国，我们刚以为新，不知人家早已为旧了。还有的人是闭门空想，自以为得意的了不得，其实仅自空想也是没用的。因四面八方的问题，不给他磨炼也是不行。此外还有一种人，也不依古，也不依外，是以不了了之。像以上种种方法，都不能解决我们的问题。能解决我们的问题的，惟有科学的方法。

什么是科学方法呢？科学方法是有步骤的，是有线索的。第一步要觉得有困难。如牛顿看见苹果落地，别人不知看了几千百次，都没觉得有困难，惟有牛顿觉着有困难，所以他发现地球的吸力。教育方面也是如此。有的人上课看不出有什么问题，学风之坏也不注意，所以就不会有问题。第二步得要晓得困难的所在，就是要找出困难之点来。如一个人坐在那里发脾汗是觉着有困难了。用什么方法来解决这个困难，这就跳到第三步，从此想出种种方法来解决。有的画符放在辫子里，有的请巫婆，有的到庙里烧香祷告，有

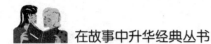

的请医生，有的吃金鸡纳霜。有了这些法子然后再去选择，这就到了第四步。如：以为老太婆的法子好，就去试一试；不能解决之后，再用其他法子；最后惟有吃金鸡纳霜渐渐的好了。但此刻还不能骤下"金鸡纳霜能治脾汗"的断语，因为焉知不是吃饭时吃了剧的东西吃好的呢？所以必须实验一番，这就到第五步了。如在同一情形之下，无论中外、男女、老幼吃了都是灵的，那么，金鸡纳霜能治脾汗就不会错的。

经过这五步工夫，然后才可解决一个问题。这五步方法是科学的方法。无论是化学，是物理，是生物学，都用这个方法以解决困难。但科学方法也有几个要素：

（一）客观的凡事应用客观的考查，有诸内必形诸外。在教育上的观察，就是看你的学说于学生的反应怎样？教员与学生的关系怎样？要考查一校的行政，应看他的建筑、设备怎样，如以秤称桌子，我虽不知此桌的重量，但我晓得所放的秤码是多少。

（二）数目的观念凡有性质的东西都有些数量。如光（light）有性质，一般人都如此说，物理学家也说可以量的。又如灵魂是有质量的，将来也须用数量去量。如果不能，则灵魂是没有的。数量中又有两个观念：（a）量的观念。有数量就可去量，如布、米、油等。（b）要量的正确。量不正确，也是无用。就是反对量的，他也在那里量，但他们用的法子很粗浅，专用一己的主观。如中国教员看卷子，有时喜怒哀乐都影响到他们定的分数。高下在心，毫不正确，这是中国人的毛病。我想，不但学理化的人对于数目要正确，就是学教育的人也要正确。"差不多"三字是我国人的大毛病。与人约定时间总是迟到（但上火车总是早到）。所以孟禄调查教育时说："中国人对于数目不正确。如要改良中国的教育，非从数目入手不可。"

以上说的是科学步骤与观念，要用这步骤、观念，应用到教育上去。

现在教育问题很多。从前人对于教育问题都是囫囵吞枣，犯了一种浮泛的毛病。各个人都会办教育，各个人都可作教育总长，都是教育专家。究竟教育问题是不是如此简单？还是无人不会呢？我们要知道教育在先进国里是一种专门科学，非专门人才不能去办。中国就不是如此。不过这几年还算进的快就是了。五年前南〔京〕高师教育和心理都是一人担任。自我到了之后，才将教育与心理分开。一年之后，授教育学者是一人，教育行政者又是一人。这是近五六年来教育的趋势。如各人担任一个活的问题，或一人一个，或数人一个，延长研究下去，这问题总有解决的时候。若真多少年下去还不能解决，那恐非人力所能解决的了。

现时要研究的问题，有教育行政、儿童、工具、课程种种。又如，把科学应用到教育行政上去，课堂上教授是不是好的办法？教员、学生都太劳苦是不是有益的事情？

现在教育有两种：1. 如一个新学生坐在洋车上，叫车夫拉着拼命的跑几十里，结果自然是学生逸，车夫苦。但让学生自己再回来恐怕还是不能。2. 如一去不坐车，不识路就问警察，自然是辛苦一点，但走到回来时，包管还能回来的。兹将教育重要部分略说一说。

（一）组织　此时课堂组织最好的有达尔顿实验室的方法（Dalton Laboratory Plan）。室中有种种杂志、图画，还有导师，任学生自由翻阅，与导师共同讨论，还要每礼拜聚会一次。这种法子到底好不好，可去试验试验。把各个学生试验了，测量了，假设其情形相同，是不是可得统一的结果，然后就知道究竟为班级制好呢，还是达尔顿的方法好。又如，研究习惯究竟为遗传的力量大呢，还是社会环境的力量大？把一对双生的儿童授以同样教育，看他们的差别究竟是哪个大。同时以同胞生的儿童授以不同的教育，再看他们的差异怎样。

（二）教材　以上法子也可应用到教材上去。如我们所教的字是不是学生需要的，究竟何者为最需要？何者为次要？何者为不需要？我们应来解决。现在有些需要的未有放到教科书里，有些不需要的反倒放人了。我们可以拿几百万字的书来测验，看哪一个字发现次数最多？其最多者为需要，其次多数发现者乃是次要。将发现多的给学生，而次多的暂不授予。还有一点要注意的，就是学生有一年、二年离校的，我们就得将最需要的教他。可是其中有个困难，或者最需要的字比较难读难写些，但我们可以想法给他避免。有人说中国字难认，所以不识字的人很多，外国人也说将来必不能与各国的文化竞争。其实不然，试看长沙青年会④所编的《千字课》教授男女学生就知道了。他那里边有男生一千二百人，女生六百人，四个月将一千字授毕，每日仅费一点半钟。学生多半是商家学徒，而学生年龄以十二、三、四、五、六岁的居多。我觉着这一种办法，给我们一个好大的希望，今天拿来不过举个例罢了。

（三）工具　无斧不能砍木，无剪不能裁衣，无刀不能作厨子，无工具不能作教育的事业。教育工具可以从外国运的，可以从中国找的。从外国运来的第一是统计法。有了统计法我们可以比较，可以把偶然的找出个根本原理

来，如同望远镜可帮助我们眼睛看的清楚，在材料中可找出一定的线索。所以统计是不可看轻的。第二就是测验。近来教育改进社要作二十四种测验，因为此种工具是不能从外国运的（就是运来也不适用）。测验是看学生先天的聪明智慧怎样，使学校有个好的标准，由此可晓得某级学生有什么成绩，如治病的听肺器一样，可以看出病来。欲知病之所在，非测量不可。测验也是如此，得要细细的看结果怎样。如办学的成绩都可测验的。但没有统计，也测不出来；没有测验，也统计不出来；二者是互相为用。如甲校一个学生花四十九元，乙校学生仅花四元半，我们就可测量他谁是谁不是。如测验得花四元半的能达到平常的标准，那花四十九元就太费了。反转过来，如花四十九元的刚好，那花四元半的未免太省了。这就是统计与测量互相为用的地方。总之，每人都存在用科学方法去办教育的决心，每人都去研究或解决一个小的问题，我敢说，不出三十年中国教育准有好的成效。

学生与平民教育

现在中国是糟到极点了，无论教育、外交、实业、交通、司法、财政，都是不堪过问，但实业、交通、外交、司法、财政……都不是目下最重大的问题，是第二关，第三关，第四关了；最重要的第一关，就是教育问题。直言之，就是平民教育问题。中国四万万人，内中有三万万二千万不识字的。这三万万二千万人没有受过教育，他们智力才能很低，易受别人利用，没有自治的能力。要中国弄好，非个个有自治的能力不行；要个个有自治的能力，非人人读书识字不行。要使这三万万二千万人都识字，就是我们八千万识字人的责任。把这个问题解决了，其余实业、交通、财政、司法……都容易了。并且这个问题不十分难，若去做，是很容易达到的。兄弟编有《平民千字课》四册，每册二十四课，四册共九十六课，合计有生字一千一百多个，书价很便宜，每册三分洋钱，四册共一角二分钱。每日读一课，九十六日可以读完；聪明的还不要这多时间，就愚钝的最多也不要四个月，可以读完。每人花一角二分钱，最多不过四个月的时光，就可识千余字，能够看白话报，写白话信，上簿记数，都可以行得。你一定要说，找教师是很困难的问题，这也是很容易的，譬如你教会了一个，他就可以做别人的教师；别个学会了，又可以做别一个的教师；由此照数学法的计算，二二如四，四二如八，八二十六……可以生出无穷的教师。最好首先由自己家里做起，自己家里有不识字的，就组织个读书处，早晚教起来；老爷教男工，太太教女仆，小姊教丫头，丫头也可以教拖车的，结果都能识字，都可以做别人的教师。熊秉三的夫人朱其慧，对于平民教育非常热心，他的仆人，没有一个不识字的。有次我到了安徽教育厅，调查厅内的工人，有许多不识字的。后找了几个来，拿《平民千字课》让他们读，有两个读得下去，并能了解意思，我就叫他们两个做教师，教那些不识字的。没有一个月工夫，那厅内工人都能识字了。有一次我到了南昌，参观监狱，内面关有许多犯人，我给他们些《平民千字课》，找几个识字的做教师，没有好久，监里的犯人，都能识字了。一次我在洋船上，找来几个茶房，把《平民千字课》拿来让他们读，有两个只能读得一二册，三四册就不行了。后找得个能读的，叫他做教师，没有好久，全船上的茶房，都能识字。诸君是学生，是负有平民教育责任的，我希望各位努力的做去。做的方法，也有几种：在学校里面，就先把本校的工人教好；在学校周围的境内，可以划分区域，分组去劝他们读书，替他们组织读书处，或自己去教，或找他们里面识字的去教；家里有不识字的，就在家里组织读书处；家里的四邻有不识字的，就替他们找教师，组织读书处；若是外省的同学，不能在家乡服务的，就可于假期时去做。把《平民千字课》读好了的，就给他一张识字的证书，可以享法律上的权利；教好了一班的教师，就给他一张平民教员的证书。照这样做去，要使三万万二千万不识字的，都化为识字的，也是很容易的。前次我到了杭州，游西湖，那里有个大寺，内面有四百多个罗汉，由是我又想起平民教育了，然罗汉是死的，是泥塑木雕的，不能识字，也不能做平民教师；但他们也不能为祸，较之国会里面的几百多尊罗汉，还是好些。今晚几百位同学聚在一处，都是活罗汉，是能为平民造幸福的，望大发慈悲，救苦救难，超度众生，这就是我所希望于各位的。

中国教育政策之商榷

国家运用教育以达立国之目的时，在天然与社会环境中必遇种种助力与障碍。因助力与障碍而发生进行上之种种问题。解决此种种问题，必须预拟种种合乎实际情形之公式，俾能运用助力排除障碍以谋目的之贯彻。此种种公式谓之教育政策。中国教育政策因教育当局而变。教育当局或以无政策进，无政策退；或有政策而偏于主观，将全国之教育供一人之武断，流弊何堪设想！是宜集思广益，审查国情，确定全国公认之教育政策，以达国家建设之目的。今兹所提，实为个人之意见，志在引起教育同志之讨论批评，俾现代教育政策可以符合公意，早观厥成。此本讲所以出于商榷之意也。

政策一：正式学校教育为国家之公器，应超然于宗教、党纲之上。

政策二：培养国家观念、爱国实力及大国民之气概。

政策三：运用科学，征服自然，其道在选择有科学天才之儿童，加以特别训练。对于有科学天才之专家，予以研究机会，并以极尊荣之名誉，鼓励有关国计民生之发明。

政策四：训练人民，为本身及国家作最有效力及随机应变之组织。

政策五：灌输经济学识，俾人民明了经济学之基本原理，以应付现代之劳资问题。

政策六：对于已在职业界服务之人民，教以改良旧职业之学识技能。

政策七：厉行身教，以谋学风之整顿。

政策八：发展国民性及各省区人民之优点，以尽其特别贡献。

政策九：下级行政机关，应有自动进行之自由，并负切实办理之责任。高级行政机关，应建立最低限度之标准，并负督促指导、补助提倡、联络纠正之责。

政策十：用人以贤者在位、能者在职为标准。

政策十一：办理学务，必须有计划预算以为进行之指导。

政策十二：应兴应革事宜，必须根据客观的调查及分析的研究。

政策十三：增进并运用各种力量，以适应及改良各种需要。

政策十四：确定并保护渐进敷用之教育税，以应进化国家之需要。

政策十五：保护教育机会均等。

政策十六：各省区、蒙、藏，应逐渐设立大学，至少一所。吸收硕学通才，以为产生文化、整理文化及主张正谊之中心。先着手设立文化院，以植大学之基。

政策十七：培植蒙贤治蒙，藏贤治藏。并培植五族共和之公民资格，以谋国内民族之合作。

政策十八：提倡以乡村学校为改造乡村生活之中心，乡村教员为改造乡村生活之灵魂。其具体办法，应设试验乡村师范学校以实验之。

政策十九：本国大学毕业后，始准留学。留学时至少必须有一年游历各

国，以减少未来领袖思想上不必须之冲突。

政策二十：用批评态度，介绍外国文化，整理本国文化。

政策二十一：扶助交通，以利教育之推行。

政策二十二：鼓励专家研究试验符合本国国情适应生活需要之各种学校教育，以作学校化学校之根据。

我之学校观

学校的势力不小。他能教坏的变好，也能教好的变坏。他能叫人做龙，也能叫人做蛇。他能叫人多活几岁，也能叫人早死几年。

学校以生活为中心。一天之内，从早到晚莫非生活，即莫非教育之所在。一人之身，从心到手莫非生活，即莫非教育之所在。一校之内，从厨房到厕所莫非生活，即莫非教育之所在。学校有死的有活的，那以学生全人、全校、全天的生活为中心的，才算是活学校。死学校只专在书本上做工夫。间于二者之间的，可算是不死不活的学校。

学校是师生共同生活的处所。他们必须共甘苦。甘苦共尝才能得到精神的沟通，感情的融洽。国家大事，世界大势，亦必须师生共同关心。学校里师生应当相依为命，不能生隔阂，更不能分阶级。人格要互相感化，习惯要互相锻炼。人只晓得先生感化学生，锻炼学生，而不知学生彼此感化锻炼和感化锻炼先生力量之大。先生与青年相处，不知不觉的，精神要年轻几岁，这是先生受学生的感化。学生质疑问难，先生学业片刻不能懈怠，是先生受学生的锻炼。这是不可避免的，也是好现象。总之，师生共同生活到什么程度，学校生气也发扬到什么地步，这是丝毫不可以假借的。李白诗说："黄河之水天上来，奔流到海不复回。"这好比是学生的精神。办学如治水，我们必须以导河的办法把学生的精神宣导出去，使他们能在有益人生的事上去活动。倘不能因势利导，反而强事压制，那么决堤泛滥之祸不能幸免了。

康健是生活的出发点，亦就是学校教育的出发点。学问、道德应当有一个活泼稳固的基础，这基础就是康健。俗话说"百病从口入"，同志们务必注意，办学校是要从厨房、饭厅办起的。

生活之发荣滋长须有吸收滋养的容量。学校教职员必须虚心，学而不厌。我以为不但教师要学而不厌，就是职员也要学而不厌，因为既以生活为学校

的中心，那么各种事务都要含有教育的意义。从校长起一直到厨司、校工，各有各的职务，即各有各的学问要增进。增进之法有二：一是各有应读之书必须读；二是各有应联之专家同志必须联。一个学校要想有美满的生活，必须和知识的泉源通根水管，使得新知识可以源源而来。

学校生活只是社会生活一部分。学校不是道士观、和尚庙，必须与社会生活息息相通。要有化社会的能力，先要情愿社会化。

学校生活是社会生活的起点。远处着眼，近处着手，改造社会环境要从改造学校环境做起。全校师生应当以美术的精神共同改造学校环境。凡应当改造的，一丝一毫都不肯轻松放过，才能表现真精神。师生不能共同改造学校环境而侈谈社会改造，未免自欺欺人。

高尚的生活精神不用钱买，不靠钱振作，也不能以没有钱推诿。用钱可以买来的东西，没有钱自然买不来；用钱买不来的东西，没有钱也是可以得到的。高尚的精神如同山间明月、江上清风一样，是取之无尽，用之无穷的。没有钱是一事，没有精神又是一事。有钱而无精神和无钱而有精神的学校，我都见识过。精神是不靠钱买的。精神是在我们身上，我们肯放几分精神，就有几分精神。不关有没有钱，只问我肯不肯把精神放出来。

我们要学校生活长得敏捷圆满，就得要把他放在光天化日之下。太阳光底下可以滋长，黑暗里面免不掉微生物。所以我主张学校要给人看。做父母的、管学务的，以及纳教育税的人，都要看学校。要学校改良，做校长的、做教员的，都要欢迎人参观批评，以补自己之不足。学校放在太阳光里必能生长，必能继续不断的生长。

我对于学校悬格并不要高，只希望大家把学校办到一个地步——情愿送亲子弟入校求学，就算好了。前清往往有办学的人不令子弟入学，时论以为不恕。现今主持省县教育者，亦颇有以子弟无好学校进为虑，甚至送入外人设立学校肄业，真正令人不解。我要有一句话奉劝办学同志，这句话就是："待学生如亲子弟。"

中国师范教育建设论

教什么？怎样教？教谁？谁教？这是师范学校的几个基本问题。要想把师范学校办得好，必须把这些问题先弄明白。

师范学校首先要问的是"教什么"，这是教材问题。施教的人不能无中生有，他必得要运用环境所已有的事物去引起学生之活动。所以遇了"教什么"这个问题，我们暂时可以下一句答语：有什么，学什么；学什么，教什么；教什么，就拿什么来训练教师。但是世界上有的东西，无计其数；所有的未必是所需要的。因此，我们姑且又要加上一句答语：要什么，学什么；学什么，教什么；教什么，就拿什么来训练教师。

所有和所要都知道了，我们立刻发生教法问题。我们要接着问一问"怎样教"，教的法子要根据学的法子，学的法子要根据做的法子。教法、学法、做法是应当合一的。我们对于这个问题所建议的答语是：事怎样做就怎样学；怎样学就怎样教；怎样教就怎样训练教师。

教什么和怎样教，绝不是凌空可以规定的。他们都包含"人"的问题。这问题就是"教谁"。人不同，则教的东西、教的方法、教的分量、教的次序都跟着不同了。我们要晓得受教的人在生长历程中之能力需要，然后才晓得要教他什么和怎样教他；晓得了要教他什么和怎样教他，然后才晓得如何去训练那教他的先生。

预备要做先生的是那种人？他对于教师职业的兴味、才能如何？他充当某种教师是否可以胜任愉快？现在实际在那儿当教师的是谁？师范学校所期望于他所训练的人才有多少能做适当的教师？这也是师范学校要考虑的问题。我们的建议是：谁在那儿教，谁欢喜教，谁能教得好，就应当训练谁。

就上面所说的，总起来看，我们知道，师范学校是要运用环境所有所需的事物，归纳于他所要传布的那种学校里面，依据做学教合一原则，实地训练有特殊兴味才干的人，使他们可以按着学生能力需要，指导学生享受环境之所有并应济环境之所需。这个定义包含三大部分：一是师范学校本身的工作，二是中心学校的工作，三是环境里的幼年人生活。这三大部分应当发生有机体的关系，使得他们的血脉可以流通，精神可以一贯。他们中间不当有丝毫的隔膜。一看这个定义，我们立刻晓得师范学校的出发点就是他所要传布的中心学校，中心学校的出发点就是环境里的幼年人生活。由此我们也就可以明白建设师范教育之历程。

环境里的幼年人生活既是中心学校的中心，我们首先就要把他弄个明白。我们要晓得幼年人在生长历程中有什么能力，有什么需要。我们虽不能完全知道，但是学者已经研究出来的，我们必须充分明了。幼年人不是孤立的，他是环境当中的一个人。环境对于幼年人的生活有两种大的力量：一是助力。自然界的光线、空气、食物、饮料，在常态之下，都是扶助人类生长的东西。社会里的语言文字、真知灼见以及别人的互相提携，也都有扶助我们生长的作用。二是阻力。例如狂风、暴雨、水患、旱灾、虫害种种，都是自然界与人为难的东西。社会方面的贪官、污吏、劣绅、土棍、盗贼以及一切不良的制度风俗，也是我们生长的挡路物。可是阻力倘不太大，可以化为助力。逆境令人奋斗，生长历程中发生了困难才能触动思想，引起进步。人的脑袋就是这样长大的，文明也是这样进化的。我们应当运用自然界和社会界的助力、阻力去培植幼年人的生活力，使他可以做个健全分子去征服自然，改造社会。因此，我们又要问自然界与社会界对于幼年人的生长有什么助力，有什么阻力，他们对于幼年人生长的贡献是什么？他们有什么缺憾要人力补天工之不足？一个环境对于幼年人生长之助力、阻力、贡献、缺憾，要具体的分析开来，才能指导教育的实施。倘使囫囵吞枣，似乎没有多大用处。分析出来的具体事实必定是整千整万，学校自然不能完全采纳进去。所以进一步的工作就是估量每件事实的价值。价值估量之后再作选择的工夫，把价值最低的除开，需要可缓的除开，学校不必教不能教的除开，留下来的容纳到学校里去，编成教材，制为课程，佐以相当设备，配以相当程序，使教师指导学生脚踏实地的去做去学。这样一来，中心学校就可以办成了。这种学校是有根的。他的根安在环境里，吸收环境的肥料、阳光，化作自己的生命，所以他能长大，抽条，发叶，开花，结果。这种学校是与自然生活、社会生活联为一气的。他能适应环境的生活，也能改造环境的生活。他是本地的土壤里产生出来的，他自能在相类的环境里传布。我们可以祝他说："恭喜你多福，多寿，多儿子，儿子又生孙，孙又生儿子，子子孙孙生到无穷期，个个都像你，个个胜过你。"中心学校有了办法，再办师范学校。师范学校的使命，是要运用中心学校之精神及方法去培养师资。他与中心学校的关系也是有机体的，也是要一贯的。中心学校是他的中心而不是他的附属品。中心学校也不应以附属品看待自己。正名定义，附属学校这个名字要不得。实习学校的名字好得多，但是这个名字包含了"思想与实习分家"的意味，也不是最好的。师范学校的各门功课都有专业的中心目的，大部分都应当与中心学校联串起来。例如教育学、心理学等等功课若是附加的性质，决不能发生很大的效力。这种功课应当与实地教学熔为一炉，大部分应当采取理科实验指南的体裁以谋教学做三者之合一。我们进行时对于师范生本身之能力与需要，当然要同时顾到。因为师范生将来出去办学的环境与中心学校的环境必定不能一模一样；要想师范生对于新环境有所贡献，必得要同时给他们一种因地制宜的本领。

师范毕业生得了中心学校的有效办法和因地制宜的本领，就能到别的环境里去办一个学校。这个学校的精神与中心学校是一贯的，但不是刻印板的，不是照样画葫芦的。他要适应他的特殊环境，也要改造他的特殊环境。

这个学校对于学生所要培植的也是生活力。他的目的是要造就有生活力的学生，使得个个人的生活力更加润泽、丰富、强健，更能抵御病痛，胜过困难，解决问题，担当责任。学校必须给学生一种生活力，使他们可以单独或共同去征服自然，改造社会。

我们这里所建议的步骤是一气呵成的：自然社会里的生活产生活的中心学校，活的中心学校产生活的师范学校，活的师范学校产生活的教师，活的教师产生有生活力的国民。

这个建设历程，从头到尾都是息息相通的，倘使发现不衔接、不联络、不适应的地方，到处可以互相参考纠正，随改随进。所以中心学校随着自然社会生活继续不断的改进，师范学校随着中心学校继续不断的改进，地方学校随着师范学校继续不断的改进，自然、社会生活又随着地方学校继续不断的改进。

上述师范教育的建设历程，倘用下图表示，更能一目了然：

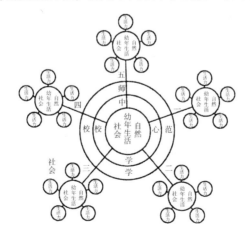

说明：

自然、社会里的幼年生活是中心学校之中心。

中心学校是师范学校之中心。

一、二、三、四、五是师范毕业生办的学校。

生活力代表师范毕业生所办学校培养之学生。

训练初级师范教员之高等师范或师范大学，可于师范学校外加一圈，并类推。

师范学校既以中心学校为中心，那么，有那一种的中心学校就有那一种的师范学校：有幼稚园为中心学校，就可以办幼稚师范；有小学为中心学校，就可以办初级师范；有中学或师范为中心学校，就可以办高等师范或师范大学；有各种职业机关或学校做中心学校，就可以办各种职业师范。

师范学校既以中心学校为中心，就得跟着中心学校跑。凡有好的中心学校的地方，都可以办个师范；凡是没有好的中心学校的地方，都可以取消师范的招牌。否则就应当根本改造中心学校和各方面的关系，使他名实相符。师范学校人数也可不拘，看中心学校的容量而定。他能容几个人就是几个人，不必勉强。一个师范可以有几个中心学校，一个中心学校也可以做几个师范学校的公共中心。例如，一个乡村师范可以有几个单式学校，几个复式学校，几个单式学校做他的中心学校。又例如，一个好的中心小学里可以容纳初级中学、高级中学、甚至于大学程度的师范生在这里学习。初级中学程度的人在这里学习之后可以去当初小的教师，高级中学程度的人在这里学习之后可以去当高小的教师，大学程度的学生在这里学习之后可以去办初级师范或县立师范。

中心学校的成立有两种方式都可以行：一是另起炉灶来创设；二是找那虚心研究、热心任事、成绩昭著并富有普遍性之学校特约改造，立为中心学校。这两种方式可以按照情形酌量采择施行。

有了中心学校，就可以在中心学校附近建筑或租借房屋开办师范班或师范学校。收录师范生可有两种办法。一是本校招收新生始终其事，予以完全训练。这种办法规模较大，需用人才、设备、经费也较多。二是招收他校将毕业而有志充当教师之学生或有相当程度之在职之教职员，加以相当时期之训练。照这种办法，师范部只须准备宿舍、图书、讨论室、指导人才及所需之其他设备，就可开办。这是比较轻而易举的。毕业后发给修业证书，俟办成有生活力之学校始发给正式毕业证书。原肄业学校如因本校没有师范训练，亦得依照规定手续保送相当学生来此学习。毕业证书可由两校合发。这种种办法各级师范都可适用。

上面所说的是建设中国师范教育的根本原理与实施概要。中国师范教育前清办理失策，以致师范学校与附属学校隔阂，附属学校与实际生活隔阂。我们所以有这种隔阂，是因为我们的师范教育或是从主观的头脑里空想出来的，或是间接从外国运输进来的，不是从自己的亲切经验里长上来的。这种师范教育倘不根本改造，直接可以造成不死不活的教师，间接可以造成不死不活的国民。有生活力的国民是要靠着有生活力的教师培养的；有生活力的教师又是要靠着有生活力的师范学校训练的。中国今日教育最急切的问题，是旧师范教育之如何改造，新师范教育之如何建设。国家所托命之师范教育是决不容我们轻松放过的。我们很希望全国同志会精聚神的来对付这个问题。

中国乡村教育之根本改造

中国乡村教育走错了路！他教人离开乡下向城里跑，他教人吃饭不种稻，穿衣不种棉，做房子不造林；他教人羡慕奢华，看不起务农；他教人分利不生利；他教农夫子弟变成书呆子；他教富的变穷，穷的变得格外穷；他教强的变弱，弱的变得格外弱。前面是万丈悬崖，同志们务须把马勒住，另找生路！

生路是什么？就是建设适合乡村实际生活的活教育。我们要从乡村实际生活产生活的中心学校；从活的中心学校产生活的乡村师范；从活的乡村师范产生活的教师；从活的教师产生活的学生，活的国民。活的乡村教育要有活的乡村教师。活的乡村教师要有农夫的身手，科学的头脑，改造社会的精神。活的乡村教育要有活的方法，活的方法就是教学做合一：教的法子根据学的法子，学的法子根据做的法子；事怎样做就怎样学，怎样学就怎样教。活的乡村教育要用活的环境，不用死的书本。他要运用环境里的活势力，去发展学生的活本领——征服自然改造社会的活本领。他其实要叫学生在征服自然改造社会上去运用环境的活势力，以培植他自己的活本领。活的乡村教育，要教人生利。他要叫荒山成林，叫瘠地长五谷。他要教农民自立、自治、自卫。他要叫乡村变为西天乐园，村民都变为快乐的活神仙。以后看学校的标准，不是校舍如何，设备如何，乃是学生生活力丰富不丰富。村中荒地都开垦了吗？荒山都造了林吗？村道已四通八达了吗？村中人人都能自食其力吗？村政已经成了村民自有、自治、自享的活动吗？这种活的教育，不是教育界或任何团体单独办得成功的。我们要有一个大规模联合，才能希望成功。那应当联合中之最应当联合的，就是教育与农业携手。中国乡村教育之所以没有实效，是因为教育与农业都是各干各的，不相闻问。教育没有农业，便成为空洞的教育，分利的教育，消耗的教育。农业没有教育，就失了促进的媒介。倘有好的乡村学校，深知选种、调肥、预防虫害之种种科学农业，做个中心机关，农业推广就有了根据地、大本营。一切进行，必有一日千里之势。所以第一要教育与农业携手。那最应当携手的虽是教育与农业，但要求其充分有效，教育更须与别的伟大势力携手。教育与银行充分联络，就可推翻重利；教育与科学机关充分联络，就可破除迷信；教育与卫生机关充分联络，就可预防疾病；教育与道路工程机关充分联络，就可改良路政。总之，乡村学校是今日中国改造乡村生活之唯一可能的中心。他对于改造乡村生活的力量大小，要看他对于别方面势力联络的范围多少而定。乡村教育关系三万万六千万人民之幸福！办得好，能叫农民上天堂；办得不好，能叫农民下地狱。我们教育界同志，应当有一个总反省，总忏悔，总自新。我们的新使命，是要征集一百万个同志，创设一百万所学校，改造一百万个乡村．我们以至诚之意，欢迎全国同胞一齐出来加入这个运动，赞助他发展，督促他进行，一心一德的来为中国一百万个乡村创造一个新生命。叫中国一个个的乡村都有充分的新生命，合起来造成中华民国的伟大的新生命。

教学做合一

教学做合一是本校的校训，我们学校的基础就是立在这五个字上，再也没有一件事比明了这五个字还重要了。说来倒很奇怪，我在本校从来没有演讲过这个题目，同志们也从没有一个人对这五个字发生过疑问。大家都好像觉得这是我们晓庄的家常便饭，用不着多嘴饶舌了。可是我近来遇了两件事，使我觉得同志中实在还有不明了校训的意义的。一是看见一位指导员的教学做草案里面把活动分成三方面，叫做教的方面，学的方面，做的方面。这是教学做分家，不是教学做合一。二是看见一位同学在《乡教丛讯》上发表一篇关于晓庄小学的文章。在这篇文章里，他说："晓庄小学的课外作业就是农事教学做。"在教学做合一的学校的辞典里并没有"课外作业"。课外作业是生活与课程离婚的宣言，也就是教学做离婚的宣言。今年春天洪深先生创办电影演员养成所，招生广告上有采用"教""学""做"办法字样。当时我一见这张广告，就觉得洪先生没有十分了解教学做合一。倘使他真正了解，他必定要写"教学做"办法，决不会写作"教""学""做"办法。他的误解和我上述的两个误解是相类的。我接连受了这两次刺激，觉得非彻底的、源源本本的和大家讨论明白，怕要闹出绝大的误解。思想上发生误解则实际上必定要引起矛盾，所以把这个题目来演讲一次是万不可少的。我自回国之后，看见国内学校里先生只管教，学生只管受教的情形，就认定有改革之必要。这种情形以大学为最坏。导师叫做教授，大家以被称教授为荣。他的方法叫做教授法，他好像是拿知识来赈济人的。我当时主张以教学法来代替教授法，在南京高等师范学校校务会议席上辩论二小时，不能通过，我也因此不接受教育专修科主任名义。八年，应《时报，教育新思潮》主干蒋梦麟先生之征，撰《教学合一》一文，主张教的方法要根据学的方法。此时苏州师范学校首先赞成采用教学法。继而"五四"事起，南京高等师范同事无暇坚持，我就把全部课程中之教授法一律改为教学法。这是实现教学合一的起源。后来新学制④颁布，我进一步主张：事怎样做就怎样学，怎样学就怎样教；教的法子要根据学的法子，学的法子要根据做的法子。这是民国十一年的事。教学做合一的理论已经成立了，但是教学做合一之名尚未出现。前年在南开大学演讲时，我仍用教学合一之题，张伯苓先生拟改为学做合一，我于是豁然贯通，直称为教学做合一。去年撰《中国师范教育建设论》时，即将教学做合一之原理作有系统之叙述。我现在要把最近的思想组织起来作进一步之叙述。教学做是一件事，不是三件事。我们要在做上教'在做上学。在做上教的是先生；在做上学的是学生。从先生对学生的关系说：做便是教；从学生对先生的关系说：做便是学。先生拿做来教，乃是真教；学生拿做来学，方是实学。不在做上用工夫，教固不成为教，学也不成为学。从广义的教育观点看，先生与学生并没有严格的分别。实际上，如果破除成见，六十岁的老翁可以跟六岁的儿童学好些事情。会的教人，不会的跟人学，是我们不知不觉中天天有的现象。因此教学做是合一的。因为一个活动对事说是做，对己说是学，对人说是教。比如种田这件事是要在田里做的，便须在田里学，在田里教。游水也是如此，游水是在水里做的事，便须在水里学，在水里教。再进一步说，关于种稻的讲解，不是为讲解而讲解，乃是为种稻而讲解；关于种稻而看书，不是为看书而看书，乃是为种稻而看书；想把种稻教得好，要讲什么话就讲什么话，要看什么书就看什么书。我们不能说种稻是做，看书是学，讲解是教。为种稻而讲解，讲解也是做；为种稻而看书，看书也是做。这是种稻的教学做合一。一切生活的教学做都要如此，方为一贯。否则教自教，学自学，连做也不是真做了。所以做是学的中心，也就是教的中心。"做"既占如此重要的位置，宝山县立师范学校竟把教学做合一改为做学教合一。这是格外有意思的。

以教人者教

"以教人者教己"是本校根本方法之一，我们也必须说得明白，方知他效用之大。昨天邵先生教纳税计算法，就是"以教人者教己"的例证。邵先生因为要教大家计算纳税，所以就去搜集种种材料，并把这些材料融会贯通起来，然后和盘托出，教大家计算。他因为要教大家，所以先教自己。他是用教大家的材料教自己。他年年纳税，但是总没有明白其中的内幕，今年为什么就弄得这样彻底明白呢？因为要教你们，所以他自己便不得不格外明白了。他从教纳税上学得的益处怕比学生要多得多哩。近来韩先生教武术，不是要一位同学发口令吗？这便是以教人者教己。这位同学发口令时便是以同学教同学。因为要他发口令，所以他对于这套武术的步骤就格外明了。他在发口令上学，便是以教人者教己。第三中心小学潘先生是素来没有学过园艺的。但是他第三中心小学有园艺一门功课，他必得教。既然要教园艺，他对于园艺便要格外学得清楚些。他拿园艺教小学生的时候便是拿园艺来教他自己。我们从昨天起开始交际教学做。第一次轮流到的便是孙从贞女士，今天有客来，便须由她招待。来宾到校必定要问许多问题，孙女士必须答复。但她是一位新学生，对于学校的经过历史、现在状况及未来计划都是没有充分明了。因为要答复来宾的问题，她必须预先把这些事情弄得十分明白，才不致给来宾问倒。她答复来宾的问题时，从广义的教育看来，她便是在那儿教，来宾便是在那儿学。为了要答复来宾的问题，她自己就不得不先去弄得十分明白，这便是以教人者教己。我们平常看报，多半是随随便便的。假使我们要教小学生回家报告国家大事，那么，我们看报的时候，便不得不会精聚神了。我们这样看报，比起寻常的效率不知道要大得几多倍哩。这便是借着小孩讲国家大事来教自己明了国家大事。这便是以教人者教己。又比如锄头舞的歌词是我做的，对于这套歌词，诸位总以为我做了之后便是十分明了了，其实不然。我拿这歌词教燕子矶小学生时，方把他弄得十分明白。以前或可以说只有七八分明白，没有十分明白。自己做的歌词还要等到教人之后才能十分明白，由此可见"以教人者教己"的效力之宏。从这些例证上，我们可以归纳出一条最重要的学理，这学理就是"为学而学"不如"为教而学"之亲切。"为教而学"必须设身处地，努力使人明白；既要努力使人明白，自己便自然而然的格外明白了。

生活即教育

今天我要讲的是"生活即教育"。中国从前有一个很流行的名词，我们也用得很多而且很熟的，就是"教育即生活"（Education of life）。教育即生活这句话，是从杜威（John Dewey）先生那里来的，我们在过去是常常用它，但是，从来没有问过这里边有什么用意。现在，我把它翻了半个筋斗，改为"生活即教育"。在这里，我们就要问："什么是生活？"有生命的东西，在一个环境里生生不已的就是生活。譬如一粒种子一样，它能在不见不闻的地方而发芽开花。从动的方面看起来，好像晓庄剧社在舞台演戏一样。"生活即教育"这个演讲，从前我已讲了两套，现在重提我们的老套。

第一套就是：

是生活就是教育，不是生活就不是教育；

是好生活就是好教育，是坏生活就是坏教育；

是认真的生活，就是认真的教育，是马虎的生活，就是马虎的教育；

是合理的生活，就是合理的教育，是不合理的生活，就是不合理的教育；

不是生活，就不是教育；

所谓之生活，未必是生活，就未必是教育。

第二套是第二次讲的时候包括进去的，是按着我们此地的五个目标加进去的，就是：

是康健的生活，就是康健的教育，是不康健的生活，就是不康健的教育；

是劳动的生活，就是劳动的教育，是不劳动的生活，就是不劳动的教育；

是科学的生活，就是科学的教育，是不科学的生活，就是不科学的教育；

是艺术的生活，就是艺术的教育，是不艺术的生活，就是不艺术的教育；

是改造社会的生活，就是改造社会的教育，是不改造社会的生活，就是不改造社会的教育。

近来，我们有一个主张，是每一个机关，每一个人在十九年度里都要有一个计划。这样，在十九年里，我们所过的生活，就是有计划的生活，也就是有计划的教育。于是，又加了这么一套：

是有计划的生活，就是有计划的教育，是没有计划的生活，就是没有计划的教育。

我今天要说的，就是我们此地的教育，是生活教育，是供给人生需要的教育，不是作假的教育。人生需要什么，我们就教什么。人生需要面包，我们就得受面包教育；人生需要恋爱，我们就得过恋爱生活，也就是受恋爱教育。准此类推，照加上去：是那样的生活，就是那样的教育。

与"生活即教育"有连带关系的就是"学校即社会"。"学校即社会"也就是跟着"教育即生活"而来的，现在我也把它翻了半个筋头，变成"社会即学校"。整个的社会活动，就是我们的教育范围，不消谈什么联络，而它的血脉是自然流通的。不要说"学校社会化"。譬如现在说要某人革命化，就是某人本来不革命；假使某人本来是革命的，还要他"化"什么呢？讲"学校社会化"，也是犯同样的毛病。"社会即学校"，我们的学校就是社会，还要什么"化"呢？现在我还有一个比方：学校即社会，就好像把一只活泼泼的小鸟从天空里捉来关在笼里一样。它要以一个小的学校去把社会上所有的一切东西都吸收进来，所以容易弄假。社会即学校则不然，它是要把笼中的小鸟放到天空中去，使它能任意翱翔，是要把学校的一切伸张到大自然界里去。要先能做到"社会即学校"，然后才能讲"学校即社会"；要先能做到"生活即教育"，然后才能讲到"教育即生活"。要这样的学校才是学校，这样的教育才是教育。

杜威先生在美国为什么要主张教育即生活呢？我最近见着他的著作，他从俄国回来，他的主张又变了，已经不是教育即生活了。美国是一个资本主义的国家，他们是零零碎碎的实验，有好多教育家想达到的目的不能达到，想实现的不能实现。然而在俄国已经有人达到了，实现了。假使杜威先生是在晓庄，我想他也必主张"生活即教育"的。

杜威先生是没有到过晓庄来的。克伯屈先生是到过晓庄来的。克伯屈先生离了俄国而来中国，他说："在离莫斯科不远的地方，有一个人叫夏弗斯基的，他在那里办了一所学校，主张有许多与晓庄相同的地方。"我见了杜威先生的书，他说现在俄国的教育很受这个地方的影响，很注重这个地方。他们也主张生活即教育，社会即学校。克伯屈先生问我们在文字上通过消息没有？我说没有。我又问他："夏弗斯基这个人是不是共产党？"他说不是。我又问他："他不是共产党，又怎么能在共产党政府之下办教育呢？"他说："因为他是要实现一种教育的理想，要想用教育的力量来解决民生问题，所以俄政府许可他试验，他在俄政府之下也能生存。"我又对他说："这一点到又和我相合，我在国民党政府之下办教育，而我也不是一个国民党党员。"这是克伯屈先生参观晓庄后与我所谈的话。

现在我们这里的主张，已经终于到了实现的时期了，问题是在怎样实现。这一点，可以分作三个时期：

第一个时期，是生活是生活，教育是教育，两者是分离而没有关系的。

第二个时期，是教育即生活，两者沟通了，而学校社会化的议论也产生了。

第三个时期，是生活即教育，就是社会即学校了。这一期也可以说得是开倒车，而且一直开到最古时代去。因为太古的时代，社会就是学校，是无所谓社会自社会、学校自学校的。这一期也就是教育进步到最高度的时期。

其次，要讲生活即教育与社会即学校，有几方面是要开仗的，而且，是不痛快，是很烦恼，而与我们有极大的冲突的。

第一，在这个时期，是各种思潮在中国谋实现的时期，中国几千年来的传统教育所支配的许多传统思想都要在此时期谋取得它的地位。第二，是外来的各种文化，如德国以前是以文化为中心的。这种文化，胡适之先生曾说是一种 Jantade man 的文化，是充满着绅士气的。第二是英国的。

现在先说中国遗留下来的旧文化与我们的生活即教育是有冲突的。中国从前的旧文化，是上了脚镣手铐的。分析起来，就是天理与人欲，以天理压迫人欲，做的事无论怎样，总要以天理为第一要件。

他是以天理为一件事，人欲为一件事。人欲是不对的，是没有地位的。在生活即教育的原则之下，人欲是有地位的，我们不主张以天理来压迫人欲。这里，我们还得与戴东原先生的哲学打通一打通：他说，理不是欲外之理，不是高高的挂在天空的；欲并不是很坏的东西，而是要有条有理的。我们这里主张生活即教育，就是要用教育的力量，来达民之情，顺民之意，把天理与人欲打成一片，并且要和戴东原先生的哲学联合起来。

与此有连带关系的就是"礼教"。现在有许多人唱"礼教吃人"的论调，的确，礼教吃的人，骨可以堆成一个泰山，血可以合成一个鄱阳湖。我们晓得，礼是什么？以前有人说，礼是养生的，那是与生活即教育相通的。这种礼，我们不惟不打倒，并且表示欢迎。假若是害生之礼，那就是要把人加上即镣手铐，那是与我们有冲突的，我们非打倒不可。因为生活即教育，是要解放人类的。

再次，中国以前有一个很不好的观念，就是看不起小孩子。把小孩子看成小大人，以为大人能做的事小孩也能做，所以五六岁的小孩，就要他读《大学》《中庸》。换句话说，就是小孩子没有地位。我们主张生活即教育，要是儿童的生活才是儿童的教育，要从成人的残酷里把儿童解放出来。

还有一点要补充进去的就是书本教育。从前的书本教育，就是以书本为教育，学生只是读书，教师只是教书。在生活即教育的原则之下，书是有地位的，过什么生活就用什么书，书不过是一种工具罢了。书是不可以死读的，但是不能不用。从前有许多像这样的东西，是非推翻不可的，否则不能实现"生活即教育"。

现在外面传进来的思潮，也有许多与我们是冲突的。以文化做一个例吧，以文化做中心的教育，它的结果是造成洋八股。文化是人类创造出来的，固然是非常的宝贵，但它也不过是一种工具而已，不能拿作我们教育的中心。人为什么要用文化？是要满足我们人生的欲望，满足我们生活的需要。电灯是文化，我们用了它，可以把一切东西看得更明白。无线电是文化，我们用了它，可以更便利。千里镜是文化。我们用了它，可以钻进土星、木星里去……所以文化是生活的工具，它是有它的地位的。我们不惟不反对，并且表示欢迎。欢迎它来做什么呢？就是满足我们生活的需要。有些人把它弄错了，认它做一种送人的礼物，这是不对的。文化要以参加做基础，有了这参加的最低限度的基础，才能了解，才能加上去。生活即教育与以文化为中心的教育的不同，就是如此。

还有训育与生活即教育的理论怎么样？生活即教育与训育把训与教分家的关系怎样？生活即教育与社会即学校如何实现？小学里如何把它实现出来？假使诸位以为是行得通的，最好是每一个人拟一个方案来交给我，那一部分可以实现，我们就拿那个地方当一个社会实现出来。

现在我举一个例说：去年因为天干，和平学园急于要水吃，就开了一个井。井是学校开的，但是献给全村公用，不久就发现了两个大问题：

（一）每天出水二百担，不敷全村之用。于是大家都起早取水，后到的取不到水。明天又比别人早，甚至于一夜到天亮，都有取夜水的。到天亮时，井里的水已将干了。群聚在井边候水，一勺一勺的取，费尽了气力，才打出一桶水。

（二）大家围着取水，争先恐后，有时甚至用武力解决。

这种现象，假使是学校即社会，就可以用学校的权力来解决，由学校出个命令，叫大家照着执行。社会即学校的办法就不然，他觉得这是与全村人的生活有关系的，要全村的人来设法解决，于是就开了一个村民大会，一共到了六七十个人，共同来做一个吃水问题的教学。到会的人，有老太婆，也有十二三岁的小孩子，公推了一位十几岁的小学生做主席。我和许多师范生，就组织了一个诸葛亮团，插在群众当中，保护这位阿斗皇帝。老太婆说的话顶多，但同时有许多人说话，大家听不清楚，而阿斗皇帝又对付不下来。这回，诸葛亮用得着了，他就起来指导。结果，共同议决了几件事：

（一）水井每天休息十小时，自下午七时至上午五时不许取水。违者罚洋一元，充修井之用。

（二）每次取水，先到先取，后到后取。违者罚小洋六角，充修井之用。

（三）公推刘君世厚为监察员，负执行处分之责。

（四）公推雷老先生为开井委员长，筹款加开一井，茶馆、豆腐店应多出款，富户劝其多出，于最短期内，由村民团结的力量，将井开成。

这几个议案是由阿斗会议所通过的。这就是社会即学校的办法。由此，我有几个感触：

（一）民众运动，要以对于民众有切身的问题为中心，否则不能召集。

（二）社会运动，非以社会即学校，则不能彻底实行。而社会即学校，是有实现的可能的。

（三）不要以为老太婆、小孩不可训练，只要有法子，只要能从他们切迫的问题着手。

（四）公众的力量比学校发生的大，假使由学校发命令解决，则社会上了解的人少，而且感情将由此分离。

（五）阿斗离了诸葛亮是不行的，和平门吃水问题，倘无相当指导，可能再过四五千年还没有解决。

（六）做民众运动是要陪着民众干，不要替民众干。训政工作要想训练中华国民，非此不可。

这就是以小学所在地做学校的一个例，其余的例很多，不必多举。社会即学校要如何的实现，请大家一样一样的做个方案，二次开会的时候再谈。

这是证明"生活即教育"与"社会即学校"是相联的，是一个学理。

关于"生活即教育"，我现在再来补充一套。我们是现代的人，要过现代的生活，就是要受现代的教育。不要过从前的生活。也不要过未来的生活。若是过从前的生活，就是落伍；若要过未来的生活，就要与人群隔离。以前有一部书叫做《明日之学校》，大家以为很时髦的，讲得很熟的。我希望乡村教师，要办今日之学校，不要办明日之学校。办今日之学校，使小学生过今日之生活，受今日之教育。

教育改进

吾人不但须教育，而且须好教育。改进之意即在使坏者变好，好者变为更好。社会是动的，教育亦要动。吾人须使之继续不断的改，继续不断的进。

教育改进包含两方面：有关于教育方针之改进，亦有关于教育方法之改进。教育方针随思潮转移，有因个人兴致而偶然变更者，亦有因社会大势所趋而不得不变更者。教育方法受方针之指挥约束，必须与方针联为一气。方针未定得准，方法不与方针一致，均与吾人以改进之机会。比如航海，必须先定准方向。方向不定准，无论方法如何敏捷，如何洽意，只是行错路，究不能达目的地。但空悬一方针，船身能否抵制风浪，水手是否干练勇敢，食料与燃料敷用几时，均未打算清楚，则虽有方针，亦难达到目的地。故方针不准，应当改进；方法不与方针一致，亦应改进。航海如此，办学亦应如此。

论到中国教育方针，自办新学以来已经改变五六次。最初要吸收科学而又不忍置所谓国粹者于不顾，所以有"中学为体，西学为用"之主张，此种主张即是当时一种教育方针。光绪二十七年明定教育宗旨为忠君、尊孔、尚公、尚实、尚武。此种教育宗旨即表明其时之教育方针。民国元年，国体变更，教育方针因改为重在道德而以实利教育、军国民教育辅之，更以美感教育完成其道德。民国四年，申明教育宗旨，又改进为"注重道德，实利，尚武，并运之以实用"。民国八年，教育部组织教育调查会，该会建议"以养成健全人格，发展共和精神为教育宗旨"。所谓健全人格须包含："一、私德为立身之本，公德为服务社会国家之本。二、人生所必需之知识技能。三、强健活泼之体格。四、优美和乐之感情"。共和精神包含："一、发挥平民主义，俾人人知民治为立国之根本。二、养成公民自治习惯，俾人人能负国家社会之责任。"民国十一年第八届全国教育会联合会建议学制系统标准，即是关于教育方针之修正。嗣经教育部公布标准七条："适应社会进化之需要。二、发挥平民教育精神。三、谋个性之发展。四、注意国民经济力。五、注意生活教育。六、使教育易于普及。七、多留地方伸缩余地。"此二十余年中，吾国教育方针每隔四五年即修改一次，颇不稳定，论者辄讥为无方针之教育。其实中国方在过渡时代，又当各种思潮同时交流而至，方针不易固定。即以现在而论，吾人尚在歧路上考虑，吾意不出数年，中国教育方针必须再经一次变更，此次变更后或可较为稳定。中国教育方针已经走过几层歧路，以吾观之，尚有两层最为重要之歧路。第一层，国家主义与国际主义。第二层，物质文明、精神文明与吸收物质文明而保存精神自由，并免去机械的人生观。改革固须改革，究竟如何改革方能进步，实属根本问题。

至于教育方法之改进，所包括之方面更多。学制、组织、行政、教师之训练、教材之选择与编辑、教学法之研究、校舍教具之设备、经费之筹措等种种问题，悉包括在内。如须一一详述其近年改进之途径，非本文篇幅所许。就教育方法论，却有极显著之进步。如由主观的逐渐移至客观的，由盲从的移至批评的，由少数人参与的移至多数人参与的，由一时兴会所致的移至慎重考虑的，由普通人议论出来的移至专门家屡试屡验的，不由人要喜形于色。但此种趋势只属起点而已。盖今日中国之教育方法亦有两个缺点：一是方法不与方针一致，造就一人·人不能得一人之用；二是从外国贩来整套之理想与制度不能适合国情，不能消化，不能在人民生活上发现健全之效力。此均为吾人应绞脑筋、运身手、谋改进之急务。

以上论教育方针与方法均须改进，兹进论如何改进之道。

一、办教育者必须承认所办教育尚未尽善尽美，确有改进之可能。彼应持虚心的态度，彼应破一切成见、武断、知足。脑中积有痞块，绝无改进希

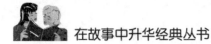

望。彼又应承认有问题必有解决，有困难必可胜过，只须自己努力，无一不可以改进。若听天由命，不了了之之人，决不能望其改进。彼或是被人改进，但如无人乐意为之改进，则彼之存在只属幸运而已。

二、改进教育者必须明白自己之问题，又必须明白他人解决同类问题之方法．于是调查，参观，实为改进教育之入手办法。国内调查参观之发生效力者可以择要述之：民国三年黄炎培之本国教育考察，民国十年孟禄等六人之实际教育调查，民国十二年中华教育改进社之全国教育统计调查，均为多区域、多问题之调查，影响亦甚普遍。又地方教育之调查，如民国七年南京高等师范学校之南京教育调查，民国十二年中华教育改进社之北京学校调查，只是地方教育调查之初步工作。一级教育之调查，如民国十二年中华教育改进社之小学教育调查，十四年俞子夷之调查儿童对于各科好恶，于小学教育均有相当贡献。门教育之调查，如民国八年九年中华职业教育社调查甲乙种实业学校之得失，十一年至十三年中华教育改进社之调查十省科学教

育及十四年之中国图书馆调查，十三年江苏义务教育期成会及改进社之乡村小学考察，十五年江苏教育厅之乡村小学视察，均于教育改进影响甚大。国外教育考察，最早者为光绪二十八年吴汝纶之日本教育考察。其《东游丛录》呈上管学大臣后，对于《钦定学堂章程》自有相当影响。嗣后派遣提学使赴日考察教育，使我国教育之日本化更进一步。美国教育考察，始于民国三年。是时黄炎培为江苏教育司长，派郭秉文、陈容、俞子夷三人考察欧美教育，归国后乃有南京高等师范之产生。四年黄炎培游美，其所带之感想，可于彼所著《东西两大陆教育不同之根本谈》中见其大略。六年考察菲律宾教育，南北各三人，直接即产生中国之职业教育。其后袁希涛组织欧美教育考察团，回国后极力介绍欧美教育方法与理想。新学制之成立直接间接受此种调查参观之影响不少。调查、参观确已表现"改"之能力，但究竟属改进属改退，则一时颇不易定。

三、教育界共同之问题，应同心协力共谋解决与改进。故教育会议乃必不可少之事。吾人要求精神之一致、经验之沟通，非有会议不可。前清之中央教育会，民国元年之临时教育会议，民国四年以来之全国省教育联合会以及中华职业教育社、中华教育改进社、中华平民教育促进会等之年会，以及去年大学院之全国教育会议，均与形成全国教育思潮、方针及进行方案有密切之关系。现在国内省有省教育会，县有县教育会，市乡之组织完备者有市

教育会及乡区教育会。学校与学校合组之各会议，影响较大者有中等教育协会，附属小学联合会。彼等于各自范围内所经营之事业，各有善良之效验。一门教育之会议，如民国十三年五月之乡村小学组织及课程讨论会，颇能引起乡村教育之兴味。一校之中，各科教员倘有讨论之组织，亦于改进各该科教学有所裨益。不但国内教育同志应有讨论之机会，国际教育同志亦应有交换意见之机会。十二年世界教育会议在旧金山举行，我国派代表出席，即思运用教育方法，以培养国际之谅解，增进国际之同情，并提倡国际之公道。吾人相信如依此慎重作去，此种会议于改进全世界之教育当有裨益。

四、调查参观仅为取别人之所知以益己之所不知，会议仅为会合各人之所知以成公众之所共知，吾人决不能借此种方法以发现新理。不能发现新知，绝不是在源头上谋改进。改进教育之原动力及发现新理之泉源，乃属试验学校之功能。我国现在足以当试验学校之名者甚少。以前东南大学附属小学及附属中学曾作道尔顿制及设计教学法之试验工作。最近北京艺文中学亦正在试验道尔顿制，鼓楼幼稚园之设乃欲试验幼稚教育者。中华教育改进社以试验学校为一切教育改进之大本，特于十四年十二月定一进行方针："本社今后对于教育之努力，应向适合本国国情及生活需要之方向进行。其入手方法为选择宗旨相同，并著有成绩之中学、小学、幼稚园，与之特约试验。合研究者之学术与实行者之经验为一体，务使用费少而收效宏；并将试验结果，随时介绍全国，俾多数学校，可以共向此途进展。"依此方针进行，该社已与燕子矶小学、尧化门小学、鼓楼幼稚园、南京安徽公学、北京艺文中学特约进行试验。该社于特约学校外尚须特设一试验乡村幼稚园及一试验乡村师范，不久可以实现。改进教育最有效力之方法无过于以学校化学校。

五、调查必须有工具，方能明白问题之所在；试验亦必须有工具，方能考核方法为实效。此种工具名曰测验。比如医病，教育心理测验仿佛是听肺机、寒暑表、爱克斯光线，较之通常之听闻为可靠。民国十一年至十二年中华教育改进社聘麦柯博士来华，偕同北京师大、东南大学教育科及其他大学教授二十余人编造测验二十余种，可算是第一次之尝试。此种测验当然未能谓为已十分完备，十分可靠。但吾人亦不能因此谓为无用。吾人应精益求精，使之渐达尽善尽美之境地。而教育事业之改进，亦可以由此而获得相当之助力。

六、教育之学术，非可独立存在。彼立于哲学、心理学、生物学、生理

学、社会学、经济学、各种学术之基础之上。故谋此种种学术之进步即所以谋教育学术之改进。教育之事业亦非可独立存在者。彼与一国政制、风俗、职业以及天然环境均有息息相关之道。故谋政制、风俗、农、工、商、交通、水利等等之进步亦即所以谋教育之改进。吾人不能专在教育上谋改进，即以为可以完全达到吾人之目的。吾人当改进教育之时，务须注意教育以外尚有许多别种事情须同时改进也。

生活教育论发凡

在杭州西湖边的某个凉亭里，写着几个歪歪斜斜的字，并不是名人的题字，也不是墨客所留的诗迹，却是四句堪以玩味的劝世箴言，想不出和尚与道士或尼姑的手笔，最多不过是信人之类的迹象吧。哪四句话呢？便是："做到老，学到老，学到老，学不了。"我看了这话，不知为什么像刻板样的老是印在脑海里，没法儿把它忘去。同时，使我结成了"生活教育"论。

近来时常听到人讲"中心教育""整个教育""生活教育"，真是可喜的消息。大家能以社会的环境做纬，以学生生活为经，不断的实验，继续的改造，一定会有成绩得到。教育事业是要捺着心儿，按着步骤，准对计划，研究利弊，从一点一滴上做着功夫，以收一点一滴之效果。我们用"迎头赶上去"的方法固是不错，可是不该以新奇的目光来处理非用刻苦耐劳的精神不能见效的教育事业。在理论的鼓吹者既要审察现实的环境，妥慎发言；在教育的实验者更要慎重将事，具体的观察和分析环境，拟就切实的计划，按步去施行。中国自行了新教育来，变革不能谓不多，试验的人不能谓不努力。所以没有多大的功效，却在试验者忘去了所处的环境，忽略了试验者的生活，因此，外国来的新教育，只是在旧教育上揩漆，骨子里没有改动，外表的新奇又有什么用处呢？

卢梭发现了儿童，教育者才注意到受教育者地位；杜威发现了社会，教育者才注意到教学材料的扩张。支配近代教育的杜威的两句名言，就是："教育即生活，学校即社会。"要使教育收效，一定要注意儿童生活：儿童的身体和心理发展，有程序可寻，教育者要顾到生长的程序，儿童的家庭与社会环境有不同，禀质有差异，故生活的情状亦各别，教育者应分别儿童的不同的生活；更要的就是教育者应该知道什么是儿童生活？自己怎样和儿童在一处生活？怎样把教育去纳入儿童生活中？以上是作为"教育即生活"的译解。至于"学校即社会"一项呢，依杜威的说法，便是把庞大复杂的社会的环境，缩小在学校内活动，使儿童能明了社会的机构，进与社会沟通。譬如学科方面像工艺等课，使用实际灼材料；在活动方面，组织"市政府""村政府"等以求学校所活动的，便是社会所活动的，不再会隔膜。

"生活教育"的意义，就把杜威的两句名言翻了半个筋斗，变成了"生活即教育，社会即学校。"

人们的生活，可以划分做幼年期，青年期，壮年期，老年期，分年各有说法，普通人总以为幼年期和青年期是受教育时期，壮年期和老年期却是做事时期，或者说教育时期。普通人度过了青年期，便板起了脸，摆正了架子来教训自己的或别人家的子女，以为他是有那样的资格与权利了，哪里知道自己的生活既分时期，个人从幼年期里所受的教育，到青年期就有一部分不合用而须得再求了；在青年期所受的教育到壮年期一部分须得修正了，同样，进入老年期时，壮年期所得教育就有许多无用了。因此讲来，一个人的生活不能不转变，那么就不能不学习，不能不受相当的各年期的教育。这是第一点理由。儿童的生活是最活泼的，最易迁变的，教育者应该顺其生活之流转，为各项教育活动之设施：不应当以教育活动来限制其生活。这是第二点理由。过某种生活时，能受某种影响，而此种影响不会轻易消灭，教育者能因势利导，便是极佳的成绩，若要使教育活动影响到生活上，感应结就异常薄弱，亦有事倍功半之失。这是第三点理由。使生活为教育之全部，则生活能随时革新，随处有意义；若教育为生活之一部，则生活一有教育的段阶，便无意义，便难革新。这是第四点理由。以上都是说明"生活即教育"的话。

杜威要把"学校即社会"，我们却要使"社会即学校"，这究竟有什么理由呢？现在分开来讲：

第一点社会的机构是整个的，学校所割宰的不过是社会某一部分；用一部分的社会组织乘应用到学校里，那是另零的，非驴非马的，使儿童习见了社会的一方面，养成他们将来对于社会的一种偏解。第二点各个儿童有各个社会的背景，他的家庭的情况，他的邻居的情况，他的家庭的职业，他的居家的环境，没有一项不影响于他的，他所亲眼目睹，自身所经历的事变，难道不及学校中的一点儿组织，一点儿材料来得亲切有味么？第三点是所谓儿童的社会，不是成人的社会所能了解的；儿童在儿童社会中所感的困难，不

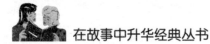

是成人社会所能解决的；儿童社会有他们构成的原因和构成的材料，不是剽窃成人社会的一部分就可成功的。所以儿童要的是儿童的世界，儿童的社会。第四点就是社会的展开应该是全部的，而不是片断的，另零的。教育者要把全部社会开放在儿童的眼前，无论是善的或恶的，让儿童先知道了全部社会，再去研究和知道他所要的所欢喜的地方，慢慢地欣赏和实验下去。

关于"生活教育"的意义，已如上述；以下想写出"生活教育"的几条重要原则，使实验者有所采择。

第一是身心的同时生长——健康是生活的出发点，也就是教育的出发点。一个儿童该不是大量智识的吸收者，也不是身体的健全者，因此，教育者不该用"揠苗助长"的手段，使儿童不能按身心的发育程序进展；也不该用抑压的方策，使儿童对于某一方面感到兴趣，而某一方面感到枯燥。常人以为教育者的责任只在"教"，只要使儿童领受多量的智识，对于身体的健康，所谓"育"字是不讲究的。中国人又期儿童能"规行矩步""少年老成为最善良"。故现在的学校，只是传授智识的地方，或可以说施行畸形的教育的场所。将来学问得到了，身体却坏了。所以生活教育的最要原则，要注意儿童身心两方面的同时生长，依了生长的程序，给予优良的环境，施行适当的"教""育"。那样，才能使儿童的身体和精神有健康的基础。

第二是培养活能力——什么是能力，能力就是智识和经验的运用，怎样叫做活能力，活能力就是死智识和旧经验的运用与改造。天天挤在我们眼前，压逼在我们四周，需要我们去对付的就是环境。环境是千变万化的，你要在这个环境生活，一定要知道环境的内容，环境的内容对于我是适合的，什么就顺应了；环境的内容对于我是不相融洽的，什么就得起来改造。要顺应环境和改造环境，不是死智识和旧经验的运用就能对付得过的，一定需要一种活能力，活能力便是要把死智识和旧经验来改造。对准了环境的内容，用种种方法考量困难所在，再用种种方法去解答困难。因此讲来，儿童有了智识，有了经验，还不能应付当前的环境。所以我们与其给儿童予多量的智识与经验，不如使他们有一种活的能力。所以"生活教育"下不问儿童有学问没有，只要问儿童有能力没有？有能力，便是一个受教育的完全儿童。

第三点是由具体的经验到融会贯通的智识——儿童应该从实际生活里取得具体的经验；具体的经验丰富了，便自然而然的产生出抽象的智识，这种智识是逐渐融会贯通起来的。孔子的"举一反三"，荀子的"以一知万"，所

谓"一"便是具体的经验；所谓"三"与"万"便是融会贯通的智识。没有具体的经验做基础，就不能使融会贯通的智识发生出来。所以在"生活教育"试验下，教育者要最先指导儿童对于学习的事项，不是抽象的智识，而是自己所"亲身参加"的具体的经验；再应用所得之具体经验，与融会贯通的智识，以树立新的概念。

第四点扩大活动环境——生活教育既以社会为学校，自然教室的范围，不是在房子里，而是在天地间。需要研究农事，教室就在旷野里；需要研究工业，教室便在工场里；需要研究商业，教室便在市场里；需要研究社会问题，教室便在十字街头。所以生活教育的施行，不在狭隘的小房子里做功夫的，以研究的利便及深切起见，需要什么地方，便以什么地方为教室。至于教学的材料，竭力要扩充。凡儿童生活环境中感到什么困难，需要怎样解决的各项问题，都应抉择以为教学之材料。教育者要抛弃书本的传授，而谨慎于儿童的问题归纳，进而研究，儿童所得智识，便是困难问题解决的过程，不是亲切而有味的么？那种材料我们忍愿抛弃么？

第五点是教学做合一——这是教育的方法问题。所谓教学做合一有两个原则：一是做什么，便学什么；学什么，便教什么。一是怎样做，便怎样学；怎样学，便怎样教。所以教育者是以"做"为基础，受教育者亦是以"做"为基础。在事的本身讲，两种人都属于工作者；因为工作，所以要努力地去"做"，"做"得努力时，一方面有经验得到，一方面以经验予人，于是教学做便融合为一了。在施行"生活教育"时，教育者处处要使儿童亲自去经历一番，无论使用的是体力还是脑力，使用的是我的智识还是别人的经验，经过一番经历后，本来是模糊的迹象，一定能成为亲知灼见了。结果的成败利钝，儿童自己能够省察，每种事实，再不会轻易地看成不经意的东西了。

第六点是教师的地位——教师究竟站在什么地位呢？我们该得说一说。在"生活教育"的实验者，绝不是一个教书匠，也不是一个旁观者。教师是儿童队里的一员，是儿童生活中的一个游侣，他因为年龄较长，经验较多，所以是这许多儿童中的一个辅导者。教师既不能板起脸来教，那么就得堆上笑来玩，使自己的生活回复到儿童时期去。最好的教师，便是近于儿童的成人，也就是最好的辅导者。当儿童有不能解决的困难，教师就给予暗示，暗示不足，则给予辅助和指导，务使儿童能自己用过一番心力去研究，教师不该心急的代为设法。

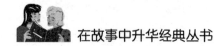
"生活教育"是一个新兴的教育学说，所望实验者能鼓起勇气，拟定计划，切切实实的做一番，无论结果的成败，总望有个始终。同时，我们希望先从师范教育和小学教育及幼稚教育着手起。

这篇不过是个发凡，一切理论，还待详细的阐发；一切实际问题，还待多方讨论。写到此地，暂时做个结束吧。

培养合理的人生

我这几天的主张是越弄越激烈了。朱先生突然问我说："假使你拿了一省或全国的教育权，你预备怎样去干？"我毫不迟疑的回答说："停办学校，改设工厂厂朱先生问："为什么不办工学团？那工厂二字可怕！"我说："我要办的当然是工学团，不过我想要偏重生产之工以纠正传统的消费之学。我在城里听说几十年来农业学校、工业学校、实业学校、职业学校是几乎完全失败。我考察他们失败的原因虽多，而主要的就害在这块学校的招牌。挂了学校的牌子，那些只会动嘴不会动手的先生学生都可以滥竽了。他们用学校的招牌做盾牌，可以暂时躲避时代的攻击。他们哄骗社会说：'我们是在提倡生产教育了。可是你们不要性急。你不能捉只老母鸡来立刻叫它生蛋。过几年，或者过几十．年我自然会生大鸡蛋，你看。'现在我们已经知道这只老母鸡是只会拉屎不会生蛋了。我不愿书呆子再躲在工学团的盾牌后面做蛀书虫，所以直截了当的把学堂一齐改成工厂。"朱先生说："你的办法极痛快！可是你要留心，书呆子虽然不会做工种田，却会演说、登报、写文章、上条陈、发宣言。你的命运是会背着摧残教育之罪名卜台。结果是你的工厂办不成，他们仍旧办他们的学校一直到亡国。亡国他们也不怕，因为殖民地也用得着不事生产的先生学生做麻醉的工具咧。还有一层你要留心。你只知道学校里有蛀书虫，不知道工厂单有拜金虫。只要你把工厂的招牌挂起来，那些拜金虫部会蜂拥而来了。这里大家只顾赚钱，这里黄金贵于一切，比人命还贵重！所以即使你能把工厂办成，也不是你心目中的工厂了。一般办学校的是抱着书本而忘了人生；一般办工厂的是抱着黄金而忘了人生；一般社会运动者是抱着标语而忘了人生．从这样改到那样，从那样改到这样，若忽略了人生的大前提，都会使你失望。我们的工学团只是以人生为大前提，在我们心目中，人生是超过一切。因为要培养合理的人生，所以反对学校、工厂及一切忽略人生之组织，而要创造出一种富有人生意义的工学团．你把学校改为工厂是以一种缺乏人生意义的组织来替代另一种缺乏人生意义的组织。结果是赶了一群狼，来了一群虎。我不愿在你的热烈的火花上浇冷水。也许你的意见是含了一部分真理：要想打破根深蒂固的积习，难免要用些矫枉过正的手段。但是千万不可忘了'培养合理的人生'乃是我们真正的宗旨。"

目前中国教育的两条路线

——教劳心者劳力，教劳力者劳心

中国有四千余年的历史，二千余年的文化，照理讲来应该站在时代的最前线。为什么现在不但不能和欧美各国并驾齐驱，而且还处处跟人不上？这个原因固很复杂，但是过去教育政策的失败，可以算是主因。

从前的教育是传统政策，单教劳心者，不教劳力者。《孟子》上有说："劳心者治人，劳力者治于人。"从这里就可以看得很透彻了。

一般的知识阶级，他们是劳心而不劳力，读书而不做工，所以形成了"书呆子"。教书的人是"教死书"，"死教书"，"教书死"；读书的人是"读死书"，"死读书"，"读书死"。充其量只是做一个活书橱，贩卖知识而已。除此之外，他们的一双手总是不肯拿来使用。我们常常可以看见一般老先生们的手，老是叉在袖内，现在的新学辈却因洋衣袖太狭叉不进去，所以换个方式叉在裤袋里。这可以十足地表现出来中国的知识阶级是不肯用他们的贵手来与农工合作的。现在有一段故事把它引来说说，更可以明白些；二千年前孔老夫子有一次跑到乡间，有个农家儿子要请教老夫子学农圃的事。老夫子答应他好，你要学农圃的事，可以跟老农去学好了；我是教人读书的，不晓得农圃的事。由此可见一斑了。

农工阶级呢？他们是劳力而不劳心，做工而不读书，所以形成了"田呆子"。他们只知道"做死工"，"死做工"，"做工死"。除此之外，什么事情都可以不管，就使天翻地覆了，他们也只以为半天下雨，不知来由。他们受尽了剥削，还不知道什么道理，只是听天由命，叹几声命运的舛塞而已。从前山东在张宗昌为督军时，连年饥馑，而张宗昌又极搜刮之能事，人民困厄，莫可言宣。但是当时的人民，反不知道这个原因究在哪里，只是晓得叩天求神来消除灾苦：试问哪里可以得到安慰？言之可悲而又可怜！

中国因为有了"书呆子"和"田呆子",所以形成了一个"呆子"国家。读书的人除劳心以外,不去劳力,除读书以外,不去做工,以致不能生产他们寄生在社会上,只是衣架饭囊,为社会国家蟊蠹。中国目前的坏,坏在哪里?可以说完全是坏在这一班人身上。做工的人除劳力以外,不去劳心,除做工以外,不去读书,以致不能自保其利益,而受他人的横搜直刮。要他们做国家的主人翁,那更是在做梦。

中国现在危机四伏,存亡一缕。做成这个的原因,就是这山穷水尽的传统教育。我们要挽回国家的危亡,必须打破传统的教育而寻生路。我觉得目前中国的教育只有两条路线可以走得通:

(1)教劳心者劳力——教读书的人做工;

(2)教劳力者劳心——教做工的人读书。

站在现在的时代前,劳心不劳力的固然不行,劳力不劳心的也是不行。中国比不上外国,原因即在乎此。现在英美法意日俄的教育都注意到教劳心的人劳力,教劳力的人劳心,尤以俄国为显现。中国的教育自然也应该走这两条路线——教读书的人做工,教做工的人读书。

中国读书的人不去生利,是一个极不好的现象。现在的教育者要把他们的头脑灌输成科学化,使他们为自己创造,为社会创造,为国家创造,为民族创造。更要把他们的一双手解放开来,使他们为自己生利,为社会生利,为国家生利,为民族生利,这才是对的。南通中学现在应了这个要求,招了六十个学生,先行试试脑手同训练。他们一星期上课,一星期做工,每日工作六小时,所做的工作为金工、土工、木工、竹工,甚至磨豆腐、包面包都来。实行了半年之后,考查他们的学业,程度和其他学生相等,不过教学差些。这六十个学生,既然能够做工,并且能赶得上他们的学业,这是他们已经把两手解放了。我希望他们学校当局推广之,都实行这种工读的设计,同时更希望全国学校都采用,尤其是对于高等教育更为必要。

中国做工的人,不去求知,这也是一个极大的缺憾。无论哪一个国家的工人比中国的工人程度总要胜过一筹,这是事实,无须我们置辩的。因此我国的工人也就只配作被支配的阶级,做被剥削的民众。若要拿"主人翁"的一等金交椅给他们坐,他们是无所措其手足。所以教做工的人读书,是最重要的,而且是刻不容缓的。

现在已经把用脑的人要用手,用手的人要用脑的理由说过了。希望我们

负有教育责任的人，都要注意注意。现在还有一首诗拿来劝劝大家手脑并用：

人生两个宝，

双手与大脑。

用脑不用手。

快要被打倒；

用手不用脑，

饭也吃不饱。

手脑都会用，

才算是开天辟地的大好佬。

创造的教育

诸位同学：

我今天的讲题是"创造的教育"。

什么是创造的教育？先说明"创造"两个字的意义。我举两个例子来说吧。鲁滨孙漂流到荒岛上去，口渴了，白天他走到海边用手去捧水喝，到黑夜里就没有办法了。他偶尔在灶的旁边，看见经火烧过的泥土，硬得如石子一样。他想到软的土经火烧了，就成坚固且硬的东西，于是他把土做成三个瓶子，放入火中去烧，烧碎了一个，其余的两个可以满满的盛着水。于是他口渴的问题完全解决了。我们把这件事分析起来，可以发现三点：他把手捧水喝，到黑夜发生了困难，是他的行动；发现泥土经过火烧变成坚固且硬的东西，也是他的行动；把泥土塑成了瓶，希望同烧过的上一样的坚固，是他的思想。结果，他瓶子盛水的计划成功了，是新价值的产生。由行动而发生思想，由思想产生新价值，这就是创造的过程。这个例子是"物质的创造"。再如《红楼梦》上刘姥姥游大观园，贾母请客，后来唤了二只船来，贾母同媳妇人等在前船先行，宝玉同姊妹们在后船后行。河内尽满着破残荷叶，宝玉的船划不快，追不上前船。宝玉心里非常愤怒，马上要铲光破荷叶。薛宝钗说："现在仆人们很忙碌，等他们空了，再叫他们铲除吧！"林黛玉说："我平生最不喜欢李义山的诗，只有一

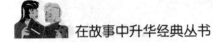

句还可以。"宝玉问她究竟是哪一句呢？黛玉说，"留得残荷听雨声"一句。宝玉一想，觉得破荷叶很有用处，就不再要铲荷叶了。这个例子中，船行到荷叶中去，是行动；破荷叶妨碍行船，是行动；林黛玉提出李义山的诗句，是思想；宝玉心中厌恶的破荷叶，一变而为可爱的天然乐器，是产生了新的价值。这种新观念的成立，是"心理的创造"。

我现在再讲行动，关于教育上的行动。中国现在的教育是关门来干的，只有思想，没有行动的。教员们教死书，死教书。教书死；学生们读死书，死读书，读书死．所以那种教育是死的教育，不是行动的教育。我们知道王阳明先生是提倡"知行合一"说的，他说"知是行之始，行是知之成"。他的意思是先要脑袋里装满了学问，方才可以行动。所以大家都认为学校是求知的地方，社会是行动的地方，好像学校与社会是漠不相关的，以致造成一班只知而不行的书呆子。所以阳明先生的二句话，很可以代表中国数千年的传统教育的思想。现在我要把他的话翻半个筋斗。如果翻一个筋斗，岂非仍是还原吗，所以叫他翻半个筋斗，就是说："行是知之始，知是行之成。"例如爱迪生发明电灯，不是从前的人告诉他的，是玩把戏而偶然发现的。小孩子不敢碰洋灯泡，是他弄火烫痛的经验；至于妈妈告诉他火是烫人的，不过使小孩子格外清楚一些。所以要有知识，是要从行动中去求来，不行动而求到的知识，是靠不住的。有人告诉你这是白的，那是黑的，你不行动，就不能知道哪个是真，哪个是假。有行动的勇敢，才有真知识的收获。书本子的东西，不过告诉你别人得来的知识。有许多人著书，东抄西袭，这种抄袭成章的知识．不是自己知识的贡献。你能行动，行动才生困难，想法解决了困难，才是真知识的获得。我现在介绍杜威先生思想的反省（Re flectria of Thinking）中的五个步骤：（一）感觉困难；（二）审查困难所在；（三）设法去解决；（四）择一去尝试；（五）屡试屡验，得到结论。我的意思，要在"感觉困难"上边添一步："行动"。因为惟其行动，到行不通的时候，方才觉得困难，困难而求解决，于是有新价值的产生。所以我说行动是老子，思想是儿子，创造是孙子。你要有孙子，非先有老子、儿子不可，这是一贯下来的。但是我们知道，单独的行动，也是不能创造的，如中国农夫耕种的方法，几千年来，间有小小的改良外，其余的都是墨守陈规，毫无创造。还有许多书呆子，书尽管读得多，也不能创造。所以要创造，非你在用脑的时候，同时用手去实验，用手的时候，同时用脑去想不可。手和脑在一块儿干，是创造教育的开始；手脑双全，是创造教育的目的。孟子说："劳心者治人，劳力者治于人。"这是孟子当时的教育思想。时至今日，这种传统的思想已经起了一个极大的地震，渐渐的在那里崩溃了。我最近读了世界许多有名科学家的传记，觉得有发明的人，都是以头脑指挥他的行动，以行动的经验来充实他的头脑。中国的所谓学者，他们擅长的是高谈阔论，作空文章；而做劳工的人，又不读书，不肯用脑。所以一辈子在这种传统习尚下过生活，大科学家、大发明家哪里会产生？现在我们知道了，劳工教育啦，平民教育啦，都是时见时闻的。但是情势一变，"反动"、"嫌疑"等等名目都加上来，你就陷于四面碰壁的绝境。有许多教育界很有声望的、无阻无碍的人，他们又不愿去干，以致这种教育至今还尚在萌芽时代。

行动的教育，要从小的时候就干起。要解放小孩的自由，让他做有意思的活动，开展他们的天才。至于我们一辈，从小是受传统教育的熏陶，到现在觉悟起来，成为一个半路出家的和尚。和尚是半路出家，他往往会想起他的家来．例如不吃鸦片的人，一见鸦片就生厌恶，但吃过鸦片的人，虽然戒了，至少对它有相当的感情。我们小的时候，有天赋的行动本能，不过一切工作都被仆人们代做去了，被慈善的妈妈代做去了。稍长一些，我们到小学校去读书，有阎罗王般的教师坐在上面，不许我们动一动。中学和大学的课程是呆呆的订死在那里，你要动亦不得动。到现在始费尽九牛二虎之力，挣扎着改变久受束缚的人生，还不能回复自然的行动本能。但是我们不要灰心；时机也并不算晚，富兰克林四十几岁才发明了电呢！不过行动的教育，应当从小就要干起，因为小孩子还没有斫丧他行动的本能，小小的孩子，就是将来小小的科学家。假使我们给小孩子自由行动，我相信千百孩子之中。一定有一个小孩是天才，是一个创造者、发明者。爱迪生小时候，是个很喜欢行动的小孩子。当时美国的教育，也同中国一样，小学教员是禁止小孩子活动的。爱迪生违反了教师的训条，就蒙到"坏蛋"的声名，不到三个月，爱迪生被"坏蛋"的空气逼走了。爱迪生的母亲不服气，她以为她的儿子并不是"坏蛋"，"蛋"并没有"坏"，她就教他先在地窖里研究化学，后来研究物理，结果成了一个闻名的科学家。所以爱迪生的成功，幸而有他的妈妈，否则老早就把他的天才牺牲了。牛顿生下来的时候，小到像小老鼠一只，体重只有三磅。看护妇去请医生的时候，很不高兴的说："这样小老鼠一般大的东西，等到医生来，早已一命归天了。"岂料小老鼠一般的东西，就是以后闻名的科学家，还活到八十多岁呢。据说牛顿小的时候，并不聪明。可见小孩子的时代，很难看得出哪一个是天才的儿童。

四月四号是世界儿童节，中华慈幼协会请我编了四支儿童歌：

（一）小盘古
我是小盘古，
我不怕吃苦；
我要开辟新天地，
看我手中双斧。

（二）小孙文
我是小孙文，
我有革命精神；
我要打倒帝国主义，
像个球儿打滚。

（三）小牛顿
我是小牛顿，
让人说我笨；
我要用我的头脑，
向大自然追问。

（四）小工人
我是小工人，
我有双手万能；
我要造富的社会，
不造富的个人。

我们要打倒传统的教育，同时要提倡创造的教育。他的办法是怎样呢？我们知道，传统的教育，他们一个教室容纳四五十人，试问教师的力量有多么大，能够完全去推动全级学生？所以就发生了教育方法上的错误。我们现在的办法是教师教大徒弟，大徒弟再去教小徒弟，先生在上了几堂课以后，鉴别了几个较有天才、聪明的大徒弟。以后教师就专门去教大徒弟，所以他的精神容易去推动他们，学问也容易灌输到他们头脑中去。大徒弟再把他所得到的，分别的去教那些小徒弟。学生们很活动的去找寻知识，解释困难，贡献他所求得的知识，先生不过站在旁边的地位略加指点而已。我们认为这种教育，是行动的教育。有行动才能得到知识，有知识才能创造，有创造才有热烈的兴趣。所以我们主张"行动"是中国教育的开始，"创造"是中国教育的完成。我曾经参观过一个学校，这个学校是小孩子办的。我问他们说："你们是大小孩子教小小孩子吗?"有一个小孩子回答说："是的，不过有许多时候小小孩子也教大小孩子呢。"我说："你的话是对的，是真理，比我的意见更进一层。"现在中国传统教育下的知识阶级，根本就有不起小孩子，看不起农人、工人。但是试问他们的力量有多么大? 倭奴侵占我们的东三省，你有力量赶走他吗? 不可能! 我们要启发小孩子，启发农人、工人，运用大多数人的力量，才能够去创造，才能救国雪耻。我来举一个例子，证明农人的力量并不弱。从前我办一个学校，在校的旁边凿了一口井，专门供给学校用水的。有一年大旱，乡村中旁的井水都汲干了，所以乡民都集中到校旁井内来汲。后来这口井也涸竭了，于是我们校里，因为水的恐慌开了一个会。当时有人主张，把井收回自用。我不以为然。我说："我们的学校，是以社会作学校的，不应该把社会圈出于学校之外。假如这样，我们将来推广农事和民众教育就不容易办了。用水既是大众的事，还不如请大众共同来解决。"于是请各村庄每家派一个代表，男的、女的、小孩子在十三岁以上的都可以，没有多少时候，礼堂上已挤满了代表。我们教员们，自觉居于孔明的地位，三个臭皮匠合做一个诸葛亮的地位，所以黄龙宝座的主席，推了一个十三岁的小孩子。我们略略讲了几条会场规则之后，就正式开会。那一天的会，非常有精彩、有力量，当时发言最多且最好者，要推老太婆! 好! 我们来听有一个老太婆的宏论。她说人是要睡觉的，井也是要睡觉呢! 并不让它睡觉，一辈子就没有水吃。所以当时一致议决井要睡觉。自下午七时起至翌晨五时止，不得唤醒井，违者罚大洋一元，作修井之用。当这个老太婆发言未完，另有一个老太婆，也想立起来发言，就有第三个老太婆牵牵她的衣襟，制止她的发言，说："不是方才先生说过的吗?"你想他们非但能够自治，而且还能管理他人，所以当时会场发言的人非常多，秩序还是一丝不乱的。他们讨论了好久，还制成几条议案：第二条就是汲水的程序，先到者先汲，后到者后汲，违者罚大洋五角，作修井之用；第三条就是再开凿一井，把太平天国时留下淤塞的废井加以开凿，经费富者多捐，贫者少捐，茶店、豆腐店也多捐一些；其四，推举奉天刘君世厚为监察委员，掌理罚款，调解纠纷。结果，一个大

钱都没有罚到，因为这是出于农人自动的议决，所以大家能遵守。你看农人的力量是多么大，他们的话多么的公正和有效，这种问题来的时候，岂是少数人所能干得了吗？不过他们的旁边，还是需有孔明在那里指示，否则恐怕到如今，并还没有开凿成功。所以创造的教育应该启发农人、工人、学生……使他们得真的知识，才是真的创造。

其次我要讲的：现在中国的教育组织，是不能创造的。我们可以分两种来说：第一种是，学校是学校，社会是社会。他们认为学校是求知的地方，社会是行动的地方；他们说读书不忘救国，救国不忘读书。日本人的炮弹已经飞到他们面前，还是子曰子曰读他的书，这种教育是亡了中国还不够的，第二种，他们已经觉得学校是离不开社会的，所以他们主张"学校社会化。"他们想把社会的一切，都请到学校里来，所以学校里什么都有：公安局啦，卫生局啦，市政厅啦，什么都有。但是他们所做的与社会依旧是隔膜的。况且学校有多么大，能够包罗万象？他们的学校好像大的鸟笼，把鸟儿捉到笼里来养，又好像一只大缸，把鱼儿捉到缸里来养。结果鸟儿过不来鸟笼的生活，死了；鱼儿过不来鱼缸的生活，死了。所以这种似是而非的教育是不自然的、虚伪的和无力量的，也不是创造的教育。创造的教育是怎样呢？就是"以社会为学校"、"学校和社会打成一片"，彼此之间，很难识别的。社会含有学校的意味，学校含有社会的意味。我们要把学校的围墙拆去，那么才可与社会沟通。这种围墙不是真围墙，是各人心中的心墙。各人把他的感情、态度从以前传统教育那边改变过来，解放起来。实则这种教育，只要有决心去干，是很容易办到的。例如大夏大学的附近有许多村庄，庄上的人，都是散漫的，无教育的。假使我们把学校与村庄沟通，大学生都负责去创造新村，村上的人，都接受到知识，形成活泼的有力量有生命的村序庄，再把全中国所有的村庄联合起来，构成一个有大生命的中国，民众的力量可以集中，国难也可共赴。这样做去，要普及教育，一年就可以成功。我们自近而后远，先小而后大，着手办去，把小孩子、农人、工人都培养起来，这才是创造教育的目的。中国现在的教育不是平等发展的，是畸形发展的：一方面有博士、硕士；一方面有一大群无知识的民众，迟滞的表示不出多大贡献。

现在我再要讲，创造的教育是以生活为教育，就是生活中才可求到教育。教育是从生活中得来的，虽然书也是求知之一种工具，但生活中随处是工具，都是教育。况且一个人有整个的生活，才可得整个的教育。举个例来说吧，有一个儿子，他是喜欢赌博的，他的母亲训斥他。不过他的母亲却悄悄地到邻舍去赌博了，他在窗内看见他的母亲赌博，于是也到别处去赌博了。这个孩子过的是赌博生活，受的是赌博教育，不期而然而成赌博的人生。某学校反对我"生活即教育"的主张，我去参观他们的学校，适逢吃饭的时候。他们的饭菜是有等级的，厨子巴结先生，先生的菜特别好，学生的菜，简直坏之不堪。他们请我在先生一桌吃饭，我愿意同学生一块儿吃。学生的饭菜坏到怎样呢？他们名为一碗肉，肉仅在碗面上有几小块，学生在未下箸的时候，目光炯炯地早已看准那最大的一块，一下箸，一碗饭还没有吃完，而菜已吃得精光了。这种饕餮的状态，无形中在饭堂里更造成了许多小军阀。这个学校，是不把吃饭问题归入教育范围之内的。有许多学校对于男女学生的恋爱，他们是讳莫如深，但恋爱问题，往往闹遍在学校里。现在生活的教育是怎样呢？我们知道恋爱、吃饭等问题都是非常重要的。所以，恋爱先生我怕你，请你进来；吃饭先生我怕你，请你进来，我们一块儿干吧！我们的教育非但要教，并且要学要做。教而不学，学而不做，叫做"忘三"。我们要能够做，做的最高境界就是创造。我们要能够学，学从生活中去学，只知学而不知做，就不是真的学。我们要能够教，教要教得其所，要有整个的教育，平等的行动的教育，不要像现在畸形的教育。有人说我的创造教育，不成其为学校，我做了一首诗："谁说非学校，就算非学校。依样画葫芦，简直太无聊。"

什么是生活教育

生活教育这个名词是被误解了。它所以被误解的缘故，是因为有一种似是而非的理论混在里面，令人看不清楚。这理论告诉我们说：学校里的教育太枯燥了，必得把社会里的生活搬一些进来，才有意思。随着这个理论而来的几个口号是："学校社会化"、"教育生活化"、"学校即社会"、"教育即生活"。这好比一个笼子里面囚着几只小鸟，养鸟者顾念鸟儿寂寞，搬一两丫树枝进笼，以便鸟儿跳得好玩，或者再捉几只生物来，给鸟儿做陪伴。小鸟是比较的舒服了，然而鸟笼毕竟还是鸟笼，绝不是鸟的世界。所可怪的是养鸟者偏偏爱说鸟笼是鸟世界，而对于真正的鸟世界的树林反而一概抹煞，不加承认。假使笼里的鸟，习惯成自然，也随声附和的说，这笼便是我的世界；

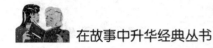

又假使笼外的鸟，都鄙弃树林，而羡慕笼中生活，甚至以不得其门而人为憾。那么，这些鸟才算是和人一样的荒唐了。

我们现在要肃清这种误解。生活教育是生活所原有，生活所自营，生活所必需的教育（Life education means an education of life, by life and for life）。教育的根本意义是生活之变化。生活无时不变，即生活无时不含有教育的意义。因此，我们可以说："生活即教育。"到处是生活，即到处是教育；整个的社会是生活的场所，亦即教育之场所。因此，我们又可以说："社会即学校。"在这个理论指导之下，我们承认过什么生活便是受什么教育：过好的生活，便是受好的教育；过坏的生活，便是受坏的教育；过有目的的生活，便是受有目的的教育；过糊里糊涂的生活，便是受糊里糊涂的教育；过有组织的生活，便是受有组织的教育；过一盘散沙的生活，便是受一盘散沙的教育；过有计划的生活，便是受有计划的教育；过乱七八糟的生活，便是受乱七八糟的教育。换个说法，过的是少爷生活，虽天天读劳动的书籍，不算是受着劳动教育；过的是迷信生活，虽天天听科学的演讲，不算是受着科学教育；过的是随地吐痰的生活，虽天天写卫生的笔记，不算是受着卫生的教育；过的是开倒车的生活，虽天天谈革命的行动，不算是受着革命的教育。我们要想受什么教育，便须过什么生活。

生活教育与生俱来，与生同去。出世便是破蒙，进棺材才算毕业。在社会的伟大学校里，人人可以做我们的先生，人人可以做我们的同学，人人可以做我们的学生。随手抓来都是活书，都是学问，都是本领。

自有人类以来，社会即是学校，生活即是教育。士大夫之所以不承认它，是因为他们有特殊的学校给他们的子弟受特殊的教育。从大众的立场上看，社会是大众惟一的学校，生活是大众惟一的教育。大众必须正式承认它，并且运用它来增加自己的知识，增加自己的力量，增加自己的信仰。

生活教育是下层建筑。何以呢？我们有吃饭的生活，便有吃饭的教育；有穿衣的生活，便有穿衣的教育；有男女的生活，便有男女的教育。它与装饰品之传统教育根本不同。它不是摩登女郎之金刚钻戒指，而是冰天雪地下的穷人的窝窝头和破棉袄。

生活与生活摩擦才能起教育的作用。我们把自己放在社会的生活里，即社会的磁力线里转动，便能通出教育的电流，射出光、放出热、发出力。

读书与用书

（一）三种人的生活

中国有三种人：书呆子是读死书，死读书，读书死。工人、农人、苦力、伙计是做死工，死做工，做工死。少爷、小姐、太太、老爷是享死福，死享福，享福死。

（二）三帖药

书呆子要动动手，把那呆头呆脑的样子改过来，你们要吃一帖"手化脑"才会好。我劝你们少读一点书，否则在脑里要长"痞块"咧。工人、农人、苦力、伙计要多读一点书，吃一帖"脑化手"，否则是一辈子要"劳而不获"。少爷、小姐、太太、老爷！你们是快乐死了。好，愿意死就快快的死掉吧。我代你们挖坟墓。倘使不愿意死，就得把手套解掉，把高跟鞋脱掉，把那享现成福的念头打断，把手儿、头脑儿拿出来服侍大众并为大众打算。药在你们自己的身上，我开不出别的药方来。

（三）读书人与吃饭人

与读书联成一气的有"读书人"一个名词。假使书是应该读的，便应使人人有书读；决不能单使一部分的人有书读叫做读书人，又一部分的人无书读叫做不读书人。比如饭是必须吃的，便应使人人有饭吃；决不能使一部分的人有饭吃叫做吃饭人，又一部分的人无饭吃叫做不吃饭人。从另一面看，只知道吃饭，不成为饭桶了吗？只知道读书，别的事一点也不会做，不成为一个活书架了吗？

（四）吃书与用书

有些人叫做蛀书虫。他们把书儿当作糖吃，甚至于当作大烟吃，吃糖是没有人反对，但是整天的吃糖，不要变成一个糖菩萨吗？何况是连日带夜的抽大烟，怪不得中国的文人，几乎个个黄皮骨瘦，好像鸦片烟鬼一样。我们不能否认，中国是吃书的人多，用书的人少。现在要换一换方针才行。

书只是一种工具，和锯子、锄头一样，都是给人用的。我们与其说"读书"，不如说"用书"。书里有真知识和假知识。读它一辈子不能分辨它的真假；可是用它一下，书的本来面目便显了出来，真的便用得出去，假的便用不出去。

　　农人要用书，工人要用书，商人要用书，兵士要用书，医生要用书，画家要用书，教师要用书，唱歌的要用书，做戏的要用书，三百六十行，行行要用书。行行都成了用书的人，真知识才愈益普及，愈易发现了，书是三百六十行之公物，不是读书人所能据为私有的。等到三百六十行部是用书人，读书的专利便完全打破，读书人除非改行，便不能混饭吃了。好，我们把我们所要用的书找出来用吧。

　　用书如用刀，

　　不快就要磨。

　　呆磨不切菜，

　　怎能见婆婆。

　　（五）书不可尽信

　　孟子说："尽信书则不如无书。"在书里没有上过大当的人，决不能说出这一句话来。连字典有时也不可以太相信。第五十一期的《论语》的《半月要闻》内有这样一条：

　　据二卷十二期《图书评论》载：《王云五大辞典》将汤玉麟之承德归入察哈尔，张家口"收网"入河北，瀛台移入"故宫太夜池"，雨花台移入南京"城内"，大明湖移出"历城县西北"。

　　我叫小孩子们查一查《王云五大辞典》，究竟是不是这样，小孩们的报告是，《王云五大辞典》真的弄错了。只有一条不能断定，南京有内城、外城，雨花台是在内城之外，但是否在外城之内，因家中无志书，回答不出。总之，书不可尽信，连字典也不可尽信。

　　（六）戴东原的故事

　　书既不可以全信，那末，应当怀疑的地方就得问。学非问不明。戴东原先生在这一点上是给了我们一个很好的引导。东原先生十岁才能开口讲话。《大学》有《经》一章，《传》十章。有一条注解说这一章《经》是孔子的话，由曾子写的；那十章《传》是曾子之意，由他的门徒记下来的。东原先生问塾师怎样知道是如此。塾师说：朱文公（夫子）是这样注的。他问朱文公是何时人。塾师说是宋朝人。他又问孔子和曾子是何时人。塾师说是周朝人。"周朝离宋朝有多少年代？""差不多是二千年了。""那末，朱文公怎样能知道呢？"塾师答不出，赞叹了一声说："这真是个非常的小孩子呀！"

（七）王冕的故事

王冕十岁时，母亲叫他到面前说："儿啊！不是我有心耽误你，只因你父亲死后，我一个寡妇人家，年岁不好，柴米又贵，这几件旧衣服和些旧家伙都当卖了。只靠着我做些针线生活寻来的钱，如何供得你读书？如今没奈何，把你雇到隔壁人家放牛，每月可得几钱银子，你又有现成饭吃，只在明天就要去了。"王冕说："娘说的是。我在学堂里坐着，心里也闷，不如往他家放牛，倒快活些。假如我要读书，依旧可以带几本去读。"王冕自此只在秦家放牛。……每日点心钱也不用掉，聚到一两个月，偷空走到村学堂里，见那闯学堂的书客，就买几本旧书，逐日把牛拴了，坐在柳荫树下看。

现在学校教育是对穷孩子封锁，有钱、有闲、有面子才有书念。我们穷人就不要求学吗？不，社会就是我们的大学。关在门外的穷孩子，我们踏着王冕的脚迹来攀上知识的高塔吧。

生活教育之特质

您如果看过《狸猫换太子》那出戏，一定还记得那里面有一件最有趣的事情，就是出现了两个包龙图：一个是真的，还有一个是假的。我们仔细想想，是越想越觉得有趣味了。世界上无论什么事，都好像是有两个包龙图。就拿教育来说罢，你立刻可以看出两种不同的教育：一种叫做传统教育，另一种叫做生活教育。又拿生活教育来说吧，你又可以发现两种不同的说法：一种主张"教育即生活"；另一种是主张"生活即教育"。我现在想把生活教育的特质指出来，目的不但要使大家知道生活教育与传统教育之不同，并且要使大家知道把假的生活教育和真的生活教育分别出来。

（一）生活的生活教育的第一个特点是生活的。传统的学校要收学费，要有闲空工夫去学，要有名人阔老介绍才能进去。有钱、有闲、有面子，才有书念，那么无钱、无闲、无面子的人又怎么办呢？听天由命吗？等待黄金时代从天空落下来吗？不！我们要从生活的斗争里钻出真理来。我们钻进去越深，越觉得生活的变化便是教育的变化。生活与生活一摩擦便立刻起教育的作用。摩擦者与被摩擦者都起了变化，便都受了教育。有人说：这是"生活"与"教育"的对立，便是"生活"与"教育"的摩擦。我以为教育只是生活反映出来的影子，不能有摩擦的作用。比如一块石头从山上滚下来，碰着一块石头，就立刻发出火花，倘若它只碰着一个石头的影子，那是不会发出火花的。说得正确些，是受过某种教育的生活与没有受过某种教育的生活，摩擦起来，便发出生活的火花，即教育的火花，发出生活的变化，即教育的变化。

（二）行动的生活与生活摩擦，便包含了行动的主导地位。如果行动不在生活中取得主导的地位，那么，传统教育者就可以拿"读书的生活便是读书的教育"来做他们掩护的盾牌了。行动既是主导的生活，那么，只有"为行动而读书，在行动上读书"才可说得通。我们还得追本推源的问：书是从哪里来的？书里的真知识是从哪里来的？我们是毫不迟疑的回答说："行是知之始"，"即行即知"，书和书中的知识都是著书人从行动中得来的。我要声明著书人和注书人抄书人是有分别。人类和个人的知识的妈妈都是行动。行动产生理论，发展理论。行动所产生发展的理论，还是为的要指导行动，引着整个生活冲人更高的境界。为了争取生活之满足与存在，这行动必需是有理论、有组织、有计划的战斗的行动。

（三）大众的少爷小姐有的是钱，大可以为读书而读书，这叫做小众教育。大众只可以在生活里找教育，为生活而教育。当大众没有解放之前，生活斗争是大众惟一的教育。并且孤立的去干生活教育是不可能的。大众要联合起来才有生活可过；即要联合起来，才有教育可受。从真正的生活教育看来，大众都是先生，大众都是同学，大众都是学生。教学做合一，即知即传是大众的生活法，即是大众的教育法。总说一句，生活教育是大众的教育，大众自己办的教育，大众为生活解放而办的教育。

（四）前进的有人说，生活既是教育，那么，自古以来便有生活，即有教育，又何必要我们去办教育呢？他这句话，分析是对的，断语是错的。我们承认自古以来便有生活即有教育。但同在一个社会里，有的人是过着前进的生活，有的人是过着落后的生活，我们要用前进的生活来引导落后的生活，要大家一起来过前进的生活，受前进的教育。前进的意识要通过生活才算是教人真正的向前去。

（五）世界的课堂里既不许生活进去，又收不下广大的大众，又不许人动一动，又只许人向后退不许人向前进，那么，我们只好承认社会是我们的惟一的学校了。马路、弄堂、乡村、工厂、店铺、监牢、战场，凡是生活的场所，都是我们教育自己的场所，那么，我们所失掉的是鸟笼，而所得的倒是伟大无比的森林了。为着要过有意义的生活，我们的生活力是必然的冲开校门，冲开村门，冲开城门，冲开国门，冲开无论什么自私自利的人所造的铁门。所以，整个的中华民国和整个的世界，才是我们真正的学校咧。

（六）有历史联系的这里应该从两方面来说。第一，人类从几千年生活斗争中所得到而留下来的宝贵的历史教训，我们必须用选择的态度来接受。但是我们要留心，千万不可为读历史而读历史。我们必须把历史的教训和个人或集团的生活联系起来。历史教训必须通过现生活，从现生活中滤下来，才有指导生活的作用。这样经生活滤过的历史教训，可以使我们的生活倍上加倍的丰富起来。倘使一个人停留在自我或少数同伴的生活上，而拒绝广大人类的历史教训，那便是懒惰不长进，跌在狭义的经验论的泥沟里，甘心情愿的做一只小泥鳅。第二，中国已经到了生死关头，争取大众解放的生活教育，自有它应负的历史的使命。为着要争取大众解放，它必须争取中华民族的解放；为着要争取中华民族之解放，它必须教育大众联合起来解决国难。因此，推进大众文化以保卫中华民国领土主权之完整，而争取中华民族之自由平等，是成了每一个生活教育同志当前所不可推却的天职了。

中国大众教育概论

为什么要大众教育？中国是遇着空前的国难。这严重的国难，小众已经解决不了，大众必得起来担负救国的责任而中国才可以救。我们的"友邦"要取得辽宁的铁、山西的煤、吉林的森林、华北的棉田、福建的根据地以及全国的富源，并不是安分守己的做一个富家翁享享福就算了事。他是要叫我们四万万五千万人做亡国奴——做他的奴隶。做奴隶当然是不会舒服的，除了为他种田做工之外，还得为他当兵，做他进攻别人的肉炮弹。只须大众觉悟起来，不愿做亡国奴，与其拿生命来做敌人的肉炮弹，不如拿生命来争取整个民族的自由平等，我们的国难就必然的解决了。但是中国的大众受了小众的压迫剥削，从来没有时间、金钱、机会去把自己和民族的问题彻底的想通。加上了几千年的麻醉作用，他们遇到灾难，会武断的说是命该如此。我们要一种正确的教育来引导大众去冲破命定的迷信，揭开麻醉的面具，找出灾难的线索，感觉本身力量的伟大，以粉碎敌人之侵略阴谋，把一个垂危的祖国变成一个自由平等的乐土。

大众教育是什么？大众教育是大众自己的教育，是大众自己办的教育，是为大众谋福利除痛苦的教育。这种教育和小众教育固然大不相同，即和小众代大众办的所谓民众教育、平民教育也是根本矛盾。大众教育是要教大众觉悟；只是教大众生产、生产、生产，长得肥一点，好叫小众多多宰割的教育不是大众教育。大众教育是对大众讲真话；专对大众说谎的教育是骗子教育而不是大众教育；大众教育对着麻醉大众的歪曲理论是要迎头驳斥；始而装痴装聋，继而变成哑巴，终之而拜倒在当前势力下，这是帮凶教育而不是大众教育。大众教育是要教大众行动，教大众根据集体意识而行动；只教大众坐而听，不教大众起而行，或是依照小众的意思起而行，都是木头人教育而不是大众教育。大众教育是要教大众以生活为课程，以非常时期的有计划有组织的生活做他们的非常时期的有计划有组织的课程；这非常生活，便是当前的民族解放、大众解放的战斗生活，这是大众教育的中心功课。在这里我们要指出，民族解放与大众解放是一个不可分解的运动。如果大众不起来，民族解放运动决不会成功；但是如果不拼命争取民族解放，中国大众自己也也难得到解放。所以大众教育只有一门大功课，这门大功课便是争取中华民族大众之解放，若只教大众关起门来认字读书，那是逃避现实的逃走教育而不是真正的大众教育。

大众教育怎样办？依据教育部的统计，每一个小学生每年要用八元九角钱的教育费，民众学生每年要用一元八角钱的教育费。现在中国有二万万失学成人，七千万失学儿童。这二万万七千万人当然是我们大众教育的对象。照上面的费用算起来就得要十万万元才能普及初步的大众教育。这个数目不但是大众自己办不到，就是教育部去年费尽九牛二虎之力出只筹到三百多万元的义务教育经费，对于这十万万的大众教育经费也一定是筹不出来的。因此，大众教育在现阶段一定要突破金钱关才能大规模的干出来。下面的两条原则和一个新工具是一方面可以叫大众教育突破金钱关，一方面又叫大众教育进行得更有效力更有意义。

（一）社会即学校　大众教育用不着花几百万几千了了来建造武汉大学那皇宫一般的校舍。工厂、农村、店铺、家庭、戏台、茶馆、军营、学校、庙宇、监牢部成大大众大学的数不清的分校。客堂、灶披、晒台、厕所、亭子间里都可以办起读书会、救国会、时事讨论会，连坟墓都可以做我们的课堂。谁能说庙行的无名英雄墓和占北口的"支那"勇士墓不是我们最好的课堂啊？

（二）即知即传　得到真理的人便负有传授真理的义务。不肯教人的人不配受教育。前进的知识分子当然是负着推动大众教育的使命。但是经过很短的时间，前进的大众和前进的小孩都同样的可以做起先生来，我们可以说大家都是学生，都是同学，都是不收学费的先生。在传递先生和小先生的手里，知识私有是被粉碎丁，真理为公是成了我们共同的信条。

（三）拼音新文字　拼音新文字是大众的文字。有了新文字，大众只须花一个月半个月的工夫，便能读书、看报、写文。初级新文字教育只须三分钱就能办成，连一个人力车夫也能出得起，大众教育可以不再等待慈善家的赈济。的确，文化赈济是和面包赈济一样悲惨，一样的靠不住。水灾和旱灾的地方是十个人饿死了九个，剩下一个人才等着一块面包，而这块不易得的面包是差不多变成酸溜溜的糨糊了。新文字！新文字！新文字是大众的文字。它要讲大众的真心活，它要写大众的心中事。认也不费事，写也不费事，学也不费事。笔头上刺刀，向前刺刺刺，刺穿平仄声，刺破方块字，要教人人都识字，创造大众的文化，提高大众的位置，完成现代第一件大事。

依据社会即学校，即知即传两条原则，拿了新文字及其他有效工具，引导大众组织起来，争取中华民族大众之解放：这便是中国所需的大众教育。

创造的儿童教育

创造的儿童教育，不是说教育可以创造儿童。儿童的创造力是千千万万祖先，至少经过五十万年与环境适应斗争所获得而传下来之才能之精华。发挥或阻碍、加强或削弱、培养或摧残这创造力的是环境。教育是要在儿童自身的基础上，过滤并运用环境的影响，以培养加强发挥这创造力，使他长得更有力量，以贡献于民族与人类。教育不能创造什么，但他能启发解放儿童创造力以从事于创造之工作。

我们晓得特别是中国小孩，是在苦海中成长。我们应该把儿童苦海创造成一个儿童乐园。这个乐园不是由成人创造出来交给小孩子，也不是要小孩子自己单身匹马去创造。我们造一个乐园交给小孩子，也许不久就会变为苦海；单由小孩子自己去创造，也许就创造出一个苦海。所以应该成人加入小孩子的队伍里去，陪着小孩子一起创造。

一、把我们摆在儿童队伍里，成为孩子当中的一员

我们加入到儿童队伍里去成为一员，不是敷衍的，不是假冒的，而是要

真诚的，在情感方面和小孩子站在一条战线上。我曾经写过一首小诗，描写过我们在小孩队中应有和不应有的态度：

儿童园内无老翁，

老翁个个变儿童。

变儿童，

莫学孙悟空！

他在狮驼洞，

功曾变讨小钻风；

小钻风，

脸儿模样般般像，

拖着一条尾巴两股红。

我们要加入儿童队伍里，第一步要做到不失其赤子之心，做成小孩子队伍里的一分子。

二、认识小孩子有力量

我们加入儿童生活中，便发现小孩子有力量，不但有力量，而且有创造力。我们要钻进小孩子队伍里才能有这个新认识与新发现。

从前当晓庄学校停办的时候，晓庄的教师和师范生不能回晓庄小学任职，私塾先生又被小孩拒绝，农人不好勉强聘请，不得已，小孩自己组织起来，推举同学做校长当教员，自己教，自己学，自己办，并自称自动学校。这是中国破天荒的小创造。我听见了这个消息以后，就写了一首诗去恭贺他们：

有个学校真奇怪：

大孩自动教小孩。

七十二行皆先生。

先生不在学如在。

写好之后，交给几位大学生，请他们指教，他们说尽善尽美，于是用快信寄去。

第三天，他们回一封信，向我道谢之外，说这首诗有一个字要改，大孩教小孩，难道小孩不能教大孩吗？大孩能够自动，难道小孩不能自动吗？而且大孩教小孩有什么奇怪呀？这一串炸弹把个大字炸得粉碎，我马上把他改为"小孩自动教小孩"，这样一来，是更好了。黄泥腿的农村小孩改留学生的诗，又是破天荒的证明，证明小孩有创造力。

又有一次我到南通州去推广"小先生"，写了一篇一分钟演讲词，内中有一段："读了书，不教人。甚么人？不是人。"我讲过后有一个小孩子马上来说，陶先生，你的演讲最好把"不是人"改为"木头人"，"木头人"比"不是人"更好了。因为"不是人"三个字不具体，桌子不是人，椅子也不是人，而"木头人"是给了我们一个具体的印象。这也证明小孩子有创造力。我们要真正承认小孩子有创造力，才可以不被成见所蒙蔽。小孩子多少都有其创造的能力。

三、解放儿童的创造力

我们发现了儿童有创造力，认识了儿童有创造力，就须进一步把儿童的创造力解放出来。

（一）解放小孩子的头脑。儿童的创造力被固有的迷信、成见、曲解、幻想层层裹布包缠了起来。我们要发展儿童的创造力，先要把儿童的头脑从迷信、成见、曲解、幻想中解放出来。迷信要不得，成见要不得，曲解要不得，幻想更要不得，幻想是反对现实的。这种种要不得的包头布，要把他一块一块撕下来，如同中国女子勇敢的撕下了裹脚布一样。

自从有了裹脚布，从前中国妇女是被人今天裹，明天裹，今年裹，明年裹，骨髓裹断，肉裹烂，裹成一双三寸金莲。

自从有了裹头布，中国的儿童、青年、成人也是被人今天裹，明天裹，今年裹，明年裹，似乎非把个个人都裹成一个三寸金头不可。如果中华民族不想以三寸金头出现于国际舞台，唱三花脸，就要把裹头布一齐解开，使中华民族的创造力可以突围而出。三民主义开宗明义就说：大凡人类对于一件事，研究其中的道理，首先发生思想，思想贯通，以后才生信仰，有了信仰，才生力量。思想贯通，便等于头脑解放。唯独从头脑里解放出来的创造力，才能打退日本鬼，建立新中国。

（二）解放小孩子的双手。人类自从腰骨竖起，前脚变成一双可以自由活动的手，进步便一天千里，超越一切动物。自从这个划时代的解放以后，人类乃能创造工具、武器、文字，并用以从事于更高之创造。假使人类把双手束缚起来，就不能执行头脑的命令。我们要在头脑指挥之下用手使用机器制造，使用武器打仗，使用仪器从事发明。中国对于小孩子一直是不许动手，动手要打手心，往往因此摧残了儿童的创造力。一个朋友的太太，因为小孩子把她的一个新买来的金表拆坏了，在大怒之下，把小孩子结结实实打了一

顿。后来她到我家里来说："今天我做了一件极痛快的事，我的小孩子把金表拆坏了，我给了他一顿打。"我对她说恐怕中国的爱迪生被你枪毙掉了。我和她仔细一谈，她方恍然大悟，她的小孩子这种行动原是有出息的可能，就向我们请教补救的办法。我说："你可以把孩子和金表一块送到钟表铺，请钟表师傅修理，他要多少钱，你就给多少钱，但附带的条件是要你的小孩子在旁边看他如何修理。这样修表铺成了课堂，修表匠成了先生，令郎成了速成学生，修理费成了学费，你的孩子好奇心就可得到满足，或者他还可以学会修理咧。"小孩子的双手是要这样解放出来。中国在这方面最为落后，直到现在才开始讨论解放双手。在爱迪生时代，美国学校的先生也是非常的顽固，因为爱迪生喜欢玩化学药品，不到三个月就把他开除！幸而他有一位贤明的母亲，了解他，把家里的地下室让给他做实验。爱迪生得到了母亲的理解，才一步步的把自己造成发明之王。那时美国小学的先生，不免也阻碍学生的创造力的发展。我们希望保育员或先生跟爱迪生的母亲学，让小孩子有动手的机会。

（三）解放小孩子的嘴。小孩子有问题要准许他们问。从问题的解答里，可以增进他们的知识。孔子入太庙，每事问。我从前写过一首诗，是发挥这个道理："发明千千万，起点是一问。禽兽不如人，过在不会问。智者问得巧，愚者问得笨。人力胜天工，只在每事问。"但中国一般习惯是不许多说话。小孩子得到言论自由，特别是问的自由，才能充分发挥他的创造力。

（四）解放小孩子的空间。从前的学校完全是一只鸟笼，改良的学校是放大的鸟笼。要把小孩子从鸟笼中解放出来。放大的鸟笼比鸟笼大些，有一棵树，有假山，有猴子陪着玩，但仍然是个放大的模范鸟笼，不是鸟的家乡，不是鸟的世界。鸟的世界是森林，是海阔天空。现在鸟笼式的学校，培养小孩用的是干腌菜的教科书。我们小孩子的精神营养非常贫乏，这还不如填鸭，填鸭用的还是滋养料让鸭儿长得肥胖的。我们要解放小孩子的空间，让他们去接触大自然中的花草、树木、青山、绿水、日月、星辰以及大社会中之士、农、工、商、三教九流，自由的对宇宙发问，与万物为友，并且向中外古今三百六十行学习。创造需要广博的基础。解放了空间，才能搜集丰富的资料，扩大认识的眼界，以发挥其内在之创造力。

（五）解放儿童的时间。现在一般学校把儿童的时间排得太紧。一个茶杯要有空位方可盛水。现在中学校有月考、学期考、毕业考、会考、升学考，一连考几次，连小学生都要受着双重夹攻，日间由先生督课，晚上由家长督课，为的都是准备赶考。拼命赶考，还有多少时间去接受大自然和社会的宝贵知识呢？我个人反对过分的考试制度的存在。一般学校把儿童的全部时间占据，使儿童失去学习人生的机会，养成无意创造的倾向。到成人时，即使有时间，也不知道怎样下手去发挥他的创造力了。创造的儿童教育，首先要为儿童争取时间之解放。

四、培养创造力

把小孩子的头脑、双手、嘴、空间、时间都解放出来，我们就要对小孩子的创造力予以适当之培养。

（一）需要充分的营养。小孩的体力与心理都需要适当的营养。有了适当的营养，才能产生高度的创造力，否则创造力就会被削弱，甚而至于夭折。

（二）需要建立下层的良好习惯，以解放上层的性能，方能从事于高级的思虑追求。否则必定要困于日用破碎，而不能够向上飞跃。

（三）需要因材施教。松树和牡丹花所需要的肥料不同，你用松树的肥料培养牡丹，牡丹会瘦死；反之，你用牡丹的肥料培养松树，松树受不了，会被烧死。培养儿童的创造力要同园丁一样，首先要认识他们，发现他们的特点，而予以适宜之肥料、水分、太阳光，并须除害虫。这样，他们才能欣欣向荣，否则不能免于枯萎。

最后，我要提醒大家注意创造力最能发挥的条件是民主。当然在不民主的环境下，创造力也有表现。那仅是限于少数，而且不能充分发挥其天才。但如果要大量开发创造力，大量开发人矿中之创造力，只有民主才能办到，只有民主的目的、民主的方法才能完成这样的大事。美国杜威先生（不是候选总统之杜威，而是哲学家、教育家之杜威）最近给我信说："现在世界联系得这样密切，如果民主的目的与方法不能在全世界每一个角落里都普遍的树立起来，我怕它们在美国也难持久繁荣。"民主应用在教育上有三个最要点：

（一）教育机会均等，即是教育为公，文化为公。我们要求贫富的机会均等，男女的机会均等，老幼的机会均等，各民族各阶层的机会均等。

（二）宽容和了解。教育者要像爱迪生母亲那样宽容的爱迪生，在爱迪生被开除回家的时候，把地下室让给他去做实验。我们要像利波老板宽容法拉第。法拉第在利波的铺子里作徒弟，订书订得最慢，但是利波了解他是一面订书一面读书，终于让法拉第在电学上创造辉煌的功绩。

（三）在民主生活中学民主。专制生活中可以培养奴才和奴隶，但不能培养人民做主人。民主生活并非乱杂得没有纪律。民主要有自觉的纪律，人民只可以在民主的自觉纪律中学习做主人翁。在民主动员号召之下，每一个人之创造力都得到机会出头，而且每一个人的创造力都能充分解放出来。只有民主才能解放最大多数人的创造力，并且使最大多数人之创造力发挥到最高峰。

创造的社会教育

"创造"与"改造"或"翻造"不同。

大清帝国的教育与中华民国的教育的区别：大清时代，人才即奴才，国民教育即奴隶教育。今天，时代不同了。因此，我们办理教育——社会教育，要用新的眼光和新的精神。这就是说，今天我们的"大学之道"，不是"在明明德，在新民，在止于至善"；而是"在明大德，在亲大众，在止于大众之幸福"。

所谓"大德"，就是"大公无私"。

所谓"亲民"者也，只是过去知识分子的优越感，好像是给老百姓洗把澡，洗后又远远地离开了他们。文化天使哪里会有工夫常常来替老百姓洗澡呢？（哄堂大笑）因此，我们是主张"亲大众"的，要文化天使思凡，思凡后即下凡。换言之，即要"文化、精神、学术下凡"。

要亲大众，必须实行文化下凡四部曲：一、钻进老百姓的队伍中去，与老百姓站在一条战线上，同甘苦、共患难；二、熟悉老百姓，要说出老百姓心中所要说的话；三、教老百姓；四、与老百姓共同创造。

"大众之幸福"包括"福、禄、寿、喜"四个字。一、"福"——老百姓需要和平、安全、乐业，不让少数人专有福气。二、"禄"——吃得饱，穿得暖，不啼饥号寒。三、"寿"——卫生，健康……四、"喜"——要和科学、学术等等结婚，皆大欢喜。一切均是自愿的，不是压迫的，也不是"埋头苦干"。要是埋着头，一干就干得不高兴，而是挺着胸膛，高高兴兴、快快乐乐地做去。

要"止于大众之幸福",就必须解放老百姓的创造力。创造力是我们千千万万的祖宗在至少五十万年以来与环境不断奋斗的结果。"北京人"在周口店的发现者是一位工人,可惜却做了"无名英雄"。因此,我们要解放老百姓的创造力。要:

一、解放老百姓的双手。所谓思想、语言、文字等等,都是由双手劳动、工作而发展起来的。

二、解放老百姓的双眼。不要戴有色眼镜,近视的可配上远视的镜子(鼓掌)。

三、解放老百姓的嘴。防民之口,甚于防川(大鼓掌)。所谓"舆论"者,就是大众的意见,抬滑竿的(舆者)意见。

四、解放老百姓的头脑。内在的要除去听天由命、迷信、成见和幻想等等;外在的要除去那些"裹脚布"、"缠头布"(鼓掌)。我自入川以来,看到裹头布甚为流行。拿布来裹头固然要不得,可是还不打紧,而非布的(非物质的)裹头布呢,大概是传自意大利或者是日耳曼的(鼓掌,哄堂大笑),却一天紧过一天,如果人人都是"三寸金头"立在国际之间,似乎是太不体面的事吧(大鼓掌)!

五、解放我们的空间。我国近年来在各地设了许多民众教育馆,就"舘"字解释,将民众教育——社会教育关在一间房子里,不是"官舍",便是"舍"中坐了一个"官"而已。如果将"绾"字写成"馆",那也不过成了所谓"文化食堂"、"精神食堂"而已。我们办教育,应该力争做到让所有的老百姓都能各教所知、各学所好、各尽所能,为社会服务而将教育送到大自然、大社会、大森林中去。

六、解放我们的时间。赶考和赶路是同样要不得的。我们应该慢慢地走,然后才能吸收沿途中所接触的事物、所欣赏的风景。不致像学生赶考一样,结果是面黄肌瘦、腰驼背曲,恢复了我们老祖宗五十万年前伛偻状况的老样子,四肢伏地。

真正的创造的社会教育,是要培养老百姓的创造力。由于时间关系,已无法详讲,只提四点供参考:一、在普及教育中提高老百姓的水准;二、……三、因材施教;四、要有深刻的讲解。

最后,还应着重指出:专制时代的创造是顺乎皇帝的意旨的,是仅限于少数人的。而今天,民主时代的创造,是给每个人以同等的创造的机会,是动员整个民族力量以创造民众的福禄寿喜的。民主的程度愈高，则创造愈开放、愈好。

实施民主教育的提纲

今天只是提出一些问题作为日后讨论的提纲，希望大家予以修正补充和指教。

一、旧民主与新民主

旧民主，是少数资产阶级做主，为少数人服务。新民主，是人民大众做主，为人民大众服务。

二、创造的民主与庸俗的民主

庸俗的民主是形式主义、平均主义，只是在形式上做到如投票等等。创造的民主是动员全体的创造力，使每个人的创造力得到均等的机会，充分的发挥，并且发挥到最高峰，所以创造的民主必然与我以前所讲的民主的创造有关联。民主的创造，是要使多数人的创造力能够发挥。在专制时代，少数人也能创造，但多数人的创造的天才被埋没，或因穷困忙碌而不能发挥，即使发挥也会受千磨万折，受到极大的阻碍。民主的创造，是为大多数人的创造，承认每一个人都有得到创造的机会，这是与专制的创造不同的地方。

三、民主运用到教育方面来

民主运用到教育方面，有双重意义：

第一，民主的教育是民有、民治、民享的教育。"民有"的意义，是教育属于老百姓自己的。"民治"的意义，是教育由老百姓自己办的。例如从前山海工学团时代，宜兴有一个西桥工学团，是老百姓自己办的。农民自己的孩子把附近几个村子的教育办起来，校董是老百姓，校长也是老百姓。又如晓庄学校封闭后，晓庄学生不能回晓庄办教育，而老百姓又不要私塾，所以小孩子自己办了一个余儿岗自动小学。又如陕北方面提倡的民办小学，也都是这意思。"民享"的意义，是教育为老百姓的需要而办的，并非如统治者为了使老百姓能看布告，便于管理，就使老百姓认识几个字。由此可见，有民有、民治、民享的政治，才有民有、民治、民享的教育。

第二，民主的教育，必须办到各尽所能，各学所需，各教所知。各尽所能，就是使老百姓的能力都能发挥。各取所需，因为经济条件没有具备，所以办不到。但各学所需是可以做到的。在民主政治下，特别是中国有许多人没有受教育，需要多少教员才能把各地教育办起来？如一人能教四十人，二百万教师才能教八千万小孩。这些教师是师范所不能训练出来的，所以还必须每人各教所知。各尽所能、各学所需、各教所知兰点都办到了，民有、民治、民享的教育也就成功了。

四、教育的对象或教育的目的

"文化为公"、"教育为公"是教育的目的，但又不妨因材施教。国民教育，与人才教育略有不同。国民教育，是人人应当免费受教育；但如有特殊才能的，也应加以特殊的教育，使其才能能充分发挥，这就是人才教育。但人才教育并不是教他们升官发财，而是要他们将学得的东西贡献给大众，所以这也是"文化为公"。

男女也应有平等受教育的机会。目前有些地方，例如南充男女界限分得很严，男女学生不能互相说话。这种地方，女子教育一定不发达。

无论贫富，也应该有均等受教育的机会。前次社会组在草街乡调查失学儿童，占学龄的儿童百分之七十四。能来中心小学读书的儿童，大多是小地主的孩子，佃农恐怕很少。民主教育要使穷人也有受教育的机会。

无论老少，也应该受教育。生活教育很早就提出活到老、学到老。最近听说回教也是如此。生活教育运动中最老的学生为八十三岁之王老太太，她说："我也快进棺材了，还读什么书？"但经她的孙儿曾孙的鼓舞，她的热情也燃炽起来了。因为她的缘故，她的媳妇也得读书了。

还有资格的问题：现在是有资格就能上进，没有资格就该赶出大门外。但民主教育是只问能力，不问资格的。本来资格是有能力的证明，既有直接的证明，又何须资格。只要证明是有能力的就可以上进。

民族教育现在也成一个问题。过去把少数民族取名为边民，不承认他们为民族。我们对于回族、苗族等小民族的教育，强迫他们学汉文，还要用汉人教师去教他们。但民主教育是让他们学习他们自己的文字，没有文字的，就帮助他们制造文字，让他们自己办学校，训练各民族的人才来教育他们自己的人民。过去蒙古人受教育时，是雇人来上课的。这种教育又有什么用？

还有一点，无论什么阶级，都要有受教育的机会。受教育的机会被剥夺最多的是农工及子弟。农工阶级忙碌一天，还陷入吃不饱饿不死的状态，当然更谈不到受教育。民主教育是要力求农工劳苦阶级有机会受教育。

总结起来，"教育为公"就是机会均等：入学时求学的机会均等，长进的机会均等；离校时复学的机会均等，失学时补习机会均等，而且老百姓有办学管教育的机会。

五、民主教育的方法

民主的教育方法，要使学生自动，而且要启发学生使能自觉，要客观，要科学，不限于一种，要多种多样，因材施教，要生活与教育联系起来。并且在中国要会用穷办法，没钱买教科书，用尽种种办法来找代用品，招牌可以作课本、树枝可以作笔、桌面可以当纸张。八路军行军时，带着一套文化工具，即是一支木笔，行军停下来时，就在地面上画字认字。新民主主义既是要农工领导，就必须用穷办法使老百姓受教育。单是草街子，如每人买一支铅笔，就要化去四十万元，因此只有不用铅笔另想穷办法，才能做到教育为公。

另外还有一个办法，学生不能来上课的可以送去教，"来者不拒，不能来者送上门去"，看牛的送到牛背上去，拾柴的送到柴山上去。这样"教育为公"才有办法。最后，我们必须重提要着重创造，让学生自动的时候，不是让他们乱动，而是要他们走上创造之路，手脑并用，在劳力上劳心。这需要六大解放：（一）解放眼睛——不要带上封建的有色眼镜，使眼睛能看事实。（二）解放双手。（三）解放头脑——使头脑从迷信、成见、命定、法西斯细菌中解放出来。（四）解放嘴——儿童应当有言论自由，有话直接和先生说，并且高兴心甘情愿和先生说，首先让先生知道儿童们一切的痛苦。（五）解放空间——不要把学生关在笼中，在民主教育中的学校应当大得多，要把大自然、大社会作他们的世界；空间放大了，才能各学所需；扩大了空间，才能各教所知；扩大了空间，才能各尽所能。（六）解放时间——育才不是以此标榜，然而并未完全做到；师生工友都应当有一点空闲的时间，可以从容消化所学、从容思考所学，并且干较有意义的工作。

六、民主的教师

民主的教师，必须具有：（一）虚心；（二）宽容；（三）与学生共甘苦；（四）跟民众学习；（五）跟小孩子学习——这听来是很奇怪的，其实先生必须跟小孩子学，他才能了解小孩子的需要，和小孩子共甘苦，并不是说完全跟小孩子学，而是说只有跟小孩子学，才能完成做民主教师的资格，否则即是专制教师；现在民主国家的领袖，都是跟老百姓学，否则即成专制魔王；（六）消极方面：肃清形式、教条、先生架子、师生的严格界限。

七、民主教育的教材

民主教育的教材，应从丰富中求精华，教科书以外求课外的东西，并且要从学校以外到大自然、大社会中求得活的教材。

八、民主教育的课程

（一）内容。现在人民所以大部分在贫穷中过生活，因为贫富不均，所以了解社会是很重要的。另外科学不发达，不能造富，所以应该有科学的生产、科学的劳动。抗战如不能胜利，整个中国就完了！因此教育要拿出一切力量来争取胜利，要启发民众，用一切力量来为抗战、为反攻而努力。

（二）课程组织。组织应敷成多轨，即普及与提高并重，使老百姓都能受教育，并且有特殊才干的也能发挥。

（三）课程要有系统，但也要有弹性，要在课程上争取时间的解放。

九、民主教育的学制

民主教育的学制，包含三原则：单轨出发。学制在世界上各国分成几种，如德国的学制是双轨制，穷苦的人民受国民教育，再受职业教育。有钱的人，则由中学而直升大学。民主教育开始是单轨，不分贫富以单轨出发，以后依才能分成多轨。各人所走路线虽不同，但都将力量贡献给抗战，贡献给国家，这叫多轨同归。并且还要换轨便利，让他们在才干改变时有调换轨道的便利。

旧时的学校，学生忙于赶考，赶考是缩小学生时间的一原因，并且使学生没有时间思考。民主教育也是要考的，但不要赶考，而是考成。也不鼓励个人的等第，只注意集体的成绩。而成绩也不以分数定高下。

民主也不是绝对的自由。民主有民主的纪律，与专制纪律不同。专制纪律是盲从。民主纪律是自觉的、集体的，不但要人服从纪律，还要人懂得为什么。

此外应当广泛的设立托儿所，农村的、工厂的、公务员的，可以将妇女从家庭中解放出来。在大学里，要做到下列几点：（一）入学考试不应过分着重文凭，应增加同等学力的录取比例；（二）研究学术自由，读书自由，讨论自由；（三）增设补习大学及夜大学。这应该跟日本学，在日本夜大学很多。我们要帮助工厂里的技术工人、合作农场中的技术农人得到受大学教育的机会。至于留学政策，凡是在中国可以学到的应在中国学，请外国教授来中国教；如设备不可能在中国设置的学科，才能派大学毕业有研究能力的研究生出外留学。

十、民主教育的行政

（一）鼓励人民办学校，当然人民自己所办的，并不能像美国私立学校那样宣传某种宗教的偏见，而是为民主服务。

（二）鼓励学生自己管自己的事。

（三）肃清官僚气的查案，以及摆资格的作风。视察员及督学有三个作用：（1）鼓励老百姓办学；（2）考察学校是否合乎民主道理；（3）不是去查案，而是积极指导学校如何办得好。老百姓的学校，大概粗糙简陋，所以视学员到时，不是带来恐怖，而是带来春风。

民主的校长，也有四种任务：（1）培养在职的教师，师是从各处来的。校长应负有责任使教师进步；（2）通过教员使学生进步，并且有丰富的进步；（3）在学校中提拔为老百姓服务的人，如小先生之类；（4）应当将校门打开，运用社会的力量，使学校进步，动员学校的力量，帮助社会进步。他应当有社会即学校的观点，整个社会是学校，学校不过是一课堂。这样，才能尽校长的责任，并且对于大的社会，才能有民主的贡献，而学校本身就可以成为民主的温床，培养出人才的幼苗。

十一、民主的民众教育

有人民的地方。就是民主教育到的地方。家庭、店铺、茶馆、轮船码头，都是课堂。甚至防空洞中，也可以进行教育。博物馆、图书馆、电影院，都是进行有系统的教育地方。应当请专家讲演，深入浅出。没有专家的地方，也应有好的办法，使老百姓无师自通。

十二、民主教育的文字

要老百姓认二千个字，好比要他们画二千幅画。有人说汉字太难，应当打倒；有人主张，不用拉丁化，而用注音字母。我主张汉字、新文字、注音字母三管齐下。（一）认得汉字的人，照估计有八千万人，假使最低估计有五百万人可能教汉字，这是一股很大的力量，我们不但不用推倒他，而要运用他。（二）运用新文字教老百姓，我们在上海试过，教起来非常方便，一个月就可以使老百姓看懂信件，学过英文的人，三个钟头就可以学会。（三）醉心注音字母也好，就用注音字母来帮助老百姓。我希望文字也像政党似的来一个民主联合，汉字好比是板车、木车，注音字母好比是汽车，新文字好比是飞机。各种文字的提倡人联合起来，做到多样的统一。

生活教育的创立与成长

一、晓庄师范之成长

"生活教育"第一次的发现，是民国七年在南京高等师范演讲。中国的教育太重书本，和生活没有联系。教育不通过生活是没有用的，需要生活的教育，用生活来教育，为生活而教育。为生活需要而办教育，教育与生活是分不开的。我们应以前进的生活提高落后的生活，以合理的生活提高不合理的生活，以有计划的生活，克服无秩序的生活。民国八年是生活教育思想上的萌芽。民国十五年，有五六个教师下了决心，丢掉了传统教育下乡去。民国十六年三月十五日在南京的一角，才出现生活教育的具体机构——晓庄师范，也就是生活教育从理论到实践开始的一天。

二、阳光下的诗意生活

民国十六年三月十四日晚上到乡下去筹备开学，一个狭小的房子，住五个人，还有第六个是一匹老牛，它却占了一半多地方。第二天早晨，江苏教育厅厅长江间渔来了，我们也在那屋子里欢迎他。后来，我们到会场上去布置了，没有人招待江厅长，以劳苦功高的老牛陪他。

开学礼是生活教育的开学礼。到的人数据陈鹤琴先生说有一千多。

没有房子而开学校，这是首创。我们以青天为顶，地球为地，日光照着工作，日光下休息和唱歌，过着富有诗意的生活。

学生男的以开荒挑粪、女的倒马桶作为考试，洗菜、烧饭、打杂都得学生自己动手，因此，有一首："书呆子烧饭，一锅烧四样：生、焦、硬、烂"。挑水挑粪的比赛作为运动。学校没有围墙，农民随时可到学校里去。每家农家住有一二个学生，帮着扫地抹桌等操作，跟农民生活在一起，相互学习。学生和农民熟悉交流后，学生重新发现自己也有一双手，农民发现自己还有一个头脑。

后来，晓庄被封，封条没处贴，贴在黑板上。

三、普及教育的小先锋

我从日本回国后，在大场孟家木桥建立了山海工学团。学生来一个收一个，来两个收一双……来者不拒。学生人数由二三十个，而七八十个，而一二百个，不断地迅速地增加着。四个先生教得累死了，还坚持做到不来读书的要送上门去。

在客观情势的要求下，发明了"小先生制"。读书的小学生回去后做小先生，去教自己的姊姊和母亲等读书。

宝山县教育局长冯国华先生，他也是生活教育社的社员，打算普及宝山县的教育，请我作了一个计划。呈到省政府里去，受了撤职查办的处分。山海工学团为了普及教育，也要查封？终于因查无实据而打消。

四、培养老百姓做主人

之后，成立了国难教育社，流浪儿童工学团，报童、女工工学团相继产生，运用生活教育的力量，号召全国人民起来抗日。

当前最大的任务，是普及民主教育，培养老百姓做主人，造成自由平等幸福的新中国。我们必须同心合力来展开，为推动普及民主教育的工作而努力。

第二章

蔡元培教育随笔

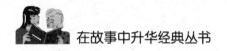
对于新教育之意见

近日在教育部与诸同人新草学校法令，以为征集高等教育会议之预备，颇承同志饷以谠论。顾关于教育方针者殊寡，辄先述鄙见以为嚆引，幸海内教育家是正之。

教育有二大别：曰隶属于政治者，曰超轶乎政治者。专制时代（兼立宪而含专制性质者言之），教育家循政府之方针以标准教育，常为纯粹之隶属政治者。共和时代，教育家得立于人民之地位以定标准，乃得有超轶政治之教育。清之季世，隶属政治之教育，腾于教育家之口者，曰军国民教育。夫军国民教育者，与社会主义僢驰，在他国已有道消之兆。然在我国，则强邻交逼，亟图自卫，而历年丧失之国权，非凭借武力，势难恢复。且军人革命以后，难保无军人执政之一时期，非行举国皆兵之制，将使军人社会，永为全国中特别之阶级，而无以平均其势力。则如所谓军国民教育者，诚今日所不能不采者也。

虽然，今之世界，所恃以竞争者，不仅在武力，而尤在财力。且武力之半，亦由财力而孳乳。于是有第二之隶属政治者，曰实利主义之教育，以人民生计为普通教育之中坚。其主张最力者，至以普通学术，悉寓于树艺、烹饪、裁缝及金、木、土工之中。此其说创于美洲，而近亦盛行于欧陆。我国地宝不发，实业界之组织尚幼稚，人民失业者至多，而国甚贫。实利主义之教育，固亦当务之急者也。

是二者，所谓强兵富国之主义也。顾兵可强也，然或溢而为私斗，为侵略，则奈何？国可富也，然或不免知欺愚，强欺弱，而演贫富悬绝，资本家与劳动家血战之惨剧，则奈何？——教之以公民道德。何谓公民道德？曰法兰西之革命也，所标揭者，曰自由、平等、亲爱。道德之要旨，尽于是矣。孔子曰：匹夫不可夺志。孟子曰：大丈夫者，富贵不能淫，贫贱不能移，威武不能屈。自由之谓也。古者盖谓之义。孔子曰：己所不欲，勿施于人。子贡曰：我不欲人之加诸我也，吾亦欲毋加诸人。《礼记·大学》曰：所恶于前，毋以先后；所恶于后，毋以从前；所恶于右，毋以交于左；所恶于左，毋以交于右。平等之谓也。古者盖谓之恕。自由者，就主观而言之也。然我欲自由，则亦当尊人之自由，故通于客观。平等者，就客观而言之也。然我不以不平等遇人，则亦不容人之以不平等遇我，故通于主观。二者相对而实相成，要皆由消极一方面言之。苟不进之以积极之道德，则夫吾同胞中，固有因生禀之不齐，境遇之所迫，企自由而不遂，求与人平等而不能者。将一切恝置之，而所谓自由若平等之量，仍不能无缺陷。孟子曰：鳏寡孤独，天下之穷民而无告者也。张子曰：凡天下疲癃残疾茕独鳏寡，皆吾兄弟之颠连而无告者也。禹思天下有溺者，由已溺之。稷思天下有饥者，由己饥之。伊尹思天下之人，匹夫匹妇有不与被尧舜之泽者，若己推而纳之沟中。孔子曰：己欲立而立人，己欲达而达人。亲爱之谓也。占者盖谓之仁。三者诚一切道德之根源，而公民道德教育之所有事者也。

教育而至于公民道德，宜若可为最终之鹄的矣。日未也。公民道德之教育，犹未能超轶乎政治者也。世所谓最良政治者，不外乎以最大多数之最大幸福为鹄的。最大多数者，积最少数之一人而成者也。一人之幸福，丰衣足食也，无灾无害也，不外乎现世之幸福。积一人幸福而为最大多数，其鹄的犹是。立法部之所评议，行政部之所执行，司法部之所保护，如是而已矣。即进而达《礼运》之所谓大道为公，社会主义家所谓未来之黄金时代，人各尽所能，而各得其所需要，要亦不外乎现世之幸福。盖政治之鹄的，如是而已矣。一切隶属政治之教育，充其量亦如是而已矣。

虽然，人不能有生而无死。现世之幸福，临死而消灭。人而仅仅以临死消灭之幸福为鹄的，则所谓人生者有何等价值乎？国不能有存而无亡，世界不能有成而无毁，全国之民，全世界之人类，世世相传，以此不能不消灭之幸福为鹄的，则所谓国民若人类者，有何等价值乎？且如是，则就一人而言之，杀身成仁也，舍生取义也，舍己而为群也，有何等意义乎？就一社会而言之，与我以自由乎，否则与我以死，争一民族之自由，不至沥全民族最后之一滴血不已，不至全国为一大冢不已，有何等意义乎？且人既无一死生破利害之观念，则必无冒险之精神，无远大之计划，见小利，急近功，则又能保其不为失节堕行身败名裂之人乎？谚曰："当局者迷，旁观者清。"非有出世间之思想者，不能善处世间事，吾人即仅仅以现世幸福为鹄的，犹不可无超轶现世之观念，况鹄的不止于此者乎？

以现世幸福为鹄的者，政治家也；教育家则否。盖世界有二方面，如一纸之有表里：一为现象，一为实体。现象世界之事为政治，故以造成现世幸福为鹄的；实体世界之事为宗教，故以摆脱现世幸福为作用。而教育者，则立于现象世界，而有事于实体世界者也。故以实体世界之观念为其究竟之大目的，而以现象世界之幸福为其达于实体观念之作用。

然则现象世界与实体世界之区别何在耶？曰：前者相对，而后者绝对；前者范围于因果律，而后者超轶乎因果律；前者与空间时间有不可离之关系，而后者无空间时间之可言；前者可以经验，而后者全恃直观。故实体世界者，不可名言者也。然而既以是为观念之一种矣，则不得不强为之名，是以或谓之道，或谓之太极，或谓之神，或谓之黑暗之意识，或谓之无识之意志。其名可以万殊，而观念则一。虽哲学之流派不同，宗教家之仪式不同，而其所到达之最高观念皆如是。（最浅薄之唯物论哲学，及最幼稚之宗教祈长生求福利者，不在此例）

然则，教育家何以不结合于宗教，而必以现象世界之幸福为作用？曰：世固有厌世派之宗教若哲学，以提撕实体世界观念之故，而排斥现象世界。因以现象世界之文明为罪恶之源，而一切排斥之者。吾以为不然。现象实体，仅一世界之两方面，非截然为互相冲突之两世界。吾人之感觉，既托于现象世界，则所谓实体者，即在现象之中，而非必灭乙而后生甲。其现象世界间所以为实体世界之障碍者，不外二种意识：一、人我之差别，二、幸福之营求是也。人以自卫力不平等而生强弱，人以自存力不平等而生贫富。有强弱贫富，而彼我差别之意识起。弱者贫者，苦于幸福之不足，而营求之意识起。有人我，则于现象中有种种之界画，而与实体违。有营求则当其未遂，为无已之苦痛。及其既遂，为过量之要索。循环于现象之中，而与实体隔。能剂其平，则肉体之享受，纯任自然，而意识界之营求泯，人我之见亦化。合现象世界各别之意识为浑同，而得与实体吻合焉。故现世幸福，为不幸福之人类到达于实体世界之一种作用，盖无可疑者。军国民、实利两主义，所以补自卫自存之力之不足。道德教育，则所以使之互相卫互相存，皆所以泯营求而忘人我者也。由是而进以提撕实体观念之教育。

提撕实体观念之方法如何？曰：消极方面，使对于现象世界，无厌弃而亦无执著；积极方面，使对于实体世界，非常渴慕而渐进于领悟。循思想自由言论自由之公例，不以一流派之哲学一宗门之教义梏其心，而惟时时悬一无方体无始终之世界观以为鹄。如是之教育，吾无以名之，名之曰世界观教育。

虽然，世界观教育，非可以旦旦而聒之也。且其与现象世界之关系，又非可以枯槁单简之言说袭而取之也。然则何道之由？曰美感之教育。美感者，合美丽与尊严而言之，介乎现象世界与实体世界之间，而为津梁。此为康德所创造，而嗣后哲学家未有反对之者也。在现象世界，凡人皆有爱恶惊惧喜怒悲乐之情，随离合生死祸福利害之现象而流转。至美术则即以此等现象为资料，而能使对之者，自美感以外，一无杂念。例如采莲煮豆，饮食之事也，而一入诗歌，则别成兴趣。火山赤舌，大风破舟，可骇可怖之景也，而一入图画，则转堪展玩。是则对于现象世界，无厌弃而亦无执著也。人既脱离一切现象世界相对之感情，而为浑然之美感，则即所谓与造物为友，而已接触于实体世界之观念矣。故教育家欲由现象世界而引以到达于实体世界之观念，不可不用美感之教育。

五者，皆今日之教育所不可偏废者也。军国民主义，实利主义，德育主义三者，为隶属于政治之教育。（吾国古代之道德教育，则间有兼涉世界观者，当分别论之）世界观、美育主义二者，为超轶政治之教育。

以中国古代之教育证之，虞之时，夔典乐而教胄子以九德，德育与美育之教育也。周官以卿三物教万民，六德六行，德育也。六艺之射御，军国民主义也。书数，实利主义也。礼为德育，而乐为美育。以西洋之教育证之，希腊人之教育为体操与美术，即军国民主义与美育也。欧洲近世教育家，如海尔巴脱氏纯持美育主义。今日美洲之杜威派，则纯持实利主义者也。

以心理学各方面衡之，军国民主义毗于意志；实利主义毗于知识；德育兼意志情感二方面；美育毗于情感；而世界观则统三者而一之。

以教育界之分言三育者衡之，军国民主义为体育；实利主义为智育；公民道德及美育皆毗于德育；而世界观则统三者而一之。

以教育家之方法衡之，军国民主义，世界观，美育，皆为形式主义；实利主义为实质主义；德育则二者兼之。

譬之人身：军国民主义者，筋骨也，用以自卫；实利主义者，胃肠也，用以营养；公民道德者，呼吸机循环机也，周贯全体；美育者，神经系也，所以传导；世界观者，心理作用也，附丽于神经系，而无迹象之可求。此即五者不可偏废之理也。

本此五主义而分配于各教科，则视各教科性质之不同，而各主义所占之分数，亦随之而异。国语国文之形式，其依准文法者属于实利，而依准美词学者，属于美感。其内容则军国民主义当占百分之十，实利主义当占其四十，德育当占其二十，美育当占其二十五，而世界观则占其五。

修身，德育也，而以美育及世界观参之。

历史、地理，实利主义也。其所叙述，得并存各主义。历史之英雄，地

87

理之险要及战绩，军国民主义也；记美术家及美术沿革，写各地风景及所出美术品，美育也；记圣贤，述风俗，德育也；因历史之有时期，而推之于无终始，因地理之有涯涘，而推之于无方体，及夫烈士、哲人、宗教家之故事及遗迹，皆可以为世界观之导线也。

算学，实利主义也，而数为纯然抽象者。希腊哲人毕达哥拉士以数为万物之原，是亦世界观之一方面；而几何学各种线体，可以资美育。

物理化学，实利主义也。原子电子，小莫能破，爱耐而几（Enerey），范围万有，而莫知其所由来，莫穷其所究竟，皆世界观之导线也；视官听官之所触，可以资美感者尤多。

博物学，在应用一方面，为实利主义；而在观感一方面，多为美感。研究进化之阶段，可以养道德，体验造物之万能，可以导世界观。

图画，美育也，而其内容得包含各种主义：如实物画之于实利主义，历史画之于德育是也。其至美丽至尊严之对象，则可以得世界观。

唱歌，美育也，而其内容，亦可以包含种种主义。

手工，实利主义也，亦可以兴美感。

游戏，美育也；兵式体操，军国民主义也；普通体操，则兼美育与军国民主义二者。

上之所著，仅具崋较，神而明之，在心知其意者。

满清时代，有所谓钦定教育宗旨者，曰忠君，曰尊孔，曰尚公，曰尚武，曰尚实。忠君与共和政体不合，尊孔与信教自由相违（孔子之学术，与后世所谓儒教、孔教当分别论之。嗣后教育界何以处孔子，及何以处孔教，当特别讨论之，兹不赘），可以不论。尚武，即军国民主义也。尚实，即实利主义也。尚公，与吾所谓公民道德，其范围或不免有广狭之异，而要为同意。惟世界观及美育，则为彼所不道，而鄙人尤所注重，故特疏通而证明之，以质于当代教育家，幸教育家平心而讨论焉。

养成优美高尚思想

——在上海城东女学演说词

今日蒙杨先生约弟到此，弟以为可听诸教习先生及来宾诸先生之伟论，故欣然而来。讵知杨先生专诚为弟开欢迎会，殊不敢当。今当先向杨先生及在座诸君道谢。演说未曾预备，愧无嘉言可贡。今谨竭所知，就女学一言。

弟从前亦曾担任女学，以为求国富强，人人宜受教育。既欲令人人受教育，自当以女学为最重要之事。何也？人之受教育，当自小儿时起。而小儿受母亲之教，比之受父亲之教为多。所谓习惯者，非必写字、读书，然后谓之教育也。扫地亦有教育，揩台亦有教育，入厨下烧饭亦有教育。总之，一举一动，一哭一笑，无不有教育。而主持此事者，厥惟母亲。与小儿周旋之人，未有比母亲长久而亲热者。苟母亲无学问，则小儿之危险何如乎？此已可见女学之重矣。然犹不止此，推本穷源，则胎教亦不可忽也。吾国古时，颇注意此事。女子当怀孕时，目不视恶色，耳不听恶声，口不出傲言，立必正、坐必端。何也？如孕时有不正之举动，则小儿受其影响，他年为不正之人，即由于此。苟女子无教育，则小儿在胎内时，为母体所范围，虽欲避免不良之影响，其道末由。当孩提时，又处处受母亲影响，此时染成恶习惯，他时改之最难。然则苟以教育为重要，岂可不以女学为重要乎？

弟有见及此，故亦曾组织女学，名曰"爱国女学校"。因诣力不足，为他事所牵，率不能专诚办女学，常觉抱愧于心。而白民先生自十年以前，即办女学，维持至今不衰，此弟所钦佩者也。从前曾来参观，有黄任之、刘季平诸先生任教课，崇尚柔术。其后在报上见过，知城东女学有崇尚美术、手工之倾向。今日参观，见许多美术品；听诸君唱歌，益知贵校有崇尚美术之倾向。或疑前后举动何以不一致？然以余观之，正合世界之趋势。何也？七、八年前，吾人在专制政府之下，男子思革命，女子亦思革命，同心协力，振起尚武精神，驱除专制，宜也。然世界趋势，非常常如此。世有强凌弱之事，于是弱者合力以抵抗强者，迨两者之力相等，则抵抗之力无所用，人与人不必相争，当互相协力，各自分工，与人以外之强权抵抗。

人以外之强权何也？如风灾、水灾等皆是也。稻方开花而有暴风，则稻受损矣。棉方成熟而有淫雨，则棉受损矣。或大水冲决，则人民之田庐丧失。或火山爆烈，则一方之民受害。人所以受此种种灾害，毕竟由知识不足故也。使各自分工，研究学理，增加知识，则此种灾害，可渐消除。昔时道路不佳，不力不能行远；今有汽舟、汽车，可以行远，即知识增而灾害渐消之一证也。兄弟二人在家中，有时不免争竞，然外侮来时，自知互相以御外侮，更可知自家争竞之非。人与人同居一世界，犹一家也；自然界之种种灾害，犹外侮也。故人与人不当相争，而当合力以与自然抵抗。节省无益之战斗力，移之

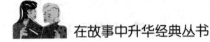

以与天然战。近世种种新发明，即由此而产出者也。达尔文初创进化论，谓生存竞争，人类亦不能免，因地上养分不足，故势必至于互争。今知其不然，损人利己，决不能获最后之优胜。故生存竞争云云，已为过去学说。最新之进化学，已不主张此说矣。如赤十字社设为救护队，虽两国相争，而该社专务救济，不论甲国、乙国，均得而救济之，不许强权者侵犯，已为世界各国所公认，此亦可见世界渐厌战争，共趋博爱之一端矣。

总之，世界须大家分担责任，又须打总算盘。吾国家族制度，父、子、兄、弟等，共居一家，饮食、衣服、房屋均公者，常易起冲突。假如一人穿新衣，一人穿旧衣，则穿旧衣者将不服，以为何厚彼而薄吾。如一人穿新衣，众人皆穿新衣，将不胜其费。如此种种冲突，实起于各人无职（责）任，而只知享用。故有提倡分至极小，以自活自养者，然仍不免糜费。例如有一大族，每日须供五十人之食，故须有一极大厨房。以其大也，分为五家，成为十人一家，然糜费仍多，因其间不免有侵欺之事也。如能互相帮助，互不相欺，则分工为之，而百事具举矣。一家之中，洗衣者常管洗衣，烧饭者常管烧饭，教育者专管教育，虽规模宏大，比之五十人为一家而过之，亦尚不为害。因崇尚强力之主义减退，共同生活之主义扩充也。

又世界将来之趋势，男、女权利为相同。人类初时，男、女权利不能相同者，因男子身体较强也。战争则男子任之，跋涉道途，亦男子任之，他如出外经商，政治上活动，亦均男子任之，因此等事较为劳苦也。女子任家中各事，似较安逸。然因此男子权利较多。由此可见，劳苦多者权利多，劳苦少者权利少，权利由劳苦生，非可舍劳苦而求权利。今之世界，女子职业，可与男子相同，故权利亦可相同。何也？古时相杀之事多，男子因习于战争，故体力不期而然自强。将来男子职业，不必执干戈，遵进化公例，肢体不用则消退，即可知男子体力，未必过于女子，故男、女权利可相等。

然苟趋重实业，分工交易，彼有余衣可以为吾衣，吾有余食可以为彼食，各得丰衣足食，以乐天年，岂不善乎？此身体之快乐也。然但得身体快乐，未可谓满足，因身体要死也。故尚须求精神之快乐。有身体快乐而精神苦者，似快实苦，终为愚人而已矣。然则精神之快乐如何？曰：亦在求高尚学问而已。许多学问道理考究不尽，加力研究，发现一种新理，常有非常之快乐。如考究星者，常研究星中有何原质，所行轨道如何，太阳系诸恒星如何情形，均有人考究此等事，初似与吾人无关，然苟能研究，甚为有益。考究原质者，初时知最小者为极小之原子，今又考知有更小之物，名曰电子。昔时知原子不变化，今知原子尚有变化。此等研究，有直接有益于人生日用者，有未即有用者。然考道者，不论有用无用，苟未懂至彻底，则精神不快乐也。取譬不远，但举日常授课丽言，教员为学生讲解：鸡能生蛋，牛能拖车，人知利用之，取为食物，用以耕田，似已足矣；然执笔按纸，画鸡画牛，有何用乎？更以漆工制成漆鸡漆牛，又何用乎？人当野蛮时代，以木为门，借山洞以居，苟可御风御雨已足，何故不自足，必用长方之玻璃为窗，何故必要美丽之台毯，无他，皆为不满足之一念所驱而已。饥必思食，大人之常情也。然小儿之时，虽体中已饥，竟可不知饥为何事；然其身体内自然有求食之动机，若不得食，则身体即患病，此生理上无可强制者也。吾人之精神亦然，若无科学、美术，则心中成病，精神不快。船之制作，至今世之飞船，殆可谓穷巧极工；然船之最初，不过一根术头，随意摇摇而已。车之简单者，如独力推行之牛角车是也；然一步一步改好，则有火车、电车之美备。划子帆船，比之独木船已好矣，而人心尚以为不足，此即人类进化之秘机也。其要旨，即在分工协力。今试吾人关门为之，必不能成一火轮船。何也？取轮于甲，求舆于乙，均非通工易事不为功也。由此可知，吾欲成一事，必赖许多人帮助；吾做成一事，又可帮助人成事。故吾人用一分力，与全世界人有关系，知吾人之力非枉用。

女子教育，有主张养成贤母良妻者，有不主张养成贤母良妻者。以余论之，贤母良妻，亦甚紧要。有良妻则可令丈夫成好丈夫，有贤母可令子女成贤子女，是贤母良妻亦大有益于世界。若谓贤母良妻为不善，岂不贤不良反为善乎？然必渭女子之事，但以贤母良妻为限，是又不通之论也。人之动作力，如限于一家，常耗费多而成功少，故贤母能教其三孩子者，不必专教三孩子，不妨并他人之孩子而共教之。故余以为，女子当求学之时，即须自己想定专诚学一事，如专诚学教育，专诚学科学、美术、实业均可。吾苟专精一事，自有他人专精他事，吾可与之交换也。据各先进国之经验，则女子之职业，不宜为裁判官，因女子感情易动，近于慈爱，故遇应受罚责之人，抑或以其可怜而赦之。算学、论理学亦不宜。而哲学、文学、美术学最相宜，女子偏重此各科，故此中颇产名人。然历史上名字尚少于男子。今可察世界之趋势，不必限定，各自分趋，他日所成就，定可与男子同。

余以为自初等小学始，以至中学，即可注重实业、美术，其中可包括文学等。美国人某君，绝对注重实业。谓学堂教育，可以丧失人之能力，当使

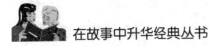

习为世界上之事，故青年之人，虽不入学堂，或助父，或助母，为一切事，均佳。入学堂者，常自谓学问甚高，是傲也。赖佣人之力以衣、食、住，习于舒服，而厌为劳苦之事，是懒也。傲且懒之习惯，殊不适于生存社会上。衣服须自裁，而彼不能自裁衣服，一切人生应为之事，彼均不能为，岂不可危乎？故某君之教育，不用教科书，不论男、女，均至厨房中烧饭。或谓裁衣为女子之事，某君曰不然，男子亦须学之。或谓解木为器，为男子之事，某君曰不然。女子亦须为之。所为各事，均即有科学寓乎中。菜即植物学也，肉即动物学也。烹调中有化学，有物理。用尺量布及绸，即为算学。剪刀剪物，亦地理学也。缝衣穿线，有重学、力学寓焉。太古不以铁为釜，将石镂空即为釜，是人类学、历史学也。美洲人之衣、食、住。与亚洲人之衣、食、住不同，是历史、地理均括于内也。我必尽义务，而后得与人共享权利；人享权利，亦必尽义务，自修身教授也。某氏发挥此主义，专著一书，名曰《学校及社会》，实可名之曰《学校及生活》。某氏倡此主义后，赞成之者颇多。近世小学、中学，必有手工、木工、石工、金工，近世之趋势如此，亦以生活教育之重要耳。

手工有日用必须者，有属于美术品者，又有本以供日用、而又加以美术之工夫者。美术似无用，非无用也。人类不自满足之念，实足见美术之不可少。吾见城东女学与世界趋势相同，此最可慰者。非只女学生应重手工、美术，即男学生亦应重手工、美术，此即男、女教育平等之一端也。

新教育与旧教育之歧点

——在天津中华书局"直隶全省小学会议欢迎会"上的演说词

今日承京津中华书局代表之招，得与诸先生晤言一堂，不胜荣幸。中华书局，为供给教育资料之机关；诸君子皆有实施教育之职务。今日所相与讨论者，自然为教育问题。鄙人于小学教育，既未有经验；又于直隶省教育情形，未有所考察，不能为切实之贡献。谨以平日对于教育界之普通感想，质之于诸先生。

夫新教育所以异于旧教育者，有一要点焉，即教育者非以吾人教育儿童，而吾人受教于儿童之谓也。吾国之旧教育以养成科名仕宦之才为目的。科名仕宦，必经考试，考试必有诗文，欲作诗文，必不可不识古字，读古书，记古代琐事。于是先之以《千字文》、《神童诗》、《龙文鞭影》、《幼学须知》等书；进之以四书、五经；又次则学为八股文、五言八韵诗；其他若自然现象、社会状况，虽为儿童所亟欲了解者，均不得阑入教科，以其于应试无关也。是教者预定一目的，而强受教者以就之；故不问其性质之动静，资禀之锐钝，而教之只有一法，能者奖之，不能者罚之，如吾人之处置无机物然，石之凸者平之，铁之脆者煅之；如花匠编松柏为鹤鹿焉；如技者教狗马以舞蹈焉；如凶汉之割折幼童，而使为奇形怪状焉；追想及之，令人不寒而栗。新教育则否，在深知儿童身心发达之程序，而择种种适当之方法以助之。如农学家之于植物焉，干则灌溉之。弱则支持之，畏寒则置之温室，需食则资以肥料，好光则复以有色之玻璃；其间种类之别，多寡之量，皆几经实验之结果，而后选定之；且随时试验，随时改良，决不敢挟成见以从事焉。故治新教育者，必以实验教育学为根底。实验教育学者，欧美最新之科学，自实验心理学出，而尤与实验儿童心理学相关。其所试验者，曰感觉之阈，曰感觉之分别界，曰空间与时间之表象，曰反射，曰判断，曰注意力，曰同化作用，曰联想，曰意志之阅历，曰统觉，凡一切心理上之现象皆具焉。其试验之也，或以仪器，或以图画，或以言语，或以文字。其所为比较者，或以年龄，或以男女之别，或以外界一切之关系，或以祖先之遗传性，因而得种种普通之例，亦即因而得种种差别之点。虽今日尚未达完全之域，然研究所得，视昔之纯凭臆测者，已较有把握矣。

因而知教育者，与其守成法，毋宁尚自然；与其求划一，毋宁展个性。请举新教育之合于此主义者数端。一曰托尔斯泰（Tolstoy）之自由学校，其建设也，尚在实验教育学未起以前，乃本卢梭、裴斯泰洛齐、弗罗贝尔等之自然主义而推演之者；其学生无一定之位置，或坐于凳，或登于桌，或伏于窗槛，或踞于地板，惟其所欲；其课程亦无定时，惟学生之愿，常以种种对象间厕而行之；其教授之形式，惟有问答。闻近年比利时亦有此种学校，鄙人欲索其章程，适欧战起，比为德所据，不可得矣。二曰杜威（Dew—ey）之实用主义，杜威尝著《学校与普通生活》一书，力言学校教科与社会隔绝之害；附设一学校于芝加哥大学，即以人类所需之衣、食、住三者为工事标准，略分三部：一曰手工，如木工、金工之类；二曰烹饪；三曰缝织，而描画模型等皆属之。即由此而授以学理，如因烹饪而授以化学，因裁缝而授以数学，因手工而授以物理学、博物学，因原料所自出而授以地学，因各时代各民族工艺若服食之不同而授以历史学、人类学等，是也。三曰蒙台梭利之儿童室，即特设各种器具以启发儿

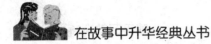

童之心理作用者，是也；吾国已有译本，想诸君已见之。四曰某氏之以工作为操练说，此说不忆为何人所创，大约以能力说为基础。能力者，西方所谓Energy也，近世自然哲学，以世界一切现象，不外乎能力之转移，如然（燃）煤生热，热能蒸水成汽，汽能运机，机能制器；即一种能力之由煤，而热，而汽，而机，而器，递相转移也。惟能力之转移，有经济与不经济之别，如水力可以运机发电，而我国海潮瀑布之属皆置而不用，是即不经济之一端也。近世教育，如手工图画等科，一方面为目力手力之操练，而一方面即有成绩品，此能力转移之经济者也。其他各种运动，大率只有操练，并无出品，则为不经济之转移。若合个人生理及社会需要两方面而研究之，设为种种手力足力之工作，以代拍球蹴球之戏；设为种种运输之工作，以利用竞走竞漕之役；则悉于体育之中，养成勤务之习惯，而一切过激之动作，凌人之虚荣心，亦可以免矣。其他类是之新说，为鄙人所未知者，尚不知凡几，亦足以见现代教育界之进步矣。吾国教育界，乃尚牢守几本教科书，以强迫全班之学生，其实与往日之《三字经》、四书、五经等，不过五十步与百步之相差。欲救其弊，第一，须设实验教育之研究所。第二，教员须有充分之知识，足以应儿童之请益与模范而不匮。第三，则供给教育品者，亦当有种种参考之图画与仪器，以供教员之取资。如此，则始足语于新教育矣。

中学的教育

我在北京的时候，早知道贵校很有声名的。今天承贵校欢迎，得与诸君谈谈，很觉愉快。但是因为时间仓促，没有预备，只好以短时间谈一谈中学的教育。

一般办中学的人，大都两种观念：第一是养成中坚人物；第二是预备将来升学。所谓养成中坚人物的，就是安排他们在中学毕业之后，马上就可以去到社会上做事。其实，中学所得的知识很浅，并不能够应用他去做特殊的事业，纵然可以做一点儿，也不过很平常的，甚至变做一个中等游民，也不稀奇的。除了当当绅士之外，简直无所措手足。所以说，要养成中坚人物很难能的了。

德国的学制，文实分科。中古时代，文科注重拉丁、希腊文，以后科学渐渐发明，始趋重理、数各科，并且因为趋重活的文学的关系，所以把拉丁、希腊的死文学通通去掉了。实科注重理、数各科，但是后来也渐渐地趋重哲学、外国文……又有注重医学的。到了后来，还有些学校对文实两种双方并重的，简直可以说是文实科。照这样看起来，学文科的不能不兼重实科的科学；学实科的同时也不能不兼重文科的科学。这样分科的制度，都是想要达到上面所述的那两个目的。

日本的学制，是仿照德国的，并且把他越弄越笨了。他把中学的目的完全看做养成社会中坚人物，所以在中学的上面有高等学校，为入大学的预备学校。

中国的学制，又纯从日本抄袭出来的，大略与日本相仿佛。因为中学程度不能直接升入大学，所以大学设有预科。但是总计小学、中学的年限共有十一年了，加上大学预科二年，共有十三年，才能达到大学的本科，时间已觉得太长，现在还想在中学加增年限，那就更不经济了。所以有人主张文、实分科，但也未见得就是顶好的法子。譬如大学原来是采分科制的，然而现在也觉得不十分便当，想要把他变通，去掉分科制，何况中学呢。比方文科的哲学，离不掉生物学、物理学、化学……因为不如是，那范围就未免太小。学理科的人，也不能不知道哲学；学天文学的人，更加不能不知道数学以及其他科学，况且我们应当具有宇宙观的。所以学实科的人，也要知道文科的科学。当然，学其他科的，除对于所专攻的科学以外，有关联的各科，也要达到普通的程度，不能单向一方进行，所以中学要想文、实分科，非常困难。但是，现在已经把国文改为白话，可以免掉专攻国文的工夫，同时可以省得多少时间。外国语一项，普通一般都教些文学书，我以为可以不必专读几本文学书，尽可读些科学读本，如游记……一方面可以学习外国语，他方面可以兼得科学上的知识，把这些所省的时间和精力，去普遍研究科学，年限和分科都不成什么顶难解决的问题了。

外国中学不专靠教科书，常常从书本以外，使学生有自己研究的余地，所以他读的是有用的，是活的科学，毕业以后，出来在社会上做事，很不费力。但是有一种通病，恐怕无论那国都差不多，所有的教科书，每每不能学完，一方面固然是教员没有统计预算，但他方面还是为着学生没有自己研究的能力，没有自动的精神，所以弄得毕业之后，又不能进大学，简直没有一点事可以干，恰成一个游民。

日本中学是预备做中等社会的人，造成一般中坚分子，倘若自量他的能力不能够人大学毕业，就可不进中学，免得枉费光阴，他便一直人中等实业学校一甲种实业学校，毕业出来，可以独立谋生活，比较我们中国中学毕业生仅仅做一个游〈民〉那就好多了。所以我说中学的目的，只是惟一的预备升学。

但是进中学的时候，自己就要注重个人自修，预备将来可以升什么学校。中学生在修业时代，最紧要的科学有三种，分述如下。

（一）数学　因为我们无论将来是进哪一科，哲学或者是文学，通通离不掉数理的羁绊，至于讲到理、数各科，工、农、商科，更不消说了。

（二）外国语　因为中国科学不甚发达，大半都是萌芽时代，要学高深科学，非直接用原本不行，而且在中学时不注意外国语，以后更难了。

（三）国文　我们是中国人，对于本国文学、、当然要具有普通的学识，但是不要学什么桐城派，四六文……只要对于日常用的具备和发表自己的思想毫无阻碍就够了。

以上这三种，对于升学很有关系，很须注意。但是都不纯粹靠教室内听听时候所能了事的，还是看各个人自修的功夫何如，所以我很希望诸君在课外还要特别留心才是。

我今天所讲的，不是专指贵校说的，是泛论中学的教育，供你们参考罢了。

学生的责任和快乐

今天承贵校欢迎，我是很不敢当的。我昨天到岳云中学演讲，从贵校门口经过，看到贵校规模阔大，听说贵校内容也是很好的，我很想到贵校参观。适逢贵校校长请我今日演讲，使我得与诸君有谈话的机会，我心里是很愉快的，所以我于百忙中，抽出时间与诸君谈谈。

贵校的校名是"兑泽"二字，在先前创办的人，取这两个字，是很有意思的。"兑"字怎样呢？"兑者说也"，就是学有所得、令人快乐的意思。所以孔子说："学而时习之。不亦说乎。"就他这句话讲，诸君由小学毕业，继续升入中学，求学的时间没有中断，也算是时习了，自然有许多喜悦的事情。孔子又说："有朋自远方来，不亦乐乎。"孔子当日设教杏坛，三千徒众，都是从远方来的。贵校性质，虽说是由西路公学改变的，这不过是历史上的关系。就教育原理上讲，没有什么界限。现在所有的学生，大概都是从远方来的，朝夕相见，研究各种科学，这是第一层可快乐的事情。

前几年张敬尧督湘，对于教育摧残殆尽，贵校尚能维持下去，一方面是教职员办事的毅力，他方面是诸位求学的热忱。我是很佩服的。现在张敬尧已去，依我数日的观察，贵省的教育，很有新机，就是先前回去的学生，也都来了。"旧雨重逢，济济一堂"，这是第二层可快乐的事情。孔子所说的话，大概是这个意思。

我再回溯去年五四运动以后，我们一般学子受了这种感触，其中由自觉到觉人的很不少，至若学生去岁干预政治问题，本是不对的事情，不过当此一发千钧的时候，我们一般有智识的人，如果不肯牺牲自己的光阴，去唤醒一般平民，那么，中国更无振兴的希望了。但是现在各位的牺牲，是偶然的，不得已的。若是习以为常，永荒学业，那就错了。还有一层，现在各位为社会服务，这也算是分内的事情，不一定要人家知道，只要求其如何能尽自己的责任，并且不要以此为出风头、沽名誉的器具。纵成（然）人家不知道我，我也无须要人知道，这就是孔子所讲的"人不知而不愠"的意思。

上面所讲的是学生的责任和学生的快乐。我还有几句话要奉告诸君的。诸君当此青年时代，到中学读书，今日的学生，就是将来改造社会的中坚人物。对于读书和做事，都要存一种诚心，凡事只要求其尽责在我，不可过于责人。就以学校的设备上讲，或因经济的关系，或因不得已的事故，力量做不到的时候，大家要设身处地想想才好。今天我还要到别处演讲，时间将到了，不能多说，我所贡献各位的，就是这样。

教育独立议

教育是帮助被教育的人，给他能发展自己的能力，完成他的人格，于人类文化上能尽一分子的责任；不是把被教育的人，造成一种特别器具，给抱有他种目的的人去应用的。所以，教育事业当完全交与教育家，保有独立的资格，毫不受各派政党或各派教会的影响。

教育是要个性与群性平均发达的。政党是要制造一种特别的群性，抹杀个性。例如，鼓励人民亲善某国，仇视某国；或用甲民族的文化，去同化乙民族。今日的政党，往往有此等政策，若参入教育，便是大害。教育是求远效的；政党的政策是求近功的。中国古书说："一年之计树谷；十年之计树木；百年之计树人。"可见教育的成效，不是一时能达到的。政党不能掌握政权，往往不出数年，便要更迭。若把教育权也交与政党，两党更迭的时候，教育方针也要跟着改变，教育就没有成效了。所以，教育事业不可不超然于各派政党以外。

教育是进步的：凡有学术，总是后胜于前，因为后人凭着前人的成绩，更加一番工夫，自然更进一步。教会是保守的：无论什么样尊重科学，一到《圣经》的成语，便绝对不许批评，便是加了一个限制。教育是公同的：英国的学生，可以读阿拉伯人所作的文学，印度的学生，可以用德国人所造的仪器，都没有什么界限。教会是差别的：基督教与回教不同；回教又与佛教不同。不但这样，基督教里面，天主教与耶稣教又不同。不但这样，耶稣教里面，又有长老会、浸礼会、美以美会等等派别的不同。彼此谁真谁伪，永远没有定论，只好让成年的人自由选择。所以各国宪法中，都有"信仰自由"一条。若是把教育权交与教会，便恐不能绝对自由。所以，教育事业不可不超然于各派教会以外。

但是，什么样可以实行超然的教育呢？鄙人拟一个办法如下。

分全国为若干大学区，每区立一大学；凡中等以上各种专门学术，都可以设在大学里面，一区以内的中小学校教育，与学校以外的社会教育，如通信教授、演讲团、体育会、图书馆、博物院、音乐、演剧、影戏……与其他成年教育、盲哑教育，等等，都由大学办理。

大学的事务，都由大学教授所组织的教育委员会主持。大学校长，也由委员会举出。

由各大学校长，组织高等教育会议，办理各大学区互相关系的事务。

教育部，专办理高等教育会议所议决事务之有关系于中央政府者，及其他全国教育统计与报告等事，不得干涉各大学区事务。教育总长必经高等教育会议承认，不受政党内阁更迭的影响。

大学中不必设神学科，但于哲学科中设宗教史、比较宗教学等。

各学校中，均不得有宣传教义的课程，不得举行祈祷式。

以传教为业的人，不必参与教育事业。

各区教育经费，都从本区中抽税充用。较为贫乏的区，经高等教育会议议决后，得由中央政府拨国家税补助。

注：分大学区与大学兼办中小学校的事，用法国制。

大学可包括各种专门学术，不必如法、德等国别设高等专门学校，用美国制。

大学兼任社会教育，用美国制。

大学校长，由教授公举，用德国制。

大学不设神学科，学校不得宣传教义与教士不得参与教育，均用法国制。瑞士亦已提议。

抽教育税，用美国制。

美育实施的方法

我国初办新式教育的时候，只提出体育、智育、德育三条件，称为三育。十年来，渐渐地提到美育，现在教育界已经公认了。李石岑先生要求我说说"美育实施的方法"，我把我个人的意见写在下面。

照现在教育状况，可分为三个范围：

一、家庭教育；

二、学校教育；

三、社会教育。

我们所说的美育，当然也有这三方面。

我们要做彻底的教育，就要着眼最早的一步。虽不能溢出范围，推到优生学，但至少也要从胎教起点。我从不信家庭有完美教育的可能性，照我的理想，要从公立的胎教院与育婴院着手。

公立胎教院是给孕妇住的，要设在风景佳胜的地方，不为都市中混浊的空气、纷扰的习惯所沾染。建筑的形式要匀称，要玲珑，用本地旧派，略参希腊或文艺中兴时代的气味。凡埃及的高压式，峨特的偏激派，都要避去。四面都是庭园，有广场，可以散步，可以作轻便的运动，可以赏月观星。园中杂莳花木，使四时均有雅丽之花叶，可以悦目。选毛羽秀丽、鸣声谐雅的动物，散布花木中间；须避去用索系猴、用笼装鸟的习惯。引水成泉，勿作激流。汇水成池，蓄美观活泼的鱼。室内糊壁的纸、铺地的毡，都要选恬静的颜色、疏秀的花纹。应用与陈列的器具，要轻便雅致，不取笨重或过于琐巧的。一室中要自成系统，不可混乱。陈列雕刻、图画，都取优美一派；应有健全体格的裸体像与裸体画。凡有粗犷、猥亵、悲惨、怪诞等品，即使描写个性，大有价值，这里都不好加入。过度激刺的色彩，也要避去。备阅览的文字，要乐观的、和平的；凡是描写社会黑暗方面、个人神经异常的，要

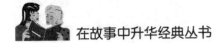
避去。每日可有音乐，选取的标准，与图画一样，激刺太甚的、卑靡的，都不取。总之，各种要孕妇完全在乎和活泼的空气里面，才没有不好的影响传到胎儿。这是胎儿的美育。

孕妇产儿以后，就迁到公共育婴院，第一年是母亲自己抚养的；第二、第三年，如母亲要去担任她的专业，就可把婴儿交给保姆。育婴院的建筑，与胎教院大略相同，或可联合一处。其中陈列的雕刻图画，可多选裸体的康健儿童，备种种动静的姿势；隔几日，可更换一套。音乐，选简单静细的。院内成人的言语与动作，都要有适当的音调态度，可以作儿童的模范。就是衣饰，也要有一种优美的表示。

在这些公立机关未成立以前，若能在家庭里面，按照上列的条件小心布置，也可承认为家庭美育。

儿童满了三岁，要进幼稚园了。幼稚园是家庭教育与学校教育的过渡机关，那时候儿童的美感，不但被动的领受，并且自动的表示了。舞蹈、唱歌、手工。都是美育的专课。就是教他计算、说话，也要从排列上、音调上迎合他们的美感，不可用枯燥的算法与语法。

儿童满了六岁，就进小学校，此后十一二年，都是普通教育时期，专属美育的课程，是音乐、图画、运动、文学等。到中学时代，他们自主力渐强，表现个性的冲动渐渐发展，选取的文字、美术，可以复杂一点。悲壮、滑稽的著作，都可应用了。

但是美育的范围，并不限于这几个科目，凡是学校所有的课程，都没有与美育无关的。例如数学，仿佛是枯燥不过的了；但是美术上的比例、节奏，全是数的关系，截金术是最显的例。数学的游戏，可以引起滑稽的美感。几何的形式，是图案术所应用的。理化学似乎机械性了；但是声学与音乐．光学与色彩，密切的很。雄强的美，全是力的表示。美学中有"感情移人"论，把美术品形式都用力来说明他。文学、音乐、图画，都有冷热的异感，可以从热学上引起联想。磁电的吸拒，就是人的爱憎。有许多美术工艺，是用电力制成的。化学实验，常见美丽的光焰；原子、电子的排列法，可以助图案的变化。图画所用的颜料，有许多是化学品。星月的光辉，在天文学上不过映照距离的关系，在文学、图画上便有绝大的魔力。矿物的结晶、闪光与显色，在科学上不过自然的结果，在装饰品便作重要的材料。植物的花叶，在科学上不过生殖与呼吸机关，或供分类的便利；动物的毛羽与声音，在科学上作为保护生命的作用，或雌雄淘汰的结果；在美术、文学上都为美观的材料。地理学上云霞风雪的变态、山岳河海的名胜、文学家美学家的遗迹，历史上文学美术的进化、文学家美术家的轶事，也都是美育的资料。

由普通教育转到专门教育，从此关乎美育的学科，都成为单纯的进行了。爱音乐的进音乐学校，爱建筑、雕刻、图画的进美术学校，爱演剧的进戏剧学校，爱文学的进大学文科，爱别种科学的人就进了别的专科了。但是每一个学校的建筑式、陈列品，都要合乎美育的条件。可以时时举行辩论会、音乐会、成绩展览会、各种纪念会等，都可以利用他来行普及的美育。

学生不是常在学校的，又有许多已离学校的人，不能不给他们一种美育的机会；所以又要有社会的美育。

社会美育，从专设的机关起：

（一）美术馆，搜罗各种美术品，分类陈列。于一类中，又可依时代为次。以原本为主，但别处所藏的图画，最著名的，也用名手的摹本。别处所藏的雕刻，也可用摹造品。须有精印的目录，插入最重要品的摄影。每日定时开馆。能不收入门券费最善，必不得已，每星期日或节日必须免费。

（二）美术展览会，须有一定的建筑，每年举行几次，如春季展览、秋季展览等。专征集现代美术家作品，或限于本国，或兼征他国的。所征不胜陈列，组织审查委员选定。陈列品可开明价值，在会中出售。余时亦可开特别展览会，或专陈一家作品，或专陈一派作品。也有借他国美术馆或私人所藏展览的。

（三）音乐会，可设一定的会场，定期演奏。在夏季也可在公园、广场中演奏。

（四）剧院，可将歌舞剧、科白剧分设两院，亦可于一院中更番演剧。剧本必须出文学家手笔，演员必须受过专门教育。剧院营业，如不敷开支，应用公款补助。

（五）影戏馆，演片须经审查，凡无聊的滑稽剧、凶险的侦探案、卑猥的恋爱剧都去掉。单演风景片与文学家作品。

（六）历史博物馆，所收藏大半是美术品，可以看出美术进化的痕迹。

（七）古物学陈列所，所收藏的大半是古代的美术品，可以考见美术的起源。

（八）人类学博物馆，所收藏的不全是美术品，或者有很丑恶的，但可以比较各民族的美术，或是性质不同，或是程度不同。无论如何幼稚的民族，总有几种惊人的美术品。又往往不相交通的民族，有同性质的作品。很可以促进美术的进步。

（九）博物学陈列所与植物园、动物园，这固然不专为美育而设，但矿物的标本与动植物的化石，或色彩绚烂，或结构精致，或形状奇伟，很可以引起美感。若种种生活的动植物，值得赏鉴，更不待言了。

在这种特别设备以外，又要有一种普遍的设备，就是地方的美化。若只有特别的设备，平常接触耳目的，还是些卑丑的形状，美育就不完全；所以不可不谋地方的美化。

地方的美化：第一是道路。欧洲都市最广的道路，两旁为人行道，其次公车来往道，又间以种树，艺花，及游人列坐的地方二三列，这自然不能常有的。但每条道路，都要宽平。一地方内各条道路，要有一点匀称的分配。道路交叉的点，必须留一空场，置喷泉、花畦、雕刻品等。

第二是建筑。三间东倒西歪屋，固然起脆薄、贫乏的感想；三四层匣子重叠式的洋房，也可起板滞、粗俗的感想。若把这两者并合在一处，真异常难受了。欧美海滨或山坳的别墅团体，大半是一层楼，适敷小家庭居住，二层的已经很少，再高是没有的。四面都是花园，疏疏落落，分开看各有各的意匠，合起来看，合成一个系统。现在各国都有"花园城"的运动，他们的建筑也大概如此。我们的城市改革很难，组织新村的人，不可不注意呵！

第三是公园。公园有两种：一种是有围墙、有门，如北京中央公园，上海黄浦滩外国公园的样子。里面人工的设备多一点，进去有一点制限。还有一种，是并无严格的范围，以自然美为主，最要的是一大片林木，中开无数通路可以散步。有几大片草地可以运动。有一道河流，或汇成小湖，可以行小舟。建筑品不很多，游人可自由出入。在巴黎、柏林等，地价非常昂贵，但是这一类大公园，都有好几所永远留着。

第四是名胜的布置。瑞士有世界花园的称号，固然是风景很好，也是他们的保护点缀很适宜，交通很便利，所以能吸引游人。美国有好几所国家公园，地面很大，完全由国家保护，不能由私人随意占领，所以能保留他的优点，不受损坏。我们国内，名胜很多，但如黄山等，交通不便，颇难游赏。交通较便的如西湖等，又漫无限制，听无知的人造了许多拙劣的洋房，把自然美缀了许多污点，真是可惜。

第五是古迹的保存。新近的建筑，破坏了很不美观。若是破坏的古迹，转可以引起许多历史上的联想，于不完全中认出美的分子来。所以保存古迹，以不改动他为原则。但有些非加修理不可的，也要不显痕迹，且按着原状的派式。并且留得原状的摄影，记述修理情形同时日，备后人鉴别。

第六是公坟。我们中国人的做坟，可算是混乱极了。贫的是随地权厝，或随地做一个土堆子。富的是为了一个死人，占许多土地。石工墓木，也是千篇一律，一点没有美意。照理智方面观察，人既死了，应交医生解剖，若是于后来生理上病理上可备参考的，不妨保存起来。否则血肉可作肥料，骨骼可供雕刻品，也算得是废物利用了。但是人类行为，还有感情方面的吸力，生人对于死人，决不肯把他哀感所托的尸体，简单地处置了。若是照我们南方各省，满山是坟，不但太不经济，也是破坏自然美的一端。现在不如先仿西洋的办法，他们的公坟有两种：一是土葬的，如上海三马路，北京崇文门，都有西洋的公坟。他是画一块地，用墙围着，布置一点林木。要葬的可以指区购定。墓旁有花草，墓上的石碑有花纹、有铭词，各具意匠，也可窥见一时美术的风尚。还有一种是火葬，他们用很庄严的建筑，安置电力焚尸炉。既焚以后，把骨灰聚起来，装在古雅的瓶里，安置在精美石坊的方孔中。所占的地位，比土葬减少，坟园的布置，也很华美。这些办法都比我们的随地乱葬好，我们不妨先采用。

我说美育，一直从未生以前，说到既死以后，可以休了。中间有错误的、脱漏的，我再修补，尤希望读的人替我纠正。

中国教育的发展

要研究中国教育的发展，首先，有必要对早期的历史作些回顾。早在远古时代，中国的圣哲贤君就非常关心教育问题。他们在治理国家、造福人群的过程中，由于碰到了种种困难，才逐步认识到要使国家达到大治，必须把注意力移向有利于国家前途的教育问题上。

教育问题是舜迫切关心的一个问题。据史家记载，他是有史以来第一个任命一位"司徒"，在最基本的人与人之间的关系方面进行教育的圣人。在教会人们耕作收获、教会他们种植五谷以后，舜命令契教导人们"父子有亲，君臣有义，夫妇有别，长幼有序，朋友有信"。这是孟子在舜死后两千年记录下来的。虽然这句话的根据无可稽考，但是这一史料，仍具有重要的价值，因为它是古典文献中关于我国远古时代教育的最早论述。我们从《书经》中还可以获知另一个史实，它可以使我们进一步了解古代教育的发展。据《尧典》记载，舜说："夔，命汝典乐教胄子，直而温，宽而栗，刚而无虐，简而无傲。"显而易见，他认为"乐"在调谐年青人的感情方面是颇有益处的，它是一种陶冶性情的训练。这看来是一种必然的发展。其时间远在公元前二十三世纪。当时，教育的主要课题，一方面是强调道德义务；另一方面是培养人们种种善良正直的习性。这就是：为做一个良好的人而进行道德教育，为做一个有德性的人而进行社会教育。这两种思想互相融汇，目的在于建立一种和谐的社会关系。我国古代教育家为此而孜孜努力，实际上也实现了这一目标。

往后（公元前十二世纪），产生了更多的学科。一系列学说开始付诸实施，它包括为贵族阶级规定三德、三行、六艺、六经和尊卑次序；为平民规定六德、六行及六艺。我国古代教育家的教育方法，在某些方面同中国现代从西方各国引进的那些方法极为相似。具体地说，古时人们所谓的道德教育实际上就是现代学校课程中的伦理学，而六艺（即礼、乐、射、御、书、数）中的射、御，相当于我们现在的体育。与道德教育和体育有密切联系的是算术。这就形成了我们今天所称的抽象思维的训练和智力的训练。礼仪的教学于今被认为是一种介乎道德教育与智力训练范围之间的科目。以我们现代的观点来衡量，或从这种教育本身对人的身心和谐予以全力关注这一点来衡量，这个时期（从公元前二十三世纪到孟子的时代），可以认为是一个在教育上取得显著成就的时期。其中，更重大的发展，乃是陈旧的教育机构的衰亡，代之而兴起的，是更大规模的叫做"成均"的大型学院机构。我们对此应该给予充分的评价，它的意义在于创立了现代由国家资助的高等教育机构的雏形。

大约在公元前六世纪左右，我国一些相当于古希腊学院的私学，成为教育界突出的、有影响的组成部分。在这个时期的诸子百家中，开始出现两大显学，这两派的形成是具有重大意义的事情，他们对于各种问题各自作出不同的解释。一方面是孔子以四科，即德行、言语、政事、文学，教导中国；而另一方面则是墨子在策略方面教导中国，他传授一种具有逻辑性的、形象化的辩证的工作方法。虽然如此，墨子对于政治与道德教育的强调仍不亚于孔子。最奇怪的是，在墨子的学说中，还涉及光学和力学，而这些同现代科学竟息息相关。在墨子的著作中，确实提到过物理学与化学，可惜这个天才遭受的是孤军奋战的命运。如果墨子对于科学的伟大思想，不是由于缺乏他同时代的人的支持而停滞不前的话，那么，中国的面貌可能是截然不同了。

上面所提到的障碍，无疑是被混杂着巫术的儒学占了优势地位。巫术者在与墨子学说的斗争中，代表了儒家的传统教义。他们认为万物有灵，对一切社会现象和自然现象，采取神秘的解释，把它们归结为阴、阳两种形式的变化，认为一切事物由五行（即水、木、金、火、土）组成。他们由于受到所掌握的材料的局限，因而在认识上受到严重的限制。而且，更不幸的是，神学化了的儒学，当时无论在官学或在私学中，都占了上风。

公元一世纪时，由于印度哲学开始传入我国，因而在教育方面出现了显著的、极为重要的哲学变化。印度哲学发现自身与老、庄学说相吻合，因此，出现了这三者合流的发展趋势。甚至儒家的学者们，也把他们的道德观念和政治观念退到次要的地位，从而兴起了玄学。在公元五世纪，建立了宣传玄学的机构。到公元八世纪，儒学又一次在教育界占主导地位，特别是"四科"再次成为教学原则的具体内容。于是，由印度哲学引起的、历时几百年的扩大知识领域的状况渐渐衰落。从那时起直到十九世纪，学校只采用儒家经典作为教科书，附加一些论述玄学的著作。整整四千年的中国教育，除了有过科学的萌芽以及玄学曾成功地站住过脚以外，可以说，儒学在实际上丝毫没有受到任何外来的影响，它仅仅发生了由简单到复杂的变化。

以上主要是谈了一些古代中国教育的发展，仅限于东方思想范围。我们还必须把我国的教育发展同英国的教育发展作一比较。它们都有令人称道的合理的安排体育与智育的共同思想，都有使学习系统化的共同意向。在礼仪教育方面，我们发现两国的教育，对所谓"礼貌"都同样采取鼓励的态度。在我国的射、御与英国的竞技精神之间，我们也能发现某些共同点。无论是中国的教育，还是英国的教育，目的都在于塑造人的个性及品质。在这方面，双方对于什么是教育的认识是非常接近的。性格与学业，就孔子的解释而言，应达到和谐一致，而这一点与英国教育所主张的并无差异。

儒家提出"君子"作为教育的理想，要求每一个受教育者都要达到这个目标。这与英国的"绅士"教育完全相同。我们阅读儒家经典，经常见到"君子"这个词。对于这个词，如同英语中"绅士"一词一样，我们发现同样难于领会的是这个词所体现的丰富而深刻的涵义。为了对"君子"一词的涵义有所了解，现在就让我们听听儒家的一些代表人物及孔子本人的言论。孔子的门徒之一、哲学家曾参曾对孟敬子说："君子所贵乎道者三：动容貌，斯远暴慢矣；正颜色，斯近信矣；出辞气，斯远鄙倍矣。"其他一些人认为君子应该"正其衣冠，尊其瞻视"。随后，他就能矜而不骄，严而不暴。这是中国关于君子仪态的言论，同样也是英国教育家强调宣传的观点。至于说到君子的性情气质，我们发现正直是一个基本的特点。君子"礼以行之，仁以出之，信以成之"。因此，"君子尊贤而容众，嘉善而矜不能"。至于君子本身，我们发现有这些特点："知者不惑，仁者不忧，勇者不惧"。怎样才能成为君子呢？"文质彬彬，然后君子"。至于说到道德力量，中国教育家鼓励那些人，"可以托六尺之孤，可以寄百里之命，临大节而不可夺也"，成为君子。"君子和而不同"，"人之生也直"。这是君子的力量与信心。上述这些是实现君子行为的正面例子。反之，对于"乡愿"或"贵胄"则予以强烈的警告与斥责，就如西方国家对伪君子的尖锐抨击一样。这种培养君子的教育，无疑同英国教育相同，在中国教育的发展史上具有同等重要的意义。

以上是英国与中国教育观念的相同之处。下面我们再看看它们的不同点，产生不同点的最显著原因在于下面的事实：一个英国人，当他还在襁褓之中、以及在他后来的成长过程中，就受到某种宗教观念的哺育，逐步形成了他的信仰，而这种信仰是他日后生活的指南。而在中国，除了在极其例外的情况下，父母一般不干涉他们子女接受某种宗教，因此他们的子女有权维护自己的信仰自由。但是社会舆论还是表达了对宗教的赞助。第二，我们看到了英国科学教学设备的优异，也看到了我国这方面的欠缺。前一点在现时关系不大。关于后一点，我们应当表示这种愿望：我们的教育应该前进，应该使科学教育得到更大的发展。在英国，不仅大学的实验室有很好的设备，而且在科研团体中，也都有良好的设备。英国有四个直属于教育部的国立博物馆，这些博物馆收藏有各种珍品。因而，在英国有这样一种科学气氛，虽然科学家们必须担负开拓科学领域的重任，但他们的工作受到公众的赞赏与分担，因为公众已认识到科学的重要性及其深远的意义。哲学家、思想家及作家们也同样承认他们对科学应尽的责任，因而不必去冒险凭空建立他们的学说。而中国在这方面却没有什么与之相比。在他们南肯辛顿的科学博物馆及自然历史博物馆中，既有理想设计的蓝图，也有具体成就的实例。人们可以看到这一切一直在对教育施加着很大的影响。但是，在中国，我们的教育至少两千年来没有面向更高的科学教育，而却是用完美的品质去塑造人，赋于他一种文学素养而已。

尽管从公元十三世纪以来，我们在与西方接触的过程中，学到了一些自然科学知识（不包括它的消极因素），但是，在好几个世纪以后，才随着基督教的传入而带来了亚里士多德的逻辑知识，欧氏几何学以及其他应用科学知识。直到近半个世纪，中国才从事教育改革，而且还只限于自然科学的教育改革。中国现在认识到，只有新兴的一代能受到新型的教育，古老的文明才能获得新生。中国教育改革的第一步要达到的，是建立大学与专科学校，这一点已经实现了。一八六五年在上海建立了以科学技术为基础的江南制造局，这个局发展到今天，已占地广阔，规模宏大。接着是一八六七年仿照欧洲学院的形式建立了最早的机械学校。此后，在我们发展教育的早期努力中，技术科学的学校和学院，始终处于领先地位，其他性质的学校也随之纷纷建立。一八六七年建立了马尾船政学堂；一八七六年建立了电报学堂；一八八〇年建立了水师学堂；北洋大学（一八八九年）、南洋公学（一八九七年）以及京师大学堂（一八九八年）等学校也相继建立。另一方面，我们派遣一批青年学生到英国、法国及德国留学，学习造船、工程及其它学科。作为西学东渐的传播者，他们的学习是卓有成效的。但是只有为数有限的、并经过遴选的学生，才能享受出国留学的权利，但对他们来说，我们还是没有能够提供足够的学校，使他们在出国前做好充分的准备。上述这些学校，尽管它们本身很有价值，但还是无法解决这个问题。我们的困难就在于目前学校不足。比派遣留学生和建立学校更为重要的是，必须纠正某些不足之处。由于学校设施的缺乏，许多学生便进入教会学校。在那里，他们可以学到一门外语，并能学到应用科学和理论科学的基础知识。为此，我们对这些学校深致敬佩。然而，政府在打算以其他同等的或更高水平的学校来取代教会学校方面，并不甘心落后。教育工作者们在一些会议上，建议向国立学校提供设备，政府在采纳这些建议的基础上，于一九〇二年颁布了一项规章，自那时起，教会学校的学生人数便逐渐下降。到一九一〇年，据统计，在十四所英、美教会学校中的学生只有一千多名，而仅在国立北京大学一所学校中，就有学生二千三百多名。当然，这主要由于新创建的中国国立学校向他们敞开了大门，但教会学校本身也存在着某些明显的缺点，例如，轻视中国的历史、文学和其他一些学科，等等。众所周知，每当建立一所教会学校，就要宣传某种宗教教义，它造成了新的影响，产生了新的作用，从而与中国的教育传统相抵触。关于这方面，要说的话是很多的。总之，现在有迹象表明，沿着我们自己的教育发展方向趋势正在逐步加强。

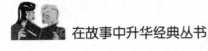

以上我概括地叙述了中国在自然科学研究方面的兴趣的发展，以及对理论科学教育和应用科学教育加以扩展的迫切需要，这是颇有意义的。近二三十年来，在我们全国的科学研究中，萌发了一种新的精神。现在，几乎每一所学校都拥有一些同欧洲从事科研工作的学校所拥有的相同的仪器设备，并且还拥有实验室。在每一所实验室，我们都可以看见师生们一起研究科学，诸如物理、化学、生物，等等。特别是我们的大学，它们为科学教育的发展，为科学应用的发展尽了最大的力量，贡献出了最大的能力，并且在此过程中表示希望中国在不久的将来，通过科学的发现与工业的发展，对当代世界文化作出新的贡献。但是它们的努力迄今尚未成功。虽然我们无疑地认识到科学探索的价值，认识到它对中国的物质、文化进步来说，是最重要的因素之一，可是，科学精神对我们的影响究竟有多深，科学精神在现实中究竟有多少体现，这还是有问题的。坦率地说，这纯粹是由于我们没有对从事科研的人在设备的维修、应用和经费方面提供种种方便；是由于那些在国外受到科学技术教育的人回国后，很少有机会来继续他们的研究。因此，我国教育家计划仿照南肯辛顿的科学博物馆和自然历史博物馆的方式，创办一所大规模的研究院。该院将由两个部门组成：一个部门收藏科学仪器、设备、各种图表、模型和机械，用以展示物理、化学及其他自然科学的不同的发展阶段和阐述工艺的发展演变过程。另一部门将展出动物及所有其他自然历史的标本，说明它们之间的原始关系，展出微生物及各类动植物标本，逐渐导致到人类学。创办这样一所研究院所必需的经费，据估计为一千万英镑，地点设在南京或北京。但是，目前我们的教育工作者所面临的是，全国普遍感到财政资金短缺，在这种情况下，要中国实现这个计划，看来是有困难的。然而，我们深信其他大国将会采取同中国在科学事业上合作的方式，在某种程度上给予帮助。英国方面，将要退还庚子赔款，我们认为这是一种慷慨、善意的举动。早在一九二二年，英国政府就在口头上通知中国政府。自从那时以来，各国政府也对此日益关心。现在看来，为了纪念中英之间的友谊，应当把退还的庚子赔款用于一种永恒的形式，这是中国教育家经过深思熟虑的意见。它应该被用于创办这所大型的研究院。我们现在完全可以预期，这个研究院将不仅担负进行高等教育、鼓励科学发展的任务，而且还将成为资料与研究的中心。这是全体中国人民特别是教育工作者们在退还庚款问题上的普遍愿望。

在中国的教育发展中，可能还存在着其他的倾向，但是，最重要、最希望的乃是需要建立一所新的科学研究中心，这是需要特别加以强调的。上面概括的，只是我国教育改革的总的发展情况，而不是它的详细情况，尽管每个细节可能是令人感兴趣的，但这里不再详述了。

中国现代大学观念及教育趋向

在古代中国，文明之根一直没有停止过它的生长，尽管关于这方面的历史记载极少。进行高等教育的机构早在两千年前就出现了，那时称之为"太学"。随后，又从这一初步形式，逐步演变为一种称之为"国子监"的教育制度。它包括伦理教育、政治教育与文学教育。现在看来，这是必然的发展，并且随着这一发展而增设了包括写与算等更多的学科。但增设的这些科目，在钦定的学校课程中，是无足轻重的。数百年来，教育的目的只有一个，即对人们进行实践能力的训练，使他们能承担政府所急需的工作。总之，古代中国只有一种教育形式，因此，其质与量不能估计过高。

晚清时期，东方出现了急剧的变化。为了维护其社会生存，不得不对教育进行变革。当时摆在我们面前的问题，是要仿效欧洲的形式，建立自己的大学。当这些大学建立了起来并有了良好的管理以后，就成为一支具有我们自己传统教学方法的蓬蓬勃勃的令人称誉的力量。初时的大学，也曾设置了与西方大学的神学科相应的独立的经科。这些大学推行的总方针，还是为了要产生一个于政府有用、能尽忠职守的群体。

随着一九一一（二）年民国的成立，它把政府的控制权移到了民众手中（在大学内部也体现了这种新的精神）。最早奏效的改革，是废除经科，从而使大学具备了成立文、理、医、农、工、法、商等科的可能性。作为上述这项方针的结果，一批大学建立了起来，几乎所有这些大学都完全或基本上贯彻了政府关于教育方面的指示。迄今为止，在北京（首都）有国立北京大学，在天津有北洋大学，在太原有山西大学，在南京有国立东南大学，在湖北有武昌大学，以及在首都还有其他一些大学，所有这些大学，皆直属中央政府，经费由中央政府拨给。最近，几所省立大学也相继宣告成立，其他一些则正在筹建之中。直隶的河北大学、沈阳的东北大学、陕西的西北大学、河南的郑州大学、广州的广东大学以及云南的东陆大学，都有了良好的开端。其他各省也都在积极筹建它们本省的大学。一些以办学有方而著称的私立大学，如天津的南开大学和厦门的厦门大学，也是值得一提的。至于那些已获得政府承认的学院，更是不计其数。尽管这些大学所设系、科各不相同，但都有同样的组织形式。它们的目标，不仅在于培养人们的实际工作能力，还在于培养人们在各种知识领域中作进一步深入研究的能力。

下面请允许我以一所具体的大学，即我非常熟悉的国立北京大学的一些情况来对我所谈的加以印证。

众所周知，这所大学由于她的起源及独特的历史而具备较完善的组织系统。根据目前的发展方向，我们很自然地能预见到未来的进展。但是，这种发展趋势和方向的主要特点究竟是什么呢？对此我想说明如下：也许说明整个问题的最简捷的方法，是回顾一下近几年的改革过程，这些改革对北大的发展是有重大意义的。在一九一二年，曾制定了一项扩充北大所有学科的计划，但后来鉴于某些系科，例如医科和农科等，宜于归并到其他一些对此已具有良好设备条件的大学中去，因而放弃了这一计划。在考虑了这些情况以后，北大确认对它最必要的，是设置文、理、工、法等科。就这样，北大以这四科发展到一九一六年，成为教育界有影响的组成部分。接着，为了有利于北洋大学和北京工业专门学校，北大又把工科划了出去，以便与上述两校取得协作。随后，不但在国立北京大学，而且在全国范围都发生了一个巨大的变化，那就是：有着众多系科的旧式"大学"（名符其实的"大"学）体制逐渐衰亡，单科（或少数几科）的大学在更具体的规模上兴起。这个变化的最终结果，现在尚无法预测，但就目前而言，其效果是创立了易受中央和地方政府资助的特殊的大学教育形式。由于这个变化，高等教育机构则可能由几个或仅仅一个系（这里所说的"系"与美国大学的"学院"一词同义）组成。

一九二〇年，北大按旧体制建立的文、理、法科被重新改组为以下五个部：

第一部　数学系，物理系，天文系。

第二部　化学系，地质系，生物系。

第三部　心理系，哲学系，教育系。

第四部　中国语言文学系，英国语言文学系，法国语言文学系，德国语言文学系以及行将设置的其他国家的语言文学系。

第五部　经济系，政治系，法律系，史地系。

其他正在考虑开设的系，将按其性质分别归入以上五个部。

当时之所以有这样的改变，其着眼点乃是现行大学制度急需重新拟定，以便适应国家新的需要。此外，还有如下几点原因。

1. 从理论上讲，某些学科很难按文、理的名称加以明确的划分。要精确地限定任何一门学科的范围，不是一件轻而易举的事。例如，地理就与许多学科有关，可以属于几个系：当它涉及地质矿物学时，可归入理科；当它涉及政治地理学时，又可归入法科。再如生物学，当它涉及化石、动植物的形态结构以及人类的心理状态时，可归入理科；而当我们从神学家的观点来探讨进化论时，则又可把它归入文科。至于对那些研究活动中的事物的科学进行知识范围的划分尤为困难。例如，心理学向来被认为是哲学的一个分支，但是，自从科学家通过实验研究，用自然科学的语言表达了人类心理状况以后，他们又认为心理学应属于理科。摆在我们面前的，还有自然哲学（即物理学）这个专门名词.它可以归入理科；而又由于它的玄学理论，可以归入文科。根据这些情况，我们决定不用"科"这个名称，尽管它在中国曾得到广泛的承认，但我们却对这个名称不满意。

2. 就学生方面来说，如果进入一所各科只开设与其他学科完全分开的、只有本科专业课程的大学，那对他的教育将是不利的。因为这样一来，理科学生势必放弃对哲学与文学的爱好，使他们失去了在这方面的造诣机会。结果他的教育将受到机械论的支配。他最终会产生一种错误的认识，认为客观上的社会存在形式是一回事，而主观上的社会存在形式完全是另一回事。两者截然无关。这将导至（致）自私自利的社会或机械社会的发展。而在另一方面，文科学生因为想回避复杂的事物，就变得讨厌学习物理、化学、生物等科学。这样，他们还没有掌握住哲学的一般概念，就失去了基础，抓不住周围事物的本质，只剩下玄而又玄的观念。因此，我们决心打破存在于从事不同知识领域学生的学习之间的障碍。

3. 现在，我们再看看北大的行政组织。当时的组织系统尽管没有什么人对之有异议，但却存在着很大的问题。内部的不协调，主要存在于三个科，每一科有一名学长，唯有他有权管理本科教务，并且只对校长负责。这种组织形式形同专制政府；随着民主精神的高涨，它必然要被改革掉。这一改革，首先是组织了一个由各个教授、讲师联合会组成的更大规模的教授会，由它负责管理各系。同时，从各科中各自选出本系的主任；再从这些主任中选出一名负责各系所有工作的教务长。再由教务长召集各系主任一同合作进行教学管理。至于北大的行政事务，校长有权指定某些教师组成诸如图书委员会、仪器委员会、财政委员会和总务委员会等。每个委员会选出一人任主席，同时，跟教授、讲师组成教授会的方法相同，这些主席组成他们的行政会。该会的执行主席则由校长遴选。他们就这样组成了一个双重的行政管理体制，一方面是教授会；另一方面是行政会。但是，这种组织形式还是不够完善，因为缺少立法机构。因此又召集所有从事教学的人员选出代表，组成评议会。这就是为许多人称道的北京大学"教授治校制"。

如上所说，北大的进步尽管缓慢，但是从晚清至今，这种进步已经是不可逆转的了。这些长年累月才完成的早期改革，同大学教育的目的与观念有极大的关系。大学教育的目的与观念是明确的，就是要使索然寡味的学习趣味化，激起学生们的求知欲望。我们决不把北大仅仅看成是这样一个场所——对学生进行有效的训练，训练他们日后成为工作称职的人。无疑，北大每年是有不少毕业生要从事各项工作的，但是，也还有一些研究生在极其认真地从事高深的研究工作，而且，他们的研究总是及时地受到前辈的鼓励与认可。这里，请允许我说明，北大最近设置了研究生奖学金和其他奖励设施。我们中国自古以来就以宣扬和实践"朴素的生活，高尚的思想"而著称。因此，按照当代学者的看法，这所大学还负有培育及维护一种高标准的个人品德的责任，而这种品德对于做一个好学生以及今后做一个好国民来说，是不可缺少的。

为了对上面所提到的高深研究工作加以鼓励，北大还采取了以下一些措施。

（一）强调教授及讲师不仅仅是授课，还要不放过一切有利于自己研究的机会，使自己的知识不断更新，保持活力。

（二）在每一个系，开始了由师生合作进行科学方面及其他方面的研究。

（三）研究者进行学术讨论有绝对自由，丝毫不受政治、宗教、历史纠纷或传统观念的干扰。即使产生了对立的观点，也应作出正确的判断和合理的说明，避免混战。

为了培养性格、品德，还采取了如下一些措施。

（一）制定体育教育计划：（1）每年进行各种运动技能比赛。与外界举行比赛和其他的室外比赛，吸引了所有的北大师生，其水准可与西方相比。足球、网球、赛马、游泳、划船等活动同样令人喜爱。（2）可志愿参加某些军训项目，特别是童子军运动正在兴起。

（二）为培养学生对美术与自然美的鉴赏能力，成立了雕塑研究会和音乐研究会。

（三）学生们利用课余时间在（为）学校附近的文盲及劳工社会服务，深受公众的赞赏。其中最突出的是在乡村地区开展平民讲习运动和对普通市民开办平民夜校。学生们通过这些活动，极大地促进了自己的身心发展。

当中国的青年一代在思想上接受了新的因素之后，他们对政府与社会问题的态度就变得纷繁复杂了。他们热情积极地参加一切政治活动，这已在全国各地不同程度地表现出来。这种学生运动虽然是当代所特有的（如巴黎与哈瓦那所报道的那样），但在中国的汉代及明代历史上已早有先例。它只是在近几年中采取了更为激烈的反抗形式而已。学校当局的看法是，如果学生的行为不超出公民身份的范围，如果学生的行为怀有良好的爱国主义信念，那么，学生是无可指责的。学校当局对此应正确判断，不应干预学生运动，也不应把干预学生运动看成是自己对学生的责任。现代的教育已确实把我们的学生从统治者的束缚中解放了出来。总的来说，这场活跃的运动已经在我们年青一代中灌注了思想、兴趣和为社会服务的真诚愿望，从而赋予他们创造力和组织力，增强了领导能力，促进了友谊。但是，这也可能使学生本身受害，危及他们已取得的进步。学校当局正是基于这点才以极大的同情与慈爱而保护他们。

上述的概括，可能足以说明中国大学教育的总的趋向，这是从我在北大任职期间的个人经历中总结出来的。至于中国教育的发展，特别是目前教育的发展，可能还存在其他倾向；即使在北大，这些带有倾向性的改革，不论其是否起了作用，我们认为它还是很不完善的。更确切地说，我们的改革与实验，使我们确信我们的大学目标与观念仍然是很不成熟的。

中国教育的历史与现状
——在世界教育会联合会第二次大会上的演说词

今天下午，我荣幸地承大会邀请，要我就我和我的同事所代表的国家的教育问题作一次演讲。我同是这个世界联合会的创始和热情支持的国家之一。这是一次来自全球各地教育界著名代表的会议，会议将讨论大家共同关心的问题。在前几次会议中，经过紧张频繁的小组讨论之后，我并没有想到各位

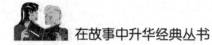

要向我了解些什么。虽然我是东方教育界负较高责任的人，但我以为各位最好还是听取专家们讲一些大家共同关心的问题。我今天要讲的，说不上是什么专门演讲，而只不过是以报告的形式向各位谈谈我对中国教育的过去与现状的一点看法而已。

早期的个别教学制

直到不久以前，中国只重视一种个别教学形式，即与现代教育家们称之为单一个别教学相类似的一种教学形式。其不同之处，只在于这些学校在京城由国家主办，在其他地区则由各省和乡村主办而已。

进行这种个别教学的高等学校，早在两千年前就出现了，当时称之为"太学"。以后在此基础上又演变为"国子监"的一种教育体制。在"国子监"讲授的是伦理、政治和文学。在这种学院中，如同其他学校一样，班级由教师管理，而学生则接受单独的授课。这种教育形式，看来正是孔子、墨子时代那种单纯由私人讲学的形式的必然发展。孔墨时代的这种与古希腊学院相当的私人讲学形式，在当时教育界中是颇为突出的、有影响的组成部分。即使在最近的二百年中，这类学校仍可以说是具有一种深远的教育意义。我们在源于早期学院而来的王阳明书院（大学）中，在源于古代教育发展而来的清朝的颜元（习斋）书院中，可以发现其显著的影响。尽管这些制度已经过时，但是我认为它们的历史对当前许多尚未解决的问题仍有所启示。

古代教育的优点

这些古代教育制度的优点，可以简单概括如下。

（1）注意道德伦理的教育和个人修养。

（2）提供在任何环境与条件下，可以由个人自由钻研学问。

（3）可以因材施教，教学不致因班级中有落后学生而受到影响。

缺点方面

除有上述优点外，还存在着一些缺点，以下几点特别需要提一提。

（1）我国古代学校的课程，过分重视人文学科，特别是文学、考据学等。我国早期的教育制度实际上只重视个人修养的尽善尽美，重视培养个人的文学才能，而不注重于科学方面的教育。

（2）我国古代的教育目标，主要是使少数人毕生攻读，使他们能顺利通过朝廷举办的各种考试，而考试则是读书人入仕的唯一途径。至于就平民文

化而言，它并没有普及教育的明确目标。

最近的变化

清朝末年，即距今约二十五年间，东方发生了迅速的变化，教育为维持其社会生存也不得不做出相应的改革。当时我们面临的问题是：仿照欧洲的方法创办学校，从最基本的幼儿园到大学。

先谈国立学校。我国的国立学校起初都是书院式的，后来逐步转变，先采用日本的教育体制，继而采用德国和法国的，现在则采用英美制。国立学校经过适当的整顿以后，已成为知识界中一种既保持了传统的教育方法而又具有生命力与吸引力的力量。各种学校都开有各种课程，并颁布了以鼓励学生学习为目的的新的升留级和毕业考试制度。

一九一二年，在我负责教育部期间，经过多次教育会议，推行了义务教育。与儿童入学人数增长的同时，我们还设法使那些超龄学生以及从未上过学的人获得学习机会，尽管起初的速度是缓慢的。在各种学校推行的总方针，不单单是培养人们的实践能力，而且还培养人们对知识技能进行高深研究的能力。这样，人们便有一种希望，而且会不断进步。

革新急需的教育

自本联合会在美国旧金山开会以来，我国进行了一系列的教育改革。

我国已清楚地意识到只有按新的教育制度对年轻的一代进行教育，我国古代文明的发扬光大才可能成为现实。

下面我要谈一下近两年来我国在这方面的活动和取得的进展，这是值得各位注意的。

科学教育的发展

首先，我想指出的是重视科学教育。这是近年中国教育的一个显著特点。一九二二年，美国的孟禄博士来华访问，他的考察结果和我们许多人对我国科学教育中存在缺点的看法是一致的。

经孟禄博士的推荐，应中华教育改进社的邀请，美国辛辛那提大学的推士博士来到中国，协助改进我国数学、物理、化学等科的教学方法。第一期培训理科教师的暑期进修班于一九二四年在北京清华大学开办，目前在南京东南大学举办的是第二期。在西方理工科教学中发挥了巨大作用的各种科学仪器、设备与模型，现在也已由上海商务印书馆进行了大量的改进并使之标准化。

教会学校的发展

我要讲的第二点，是对我们有影响的教会教育。据最近统计，在浸礼会所办学校中入学的学生总数，目前已接近三十万人。受到天主教教会学校培养的学生人数，约有二十万五千余人。现在有迹象表明，在这类学校中的学生人数有明显增长的趋势。

可是我们看到，一有教会学校开办，就要宣扬某种宗教教义，就产生新的效果，造成新的影响，从而与我国传统教育相抵触。中国的教会忽视了中国的历史、文学及其他重要的学科，正自行建立另一套与中国国家教育制度相并行的教育制度。不过总有一天会证明，这种教育制度是为中国的国家教育制度所不能相容的。

宗教教育的危害性

此外，虽无明文规定，但中国的教育家们几乎一致反对对青少年进行宗教教育。孩子们天性十分单纯，很容易受到成年人的影响和塑造。同时我们的孩子们的生活环境和传统习惯是非宗教性的，如果我们尊重他们的权利，我们就应该采用这样一种方法来教育他们，即给他们以养成独立思考能力所必需的知识与智力。

民众教育运动

我要讲的第三点，是我国的民众教育运动。一九二三年，中华教育改进社的年会在清华大学召开，会议计划成立一个开展扫盲运动的全国性组织。运动立即得到了全国各地的支持与合作。这个运动的宗旨之一，就是要在其教与学中采用白话。如今不仅主要的杂志、报纸和小说，而且连主要的艺术、哲学和社会科学的著作都是用白话文出版的。

两百万学生

因而仅两年间，在普及班上课的学生人数已达约二百万人。不需很久，我们就能在中国看到一个一方面是实行义务教育、另一方面是对文盲课以税款的完善的教育制度。但是，运动的倡导者们也并不因此存在这样的幻想——企图在我们这一代人中就消灭整整两亿文盲。

图书馆在发展

现在让我们来看看中国图书馆事业发展的情况。在我国周朝时就有图书馆了，不过学校里的图书馆只是近来才有的。到今年，拥有较好的现代化设备的大学图书馆已达十二个。在我国代表前来欧洲参加这次大会时，我国正在成立一个全国性的图书馆协会。这个协会的宗旨是为了建立更多的图书馆，为了探求管理图书馆的更好方法并吸引更多的一般读者和高级读者来利用图书馆。我国的图书馆正不失时机地积极工作，以期获得更大的成就。还有一些图书馆正争取获得美国的援助，希望能从对美庚子赔款中得到拨款，来建立更多的公共图书馆。

学生问题

现在请大家允许我谈一下中国的学潮问题，不过我并不是想在这里引起争论。中国的学潮是与中华民族争取自由的运动紧密相连的，而自由问题则是当前的一个具有广泛性迫切性的世界问题。

我们都在这里讨论如何通过学校教育促进国际和平，可是在会外有谁响应我们呢？根据中国的现状，我认为我们应该开始制订计划以促进国际友好，在国与国之间加强相互了解和谋求公平的待遇。

深刻的变化在发展

在中国，至少也有四至五亿人民，由于受现代教育的影响，由于受到正义、人道主义崇高信念的鼓舞，在他们中间不断激起思想变革。女士们，先生们！虽然在二十世纪中还不能看到这个运动的全部结果，但它的发展，必将深刻地改变欧洲和美洲一般对中国所持有的政治见解。

谈到学生，我的声明也曾谈到现代教育的确把我们的学生从权威的束缚下解放出来。由于这个新运动对中国青年一代产生的影响，现在他们对一切政治问题的看法已变得复杂多样了。

中国古代就有学生运动

虽然目前的学生运动有其当前的时代特征，（如同来自巴黎、哈瓦那和别的地方的报告所表明的那样）但中国远在汉朝、明朝就有学生运动了。从教育家的观点来看，如果学生以一个公民的身份，抱着真诚的信念与对爱国主义的正确理解进行活动的话，就不能说他们全都是错误的。

培养了理想

除了这些以外，由于这个生气勃勃的运动把为社会服务的理想、兴趣和希望灌输到青年们的心中，从而培养了他们的组织和管理才能，锻炼出领导能力并树立了集体观念，这场运动使学生获得了无可估计的效果。

灵活公正地管理学生

但是，运动的发展，也同样有可能使学生本身及他们已获得的进步受到损害，这是一个既复杂又冒险的问题。为此我们的教育工作者应满腔热忱地去关心、爱护学生。公正地对待每个学生的同时，努力探索一些灵活的管理方法，旨在使他们能冷静地思考问题，从而获得更大的进步。

我深信各位在座的教育家，一定会以一种不偏不倚的态度来认识到促进世界和平事业的生命力与价值，并以一种宽宏与公正的精神，为这项国际性事业找到更好的措施。的确，通过学校教育工作来促进世界和平，是教育的一个十分重要的问题，再没有任何问题会有这样艰巨、这样重要了。

中国教育，其历史与现状

今天我以中国代表的资格，而且在这个世界联合会中中国代表等，又是发起人的资格，在这个会中来说话，真是很荣幸的事。本会的会员，都是从世界各处来的。本会所已经讨论的问题，也都是关于世界各处共通的问题。我虽然身任中国教育界重要的职员，但是我个人对于本会，此次却并没有特别的意见发表。而且我的话也不像教育专家对于世界共通问题的讨论那样重要，所以我并未特别提出讨论的问题。不过据我个人对于中国教育的历史和现况等情形，有点观察，请向诸君一述。

中国教育，几乎自古至今处于一种状况之下，此种状况，若以现代的名称来说，即与"个人训育"相同，不过训育的地方为国都的国立教育机关，和各省各乡的官立教育机关。这种教育制度，包括高等教育在内，在两千年以前，即已经存在，是为太学，这就是"国子监"的制度的胚胎。"国子监"的教育，重在道德的涵养，也兼重政治和文学。在这种的教育机关以内的学生，都是分班授课。各班全由教习主持，学生与教习的关系犹如在私塾中一样。到了孟子时代，这种私家教授的制度，愈见发达，其性质颇与希腊时代的学院相类。这种类似学院的制度，在最近两世纪以内，尤为重要。再就历史上考察起来，王阳明最有名，而影响最久最大。他这种学院制的教学，与后来清朝颜元（习斋）的书院，都是由古代的学院制度蜕化出来的。这种学制，在现在虽已成了历史上的事实，但是它对于现代教育上待解决的许多大问题，颇有影响。

这种学制的好处，总括起来讲，可分为下列数项：（一）注重道德的训练为人格的养成；（二）激发个性，并使之遍观博览，纯任自由；（三）就个人的资质，而施一种特殊的得当的教诲，不致如分班教授，使天资愚钝的人感受困难。这种制度的自身，也还有几种特点，也值得一述，就是：（一）在我们古代学校中的课程，对于知识的启发方面大有考究，尤其对于文学和古典学等科，不过其侧重之点，在人格的修业与文学知识的养成，而不注重于科学方面教授。（二）我们这种古代教育的目的，在使学者终身讲习，预备去通过各种的官家考试，因为这种考试，便是学者将来服务于政治方面唯一的途径。这种教育与普通公民教育注重一般的知识的不同。

在满清末年时代，即为最近的二十五年以内，东方的教育，可算是经遇一个大改变。教育的方面，在此改变之后，才注重于生活的各方面。现在我们的重要问题，便是仿照欧洲的教育制度，发展学校教育，建设各种学校，自幼稚园以至专门大学。在最初，官立学校，仍然是一种书院制的变形，其后渐渐变为日本革新后之形式，而变为德法式，至今又变为英美式，并且有一种启发知识的驱迫力。但是仍然不与我们古代的知识教育相仿。学术的课程繁多，试验的新制度，不过是升级降级及毕业而已。

至一九二一（二）年，经过几次教育讨论会以后，政府始下强迫教育的通令。那时正是我任教育总长的时代，在小学教育的发展的经过中，我们看见许多失学或过学龄的儿童，渐渐有受教育的机会了。这种学校教育的宗旨，不过是使学者有适应生活的能力，同时又可以使他们白进于高深学术的研究。因此便有一种希望，而且不断地进步。

自从本会在美洲旧金山开会以来，中国的教育又经过几许的发展。现在已认识清楚的事情，就是非用新式的教育，不能复兴我们古代的文明。最近两年来教育界的活力与进步，有几件事值得考虑。

（1）第一件重要的事，就是注重科学教育，这要算是中国新教育最可注意的地方。在一九二二年的时候，美国教育家孟禄博士到中国，曾指出中国教育的缺点，就是科学教育不发达。因为孟禄博士的议论，中华教育改进社为提倡及改进教育起见，特聘美国俄亥俄大学的推士博士，请其指陈应如何发展科学教育，如数学及理化等，于是北京清华学校，特于一九二四年特为教授科学的教习们，开办一暑期学校。现在现（又）在南京的国立东南大学举行第二次的暑期学校，上海商务（印）书馆又特别出售各种最新的科学用具，使各校易于置备。

（2）第二件可注意的，便是我国的教会学校。据最近的调查，知道全

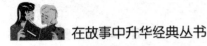

国新教的教会学校的学生约三十万人，在罗马教会学校的学生约二十万零五千人，就大概的情形看来，在教会学校学生的人数，还有逐渐增加的趋势。但是凡有教会学校的地方，总有一种宣传宗教的势力，颇与教育的宗旨相背驰。并且他们忽视中国历史、文学等科，而另用一种教育的方式，颇与中国政府所定的教育制度相违背，因此他们便成了中国教育发展的妨碍者。

并且中国教育家所崇信的，多半与教会教育立于反对方面。幼年学子，如素丝白纸，近朱者赤，近墨者黑，全视教育的人为转移。中国的儿童，本生于一种无宗教的环境中，如果我们果真尊重他们的自由发展，我们不应该使他束缚。

（3）第三件为公民教育运动。一九二三年，中华教育改进社，在北京清华学校开常年会，决议组织公共机关，发展社会教育，使不识字和无知识的人有受教育的机会，于是全国皆一致赞成。第一件要紧事，就是白话文的普遍方法及其教与学的方法。不论杂志、报章、小说等，皆用白话，即一切优美的文学作品，及哲学、社会科学等，亦用白话文作成。

因此在最近两年，中国新入这种公共学校的学生，竟增加了两百万之多。由此可知强迫教育，在中国不久即当普遍，而且不识字的人的罚款，也可以连带做到。我们可以相信，这种公民教育运动，可以在短的时间内，可以使二百万不识字的人识字，实在不是欺人之谈。

（4）第四件要算图书馆的运动了。中国自周朝以来，就有图书馆的存在。但是学校图书馆的存在，却是现在才有。据现在的调查，可以知道有十二个专门学校的图书馆已成立，在我们离开中国时，国内又新有一个全国图书馆协会的发生。其目的在促进新图书馆的成立。并且研究用较好的方法，去引起许多人利用图书馆，使看书的人日渐加多，并且也很注意美国庚子赔款退还的一部分内，即规定有建设新式图书馆的支配法。

现在我要想说几句关于中国最近学生运动，这可以说是中国人争回自由的运动。并且这个问题成了世界一个很重大的问题。我们在这会中，声言由学校可以促进世界国际的和平。但是除了这个会以外，究竟谁能负这个责任呢？我的意思以为最要紧应该想出国际间亲善及互相了解的法子，以现在的中国近事而论，也要有国际间公平的待遇。

现在中国曾经受了新教育的熏陶—和正义人道的福音的人，至少有四五百万。诸公知道这二十世纪的短时间内，是看不出他的结果的。但是这种运动，是很可以使欧美各国的政治思想受很深的改变的。至于说到学生方面，现在的新教育，确已经把他们从奴隶束缚的威权中解放出来，这些怀抱有新思想，愿舍身于新运动的青年，对于各种政治问题的态度，是有改变的力量的。

况且这种学生运动，虽说是属于现代的特产物，其实，在中国历史里，汉、明两朝都有先例，就教育家的观察点而论，如果学生运动，纯是一种真诚的爱国心的表现，以行使他们公民的本分，那就是毫无错处的。

并且另一方面，这种运动，可以使他们得到许多最宝贵的经验与成效，使一种社会服务的兴趣与志愿，深入于他们心中，又可培养引导成一种合作的才能。

但是这种运动，又每每使他们的自身和已有的新进步，陷于危险状况之内。这个事情，真是很复杂很冒险的。因此之故，我们国内教育家都用一种同情心及慈善心，爱护他们，并且寻出一种妥善的引导方法，指示他们以正大的鹄的，使他们由此可以得到众心而不任性的研究，其结果可以得到较伟大较自然的成绩。

因此我们不能不属望于在座的各大教育家，平心静气地去认识那有促进世界和平的价值的运动，并且开诚布公地寻出国际相与的正道。故知由学校方面着手，以促进世界和平，真正要算是教育上的根本问题，并且再没有其他的问题有这样同等的重要而且艰难了。

（据蔡元培演说词中文记录稿）

中国新教育的趋势
——在暨南大学演说词

今天是总理诞辰，我们都来开会纪念他，那么，对于他的主义一定是十分信仰，对于他的计划一定是要力行的。但是总理的计划很大。如军事、教育、政治、经济等皆是，我们不能够完全担任，只能分工做去，以谋完成他的计划。我们分任教育，所以只能讲教育。前天贵校教务长说，同学们要我来讲中国新教育的趋势，现在请先说大学区的组织，然后再说新教育的意义。

大学区是地方教育行政上的一种制度。在七八年前，我曾发表过意见说：

最好是以大学来管理全省的学务，但是，未曾实现。迨国民革命军达到浙江之后，蒋君梦麟就要把浙江先行试验一下，因为现在是二十世纪，无二桩事体不与从前相差很远的，我们应该顺应时代的潮流，不能牢守旧制，不谋改革。而且一省的教育范围很大，大学、中学、小学都包括其中，断非一个教育厅所能办得好的。我们拿工业上制造品来说，是以美为要件的，譬如一只花瓶，一定要经过科学方法的发明，富有美术的意味，买花瓶的人，必定选一个合意的，就是以它为美丽。何以要有所选择呢？就是因为好的被选择，不好的被淘汰，美术才有发展进步的机会呵！教育是培养人才的，是不可以不注意科学与艺术的。办学校的教职员，有的是师范生，有的不是师范生，他们好不好，教育厅是应当去考察的，假如仍由从前官僚化的教育厅来管理地方教育行政，那是永无改进的希望的。因为教育厅厅长及科长、科员等，他们的学识，固然未必全在学校教职员之上，而且他们离开学校很久，不甚明白社会的潮流，所以他们尽量敷衍表面，而无实际的心得。现在大学区的办法，是由大学校长兼管本区的中小学及其他特殊教育，教育行政都归大学教授组织，并且有研究院担任种种计划。这种制度，法国久已实行了，法国分全国为十七个大学区。我本想分全国为十个大学区，恐怕难于成功，所以规划在江苏、浙江两省试办，不过初具规模罢了。现在的教育行政部，是一部分教授和专门研究过教育的学者来组织的，我想比从前的教育厅总该要好些，办得长久，定会发达的。至于中央的大学院，除掉一小部分属于行政事情以外，其余皆是研究的机关，如美术院、音乐院、中央研究院等。

现在我再来讲新教育之意义，可分三点。

（1）养成科学的头脑　从前有许多不是科学的，如心理学从前是附属于哲学，现在应用物理的方法、生理的方法来研究它，便成为科学了。又如经济、政治也是应用科学方法来研究的。还有许多用统计的方法的，均不离科学，而且与科学相连贯。现在有许多人最易受刺激，听人怎样说，便怎样信，这实在是因为他们没有科学头脑，不能求其因果。凡事要考求其所以然，要穷究其因果关系，那么他的头脑才算经过一番科学的训练。譬如开车，我要由上海到真如，定要再等一个钟点，并且要亲至站里头看看开行的时刻表，不是人家怎么说，我便怎样信的。因为科学家所发明的，都是有因果、有系统的，物质同办事的两方面，固然是要如此，对于精神的教育也是要养成科学的头脑的。希望科学家全体团结起来，研究怎样可以叫人养成科学的头脑，不妨多办几所研究院。

（2）养成劳动的能力　劳动是人生一桩最要紧的事情。在总理的三民主义中的民生问题，简单说起来，就是人人要能生产，人人能生活。犹如古人所说："一夫不耕，天下受其饥，一妇不织，天下受其寒"的意思。若要人人能生产，那是非打破"劳力"和"劳心"的成见不可，因为有这种的分别，易使一般劳心者永远劳心，劳力者永远劳力，渐渐形成两种阶级。这两种阶级的发生，实由于教育的不平等。所以要想救此弊端，非普及教育不可，使劳动者得有知识，劳心者也去劳力，这实在是一件要紧的事。李石曾先生说过：各个人至少要当三年兵，一年做工，使得劳心者可以养成劳动的习惯，真是一件最好的事！现在大学院创办劳动大学，分为劳工学院、劳农学院，收中学、小学的毕业生，人劳动大学读书，养成他们做工的习惯；又有工人学校，使劳工得些知识，如这样的学校，以后还望逐渐地添办起来。

（3）提倡艺术的兴趣　我们无论做什么事，因为艺术的关系，能够增进我们的精神，便增加了一种兴趣。这就叫做艺术的兴趣。譬如一个文学家，他终身埋在文学里面，旁人看他所工作的，似乎很苦恼，然而他终是不停地工作，这便是得到一种艺术的兴趣，甚至于全忘他的生死。诸君从南洋回到本国来，言语不通，真是非常痛苦的一件事，便可借艺术来调剂，最好多开些音乐会、展览会。在国家方面，多开设几所美术馆、音乐院来提倡艺术的兴趣。不过现在中国，还没有完全的音乐院。这是只有希望做教员的能够学术化，担任的钟点不要多，留着余暇来自修；同学们要认真求学，不可计算几时毕业，只想多收几份讲义便算了事。

从前国内政治不好，教员都不能安心做事，学生不能一心求学。现在军阀的势力已经去掉，到了训政时期，大家可以抱定宗旨，将精神收敛在学校以内，来做国家建设的人才。在此时期，对于科学、劳动、艺术三方面，均须努力。外面虽来了刺激，不像从前那样兴奋。此是我希望诸位同学的。

教育事业的综合

——在西湖博览会"浙江省教育宣传日"演说词

西湖博览会为中国稀有之举，开幕了几个月，我没有来过。今天因为是教育的宣传，特地到杭州来，可以见鄙人对于教育方面的诚意。

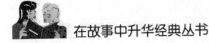

浙江的教育，从革命军到杭州来了以后，办教育的，以前是大学校长蒋梦麟先生，现在是教育厅长陈布雷先生，都是向来钦佩的，可以放心的。浙江的教育，因为历来地方安定的缘故，所以比别省好得多，而且办理的人，是我所佩服的，所以没有不满的点。我所要贡献的，是教育事业的综合，有三点。

第一是不要忘了中、小学教育与大学要打成一片。浙江试行大学区制的计划，本意是要中、小教育和大学合在一起。大学区制，试行的只有浙江、江苏、河北三省。河北没有开办，江苏已经办而没有成绩；浙江是有成绩的，但是因为其他方面的关系，也连带的取消。我想，大学区制度虽然取消，而浙江大学依然存在，精神上仍可联络。我们晓得，法国有十四个大学，德国有二十个大学，照比例上言，中国每省可以办四个大学。北平、上海，私立大学很多，常常感觉到经济和人才不足。所以我绝不主张多办大学。民国元年的时候，因为各省高等学堂的程度不齐，成绩不好，取消高等学堂，改办大学预科。虽然成绩比较好一点，但是一省没有一个最高的教育机开（关），可以吸收学者，关于本省的建设，没有倚傍，于是每省办大学的动机起。我曾提议，此等省会大学，可先开办研究科，一面授研究生以高深的学问，一面叫他们应用学术于本省的工作，但是没有实行的。现在浙江大学，已有文、理、农、工等学院，其中学者对于中、小学校，可以助力的必不少。我很希望主持中、小教育的人，能与大学职教员协力，以发展全省的教育。

第二点是教员的任用与训练，不可不通盘计划。现在浙江应办的学校，不知有多少，有志愿受教育的，亦不知有多少。但是学校很少，受教育的只占百分之二十，一般要受教育的，无学校可以收容，所以教育不普及。一方面，热心教育的人，同等资格、同等学力、同等志愿，而因为人浮于事，不能人人皆有服务于教育的机会。我意，可以依照征兵制中现役兵与后备兵分别（值）班的办法：其初，甲部分出去服务，而乙部分则留省研究；一两年后，研究者出去服务，而服务者回省研究。如此，则正在办事者不至于无进步；而尚无职务者，亦可为他日办事之准备，不至有猜忌倾轧的行为。

第三点是以学校为中心点，而把一切特殊教育事业都归纳进去。建设伊始，百废待举。今日要办甲事，设一机关，明日要办乙事，又设一机关，不特人才、经费都不经济，而且权责既分，于彼此相关的事项，往往互相牵掣或互相冲突。就教育上言，如党义教育、社会教育，以及检查私塾、改良风俗等事，虽非学校教育所包含，而未尝不可利用学校为出发点。学校的建筑、设备、人才，都可利用。美国人往往于假期中，利用学校，办理特殊教育，可以仿行。若能集中一切教育事业，都以学校为根据，仿佛从前乡村有集会娱乐，均以社庙为根据的样子，则一切教育事业，互相贯通，且经费与人才集中于学校，学校亦不至现在的枯窘了。

以上三点，都从综合方面着想，谨以贡献于吾浙江之教育家。

我在教育界的经验

我自六岁至十七岁，均受教育于私塾；而十八岁至十九岁，即充塾师（民元前二十九年及二十八年）。二十八岁又在李莼客先生京寓中充塾师半年（前十八年）。所教的学生，自六岁至二十余岁不等。教课是练习国文，并没有数学与其他科学。但是教国文的方法，有两件是与现在的教授法相近的：一是对课，二是作八股文。对课与现在的造句法相近。大约由一字到四字，先生出上联，学生想出下联来。不但名词要对名词，静词要对静词，动词要对动词；而且每一种词里面，又要取其品性相近的。例如先生出一"山"字，是名词，就要用"海"字或"水"字来对他，因为都是地理的名词。又如出"桃红"二字，就要用"柳绿"或"薇紫"等词来对他；第一字都用植物的名词，第二字都用颜色的静词。别的可以类推。这一种课，不但是作文的开始，也是作诗的基础。所以对到四字课的时候，先生还要用圈发的法子，指示平仄的相对。平声字圈在左下角，上声在左上角，去声右上角，入声右下角。学生作对子时，最好用平声对仄声，仄声对平声（仄声包上、去、入三声）。等到四字对作得合格了，就可以学五言诗，不要再作对子了。

八股文的作法，先作破题：只两句，把题目的大意说一说。破题作得合格了，乃试作承题，约四五句。承题作得合格了，乃试作起讲，大约十余句。起讲作得合格了，乃作全篇。全篇的作法，是起讲后，先讲领题，其后分作八股（六股亦可），每两股都是相对的。最后作一结论。由简而繁，确是一种学文的方法。但起讲、承题、破题，都是全篇的雏形；那时候作承题时仍有破题，作起讲时仍有破题、承题，作全篇时仍有破题、承题、起讲，实在是重床叠架了。

我三十二岁（前十四年）九月间，自北京回绍兴，任中西学堂监督，这是我服务于新式学校的开始。这个学堂是用绍兴公款设立的。依学生程度，分三斋，略如今日高小、初中、高中的一年级。今之北京大学校长蒋梦麟君、北大地质学教授王烈君，都是那时候第一斋的小学生。而现任中央研究院秘书的马祀光君、任浙江教育厅科员的沈光烈君，均是那时候第三斋的高材生。外国语原有英、法二种，我到校后又增日本文。教员中授哲学、文学、史学的有马湄莼、薛阆轩、马水臣诸君，授数学及理科的有杜亚泉、寿孝天诸君，主持训育的有胡钟生君，在当时的绍兴，可为极一时之选。但教员中颇有新旧派别，新一点的，笃信进化论，对于旧日尊君卑民，重男轻女的旧习，随时有所纠正，旧一点的不以为然。后来旧的运动校董，出面干涉，我遂辞职（前十三年）。

我三十五岁（前十一年）任南洋公学特班教习。那时候南洋公学还只有小学、中学的学生；因沈子培监督之提议，招特班生四十人，都是擅长古文的；拟授以外国语及经世之学，备将来经济特科之选。我充教授，而江西赵仲宣君、浙江王星垣君相继为学监。学生自由读书，写日记，送我批改。学生除在中学插班习英文外，有愿习日本文的；我不能说日语，但能看书，即用我的看书法教他们，他们就试译书。每月课文一次，也由我评改。四十人中，以邵闻泰（今名力子）、洪允祥、王世、胡仁源、殷祖同、谢忱（今名无量）、李叔同（今出家号弘一）、黄炎培、项骧、贝寿同诸君为高才生。

我三十六岁（前十年），南洋公学学生全体退学，其一部分借中国教育会之助，自组爱国学社，我亦离公学，为学社教员。那时候同任教员的吴稚晖、章太炎诸君，都喜倡言革命，并在张园开演说会，凡是来会演说的人，都是讲排满革命的。我在南洋公学时，所评改之日记及月课，本已倾向于民权女权的提倡，及到学社，受激烈环境的影响，遂亦公言革命无所忌。何海樵君自东京来，介绍我宣誓入同盟会，又介绍我入一学习炸弹制造的小组（此小组本只六人，海樵与杨笃生、苏凤初诸君均在内）。那时候学社中师生的界限很宽，程度较高的学生，一方面受教，一方面即任低级生的教员；教员热心的，一方面授课，一方面与学生同受军事训练。社中军事训练，初由何海樵、山渔昆弟担任，后来南京陆师学堂退学生来社，他们的领袖章行严、林力山二君助何君。我亦断发短装与诸社员同练步伐，至我离学社始已。

爱国学社未成立以前，我与蒋观云、乌目山僧、林少泉（后改名白水）、陈梦坡、吴彦复诸君组织一女学，命名"爱国"。初由蒋君管理，蒋君游日本，我管理。初办时，学生很少；爱国学社成立后，社员家中的妇女，均进爱国女学，学生骤增。尽义务的教员，在数理方面，有王小徐、严练如、钟宪鬯、虞和钦诸君；在文史方面。有叶浩吾、蒋竹庄诸君。一年后，我离爱国女学。我三十八岁（前八年）暑假后，又任爱国女学经理。又约我从弟国亲及龚未生、俞子夷诸君为教员。自三十六岁以后，我已决意参加革命工作。觉得革命只有两途：一是暴动，一是暗杀。在爱国学社中竭力助成军事训练，算是下暴动的种子。又以暗杀于女子更为相宜，于爱国女学，预备下暗杀的种子。一方面受苏风初君的指导，秘密赁屋，试造炸药，并约钟宪鬯先生相助，因钟先生可向科学仪器馆采办仪器与药料。又约王小徐君试制弹壳，并接受黄克强、蒯若木诸君自东京送来的弹壳，试填炸药，由孙少侯君携往南京僻地试验。一方面在爱国女学为高才生讲法国革命史、俄国虚无党历史，并由钟先生及其馆中同志讲授理化，学分特多，为练制炸弹的预备。年长而根底较深的学生如周怒涛等，亦介绍入同盟会，参加秘密小组。

我三十九岁（前七年），又离爱国女学。嗣后由徐紫则、吴书箴、蒋竹庄诸君相继主持，爱国女学始渐成普通中学，而脱去从前革命性的特殊教育了。

四十岁（前六年），我到北京，在译学馆任教习，讲授国文及西洋史，仅一学期，所编讲义未完，即离馆。

四十一岁至四十五岁（前五年至一年），又为我受教再时期。第一年在柏林，习德语。后三年，在莱比锡，进大学。

四十六岁（民国元年），我任教育总长，发表《对于教育方针之意见》，据清季学部忠君、尊孔、尚公、尚武、尚实的五项宗旨而加以修正，改为军国民教育、实利主义、公民道德、世界观、美育五项。前三项与尚武、尚实、尚公相等，而第四、第五两项却完全不同，以忠君与共和政体小合，尊孔与信仰自由相违，所以删去。至提出世界观教育，就是哲学的课程，意在兼采周秦诸子、印度哲学及欧洲哲学以打破二千年来墨守孔学的旧习。提出美育，因为美感是普遍性，可以破人我彼此的偏见；美感是超越性，可以破生死利害的顾忌，在教育上应特别注重。对于公民道德的纲领，揭法国革命时代所标举的自由、平等、友爱三项，用古义证明说："自由者，'富贵不能淫，贫贱不能移，威武不能屈，是也；古者盖谓之义。平等者，'己所不欲，勿施于人'是也；古者盖谓之恕。友爱者，'己欲立而立人，己欲达而达人'是也；古者盖谓之仁。"

学部旧设普通教育、专门教育两司；改教育部后，我为提倡成人教育、

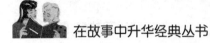

补习教育起见，主张增设社会教育司。

我与次长范静生君常持相对的循环论，范君说："小学没有办好，怎么能有好中学？中学没有办好，怎么能有好大学？所以我们第一步，当先把小学整顿。"我说："没有好大学，中学师资哪里来？没有好中学，小学师资哪里来？所以我们第一步，当先把大学整顿。"把两人的意见合起来，就是自小学以至大学，没有一方面不整顿。不过他的兴趣，偏于普通教育，就在普通教育上多参加一点意见。我的兴趣，偏于高等教育，就在高等教育上多参加一点意见罢了。

我那时候，鉴于各省所办的高等学堂，程度不齐，毕业生进大学时，甚感困难，改为大学预科，附属于大学。又鉴于高等师范学校的科学程度太低，规定逐渐停办；而中学师资，以大学毕业生再修教育学的充之。又以国立大学太少，规定于北京外，再在南京、汉口、成都、广州各设大学一所。后来我的朋友胡君适之等，对于停办各省高等学堂，发现一种缺点，就是每一省会，没有一种吸集学者的机关，使各省文化进步较缓。这个缺点，直到后来各省竞设大学时，才算补救过来。

清季的学制，于大学上，有一通儒院，为大学毕业生研究之所。我于大学令中改名为大学院，即在大学中，分设各种研究所。并规定大学高级生必须入所研究，俟所研究的问题解决后，始能毕业（此仿德国大学制）。但是各大学未能实行。

清季学制，大学中仿各国神学科的例，于文科外又设经科。我以为十四经中，如《易》、《论语》、《孟子》等，已入哲学系；《诗》、《尔雅》，已入文学系；《尚书》、三《礼》、《大戴记》、春秋三《传》，已入史学系；无再设经科的必要，废止之。

我认大学为研究学理的机关，要偏重文理两科，所以于大学令中规定：设法商等科而不设文科者不得为大学；设医工农等科而不设理科者，亦不得为大学；但此制迄未实行。而我于任北大校长时，又觉得文理二科之划分，甚为勉强；一则科学中如地理、心理等，兼涉文理；二则习文科者不可不兼习理科，习理科者不可不兼习文科。所以北大的编制，但分十四系，废止文理法等科别。

我五十一岁至五十八岁（民国六年至十二年），任国立北京大学校长。民国五年，我在法国，接教育部电，要我回国，任北大校长。我遂于冬间回来。到上海后，多数友人均劝不可就职，说北大腐败，恐整顿不了。也有少数劝驾的，说：腐败的总要有人去整顿，不妨试一试。我从少数友人的劝，往北京。

北京大学所以著名腐败的缘故，因初办时（称京师大学堂）设仕学、师范等馆，所收的学生，都是京官。后来虽逐渐演变，而官僚的习气，不能洗尽。学生对于专任教员，不甚欢迎，较为认真的，且被反对。独于行政、司法界官吏兼任的，特别欢迎；虽时时请假，年年发旧讲义，也不讨厌，因有此师生关系，毕业后可为奥援。所以学生于讲堂上领受讲义，及当学期、学年考试时要求题目范围特别预备外，对于学术，并没有何等兴会。讲堂以外，又没有高尚的娱乐与自动的组织，遂不得不于学校以外，竟为不正当的消遣。这就是著名腐败的总因。我于第一次对学生演说时，即揭破"大学学生，当以研究学术为天职，不当以大学为升官发财之阶梯"云云。于是广延积学与热心的教员，认真教授，以提起学生研究学问的兴会。并提倡进德会（此会为民国元年吴稚晖、李石曾、张溥泉、汪精卫诸君发起，有不赌、不嫖、不娶妾的三条基本戒，又有不做官吏、不做议员、不饮酒、不食肉、不吸烟的五条选认戒），以挽奔竞及游荡的旧习；助成体育会、音乐会、画法研究会、书法研究会，以供正当的消遣；助成消费公社、学生银行、校役夜班、平民学校、平民讲演团与《新潮》等杂志，以发扬学生自动的精神，养成服务社会的能力。

北大的整顿，自文科起。旧教员中如沈尹默、沈兼士、钱玄同诸君，本已启革新的端绪；自陈独秀君来任学长，胡适之、刘半农、周豫才、周岂明诸君来任教员，而文学革命、思想自由的风气，遂大流行。理科自李仲揆、丁巽甫、王抚五、颜任光、李书华诸君来任教授后，内容始以渐充实。北大旧日的法科，本最离奇，因本国尚无成文之公、私法，乃讲外国法，分为三组：一曰德、日法，习德文、日文的听讲；二曰英美法，习英文的听讲；三曰法国法，习法文的听讲。我深不以为然，主张授比较法，而那时教员中能授比较法的，只有王亮畴、罗钧任二君。二君均服务司法部，只能任讲师，不能任教授。所以通盘改革，甚为不易。直到王雪艇、周鲠生诸君来任教授后，始组成正式的法科，而学生亦渐去猎官的陋见，引起求学的兴会。

我对于各家学说，依各国大学通例，循思想自由原则，兼容并包。无论何种学派，苟其言之成理，持之有故，尚不达自然淘汰之运命，即使彼此相反，也听他们自由发展。例如陈君介石、陈君汉章一派的文史，与沈君尹默一派不同；黄君季刚一派的文学，又与胡君适之的一派不同；那时候各行其是，并不相妨。对于外国语，也力矫偏重英语的旧习，增设法、德、俄诸国

129

文学系，即世界语亦列为选科。

那时候，受过中等教育的女生，有愿进大学的；各大学不敢提议于教育部。我说：一提议，必通不过。其实学制上并没有专收男生的明文；如招考时有女生来报名，可即著录；如考试及格，可准其就学。请从北大始。于是北大就首先兼收女生，各大学仿行，教育部也默许了。

我于民国十二年离北大，但尚居校长名义，由蒋君梦麐代理，直到十五年自欧洲归来，始完全脱离。

我六十一岁至六十二岁（十六年至十七年）任大学院院长。大学院的组织，与教育部大概相同，因李君石曾提议试行大学区制，选取此名。大学区的组织，是模仿法国的。法国分全国为十六大学区，每区设一大学，区内各种教育事业，都由大学校长管理。这种制度优于省教育厅与市教育局的一点，就是大学有多数学者，多数设备，绝非厅局所能及。我们为心醉合议制，还设有大学委员会，聘教育界先进吴稚晖、李石曾诸君为委员。由委员会决议，先在北平（包河北省）、江苏、浙江试办大学区。行了年余，常有反对的人，甚至疑命名"大学"，有蔑视普通教育的趋势，提议于大学院外再设一教育部的。我遂自动地辞职，而政府也就改大学院为教育部；试办的三大学区，从此也取消了。

我在大学院的时候，请杨君杏佛相助。我素来宽容而迂缓，杨君精悍而机警，正可以他之长补我之短。正与元年我在教育部时，请范君静生相助，我偏于理想，而范君注重实战，以他所长补我之短一样。

大学院时代，院中设国际出版品交换处，后来移交中央研究院，近年又移交中央图书馆。

大学院时代，设国立音乐学校于上海，请音乐专家萧君友梅为校长（第一年萧君谦让，由我居校长之名）。增设国立艺术学校于杭州，请图画专家林君风眠为校长。又计划第一次全国美术展览会，但此会开办时，我已离大学院了。

大学院时代，设特约著作员，聘国内在学术上有贡献而不兼有给职者充之，听其自由著作，每月酌送补助费。吴稚晖、李石曾、周豫才诸君皆受聘。

我于六十一岁时，参加中央政治会议，曾与吴稚晖、李石曾、张静江诸君提议在首都、北平、浙江等处，设立研究院，通过。首都一院，由大学院筹办，名曰国立中央研究院。十七年开办，我以大学院院长兼任中央研究院院长。我离大学院后，专任研究院院长，与教育界虽非无间接的关系，但对于教育行政，不复参与了。

第三章

叶圣陶教育随笔

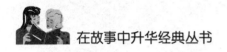

小学教育的改造

以前的小学教育的任务是什么？我们不希望得到一个像"教育儿童"这样的笼统的回答。于是我们留心观察以前的担任小学教育事业的人，看他们持的什么见解。我这里所说的"以前"，指的是中国自办学校起直到今日。我不能知道中国教育界的整个情况，我常接触到的只不过是百数十位小学教师和数十个小学校，然而我从所谓的"视察报告"、"参观笔记"中留心观察，也可以说知道个十之五六了。就从这十之五六来看（虽不能说是全部，然而是多数的），中国的小学教育事业立足在哪一种任务观念上，或是或非，或当或不当，就有可以注意和评论的价值。

一般担任小学教育事业的人，以为儿童所需求于学校的，是取得前人的知识和克制自己的德行。他们又以为知识是可以授予的，德行是可以勉强修炼的。所以小学教育的任务就是把知识授予儿童，勉强儿童修炼德行。授予知识的方法，便是诵习古人思想行为的记录。诵习纯熟，疏解明白，便算是得到了知识的本体了。修炼德行的方法，是使儿童将平时的习惯嗜好一概摒弃，另外过一种一言一动都须顾虑的符合玄虚抽象的概念的生活，能够耐得下过得惯这种生活的，便算是有德行了。对于古人的记录能悉数容受，对于这种特殊生活能身体力行，便是成绩最好操行最好的学生，那么，传授记录最明白，督促诵习最勤恳，责备儿童过这特殊生活最谨严的，当然就是最尽职的老师了。他们以为这个观念一定是不错的，这等方法又是万世不变、放之四海而皆准的。除了这个任务，小学教育就没有别的责任了。有时儿童对于知识竟不能容受，对于特殊的生活竟不能成为习惯，他们便非常恼怒，以为自己对于学生可谓倾诚竭力，无以复加了，而学生竟不体谅他们的苦衷，承教之后丝毫不产生影响，这不是学生的罪过吗？于是加以训斥和种种惩罚，幽闭，留级，甚至开除。惩罚之后，这些儿童如果仍旧在学校里受教育，教师还是照样只管授予知识，只管勉强儿童修炼德行。好像学校是一个模型，儿童是一种物质。玻璃厂里做瓶子的模型，一定要把玻璃装进去才能成器，把泥土装进去是成不了玻璃瓶的，所以玻璃厂不要泥土。学校对于儿童也是如此。你若是个不中式的儿童，学校就认为是不能成器的，不合制造之用，定必将你剔出。

　　小学教育立足在前面所述的任务观念上，出现了什么结果呢？我见到许多进过小学的儿童，觉得他们并没有从受教育上得到什么幸福。其中也有学行真不差的，然而这样的儿童并不普遍，这就不能说是小学教育的效果。从社会的整体来观察，也看不出从小学教育上得到了什么进步。倘若一般儿童都不进学校，从儿童个人来看，从整个社会来看，也不过如此。这并非过激之词，试把许多受过教育的和没受教育的人混杂在一起，若从某些零碎的知识看，或许可以分辨出谁受过教育，谁不曾受过教育；若从真的知识作为观察的着眼点，恐怕就很难加以区分了。

　　以前的小学教育没有效果，一定是任务观念有不惬当之处。为什么会有不惬当之处？因为担任小学教育事业的人把人生看得太简单太机械了。他们以为人生的种种行为，只不过是各不相关的表现，把这些各不相关的种种逐一学会，便是人生的真义。他们根据这个观念去教学生，列举出德目和科目来，向学生讲明这是什么意义，那该怎样修炼，有时还真个引导学生去学习。讲到老师的职务，便分出训导、教授、管理三大项，哪一事属于哪一项，划分得非常清楚，似乎彼此之间全不相关。这种设想是否谬误，只消看看我们的生活实际是否和它相应，就可以得到答案了。我们无论做什么事，未做之先总有一种需求，这就是目的；以为目的达不到，便是非常的缺憾；唯有朝着目的做去，觉得越来越接近目的了，兴趣也就自然来了；这样越做越有兴趣，结果便是成功。在这个过程中，几曾想到这样做才符合德目所称的"勤"和"毅"？几曾想到为了要有"勤"和"毅"的德，我们才这样做？德目对于儿童来说，是绝对不会发生兴趣的。成人有着牢固的成见，不能自己破除思想里笃古尊贤的偶像，才会对德目产生病态的兴趣，并且成为种种德目的牺牲。教师把儿童当作固守成见的成人一样看待，真可谓"拟不于伦"了。把教师的职务划分为训导、教授、管理，从儿童的发展来看也不切合自然。教师预存着划分的观念，于是在教授的时候，只想着我此刻的职务全在于知识的传授，此外如养成良习、陶冶性情，都非所问。在训导的时候，只想着我此刻的职务全在于诏告善言，免去恶德，此外如事务的经验与技术的修炼，悉非所及。这样做去，前者何异于贩卖的商贾？后者何异于传教的牧师？至于管理，计划事务的设置，稽核学生的功过，倘若离开了教育的本旨，便像商家的会计和社会上的警察了。教师既然如此，儿童的感觉会怎样呢？他们觉得一件一件零碎的知识，硬要他们理解、记忆、练习；然而这些知识并不

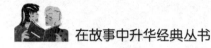

是他们感到需要的，因而不发生兴趣；只为了教师谆谆督责，从旁逼迫，他们才不得不去理解它、记忆它、练习它。临了去考查他们，他们还并未真个理解，对他们的生活，影响非常之少。因为这样的授受，最好的结果也不过使儿童理解了老师的教授罢了。教师所教授的并不是切合人生的事事物物，儿童并不感到缺少这些知识的困苦，对这些知识自然无所需求，怎么会发生兴趣呢？教授怎么会得到成功呢？他们聆受教师训诲之时，只听得教师说："你们应当这样！""遇到什么时候，你们应当怎样做去！"他们可能会想："我们觉得什么事有兴趣，高兴做就做了，你们所说的遇到什么的时候，我们什么时候才会遇到呢？即使遇到了，要先从脑子里去寻找教师说过的应当怎样做去才去做，岂不麻烦累事吗？"如果儿童提出这样的疑问，我们不能认为毫无理由。也许他们并不提出这样的疑问，只觉得教师的训诲是枯寂的、虚玄的、拘束的，因而不加理会。也许由于特别的原因，他们早已养成了信仰教师的习惯，因而恪守教师的训诲，把教师的训诲作为立身之本，那么最吃亏的就是儿童本身了。

以前担任小学教育事业的人又把儿童的心理看得太简单太机械了，认为认识、联想、练习、应用等等都是各自独立的事，相互没有联络，没有整统的关系。他们无论教什么东西总是段落分明、按步循序，以为认识的时候只是认识，和联想等等无关，在联想的时候只是联想，也和其他无关。其实无论儿童或成人，他的一思一动，总是心灵和肌体的复杂活动。研究心理的时候固然不可不细细分析，按渚实际，哪有一件事像教师教儿童专练什么这样单纯？认识的时候，就是应用旧有的经验的时候；练习的时候，就是得到新的认识的时候；这其间参互错综，果就是后者的因，因还是前者的果，不必分开，也无法分开。如果要勉强划分阶段，以为按步循序，儿童便可以得到真的知识，其弊病就在于不顾整体的统一，忽略了根本。我不得不说这是个劳而无功的方法。

前面的两节说的是教师对于人生没有真实明确的观念：自己不明白人生的究竟，也就不明白儿童的究竟。换一句话说，便是不明白使儿童怎样才算真好。又因为不明白儿童的心理，所设计的德目和科目，以及教育步序方法，往往成为徒劳。而要明白儿童的究竟和儿童的心理，教师非先自觉不可。

教师在没有自觉之前，他羡慕往古，务求侔合，他的人生观只不过是一种虚玄的抽象的观念。这样的观念只能供空幻的默想，影响到行为，便成为笼统、散漫、迷信种种现象，都成事不足、败事有余。有许多人以为人生的究竟只是要生活，这固然不错，然而怎样改善生活，使生活永远继续下去，他们就不去研究了。还有一些人什么都不想，对于人生的究竟从未形成观念，那就更没有可说的了。但是人生终究是实际的，不是虚玄的；生活终究是希望改善和永远继续下去的，不是随时敷衍而是需要有意识的。如果"胡天胡帝"，人生还有什么价值。儿童受了教师的影响，他们的人生也就没有什么意思了。教师的训导、教授、管理既不能引起儿童的兴趣，然而他们那欢喜观察、玩弄、仿效等本能，却仍然要随处发泄的，不在这里就在那里，如果不从合理而系统的路走去，就跑到了散漫无归的荒野。也有一些儿童，他们的本能薄弱，仿佛孱弱的种子，发出的芽细弱可怜，若不加培壅，等不到开花结果先就枯萎了，滋长发荣的本能就此永远埋没了。本能薄弱的儿童接受那不明白儿童心理的教育，就和这细弱的幼芽一样。——可知以前的小学教育，对于儿童没有积极的效果，消极的影响却随处皆是。

以前的教师有时也考察儿童受教育之后，有没有得到实际的效益；谁知一经考察就得了五个字："他们不好学。"因而想，儿童不好学，或者由于他们不懂得功课的效益的缘故，于是细细地给他们讲这科有什么效益，那科有什么用处。又怕他们虽然很愿意得到这等效益，而没有途径，目的难以达到，于是学这科学那科的方法一一给他们讲个明白。这样试验了一番，哪里知道并没有好结果，他们的不好学依然如故。其实，这样的推想本身有两层谬误。第一，以为我们对于一件事物所以能达到"好之"的地步，一定因为羡慕它的效益，贪图它的用处；却不曾想到其中还有解决疑难和应付环境等种种兴趣。第二，以为儿童的心理和习性和深谋远虑的成人是没有区别的；成人对于事物力求精研，往往有为着未来的功利目的，便以为儿童的心理和习性大约也是如此。实则儿童的各种举措哪里为了什么未来的效益和功利？他们头脑里无所凭借，几曾忽然定出个预计表，而后才有举措？逢到疑难当前，他们只想去弄明白、去应付，所以他们只管自己玩弄、抚摩、观察、试验，在成人看来也许觉得可笑，而他们却有无上的乐趣。他们从解决疑难得到了快感，就欢呼跳跃，继续练习。因为对任何事物都有兴趣，他们就肯练习，新的经验就逐渐增多了。这是真的效益和功利，但是他们何尝先定下个预计表？可知儿童的不好学，一定是学校里的设施不能引起他们玩弄、抚摩、观察、试验的动机，因此不能使他们产生快感，结果就是使他们不高兴去练习。

　　我们且去考察一下小学校里的设施。我先说人们有一种弊病，凡是一种制度，大家受到了利益，就觉得这是最好的了，必须永远保存下去，不再想还有没有更好的，能使大家受到更大的利益。这种弊病是从"凡是成立的制度都含着真理"这个概念来的。不知任何制度所以建立，只因为当时可以使大家得到更多的利益，自然就认为是真理。时代向前推移，世事发生了变易，先前的制度就不能满足人们的欲望了，当然应弃去旧的，别寻新的制度。然而一般人却普遍地保守着先前的制度，不肯有所更改，以为仍旧可以满足现在的欲望，这是何等的顽固！以前的小学制度是当年比较有益的，也并非最好的，然而后人仍保守着，当作千古不变的定则。其中最显著的便是教室制度和用书制度。

　　许多事理往往非常浅显，而且眼前即是；人们看它过分平常，因而不加注意，于是总绕着纡远的道路，行那不切实际的方法。拿知识的获得来说，只不过是欲望、兴趣和努力相连续的结果。孩子看见人步行，非常艳羡，于是本着他的足的本能，努力学步，后来竟自己能走了。只有自己能走了，才可以算知道了走的意义，具备了走的知识。其实任何知识的获得，都与孩子学走一样。以前的教师以为这是孩子的状态，不适用于引导他们成为成人；学走路的过程，不适用于求知识；于是认为过去传下来的制度才是切当的授予知识的方法，哪里知道成人正是孩子的发展，求知识和学步的情形原来是一样的。

　　教室制度的好处，就在于节省教育的人力和时间，论它的起源，还由于宗教的遗制。于是历世相传，凡是学校都有教室，仿佛是天经地义。大家不想一想：这是最妥当的办法吗？除此之外，有没有更妥当的办法不使儿童受到牺牲，而能收到节省人力和时间的效果呢？我们试想，使欢喜活动的儿童离开了他们玩弄、抚摩、观察、试验的环境，坐在教室里，所占的地位不过一桌一椅，所见到的东西不出于一室之外，所接触的事物就是某某科目，这不是一种特异的拘束的境界吗？在教室里进行教授，教师即使能注意启发，引起旧观念，授予新事物，然而为什么一定要在规定的时间内，提出儿童没有预想到的事物来讨论呢？对于没有预料到的事物即使认真去讨论，哪里及事物当前，自己用思想去应付它那样亲切有味呢？即使有实观教育，得以验证，哪里及在实际生活中遇到事物，自己设法去试验它证实它那样有兴趣呢？在教室里是学习的时候，仿佛出了教室就不是学习的时候了。在教室里须要应用学习得来的知识，仿佛出了教室就不必应用学习得来的知识了。为什么会造成这样的印象呢？就因为教室是一种特异的拘束的境界。虽然并没有向儿童明说，然而事实如此，早已在暗地里默默诏示他们了。

书籍的效用在于传授以往的成绩，流布个人的思想。用书制度的好处，就在于使学生知道这些成绩和思想，并备遗忘。世间倘若没有什么新的发现和发明，把人类的思想行为一一保留在书籍中，那么读书当然是重要的事。但是知识的获得并不专靠读书，读书不过是种种学习方法中的一种罢了。我们为了研究事物、应付事物，为了备自己参考，省却枉费心思，于是去读书。可见读书是一种手段，并不是最后的目的。以前的人对于书籍的概念非常模糊，以为书籍便是知识，所以要得到知识只消读书，于是学校里就有了用书的制度。儿童进了学校，就觉得唯一的重务便是读书，但是不知道读书为的什么。久而久之，自己的生活，实际的事物，他们都淡忘了，心里就只有书籍了。儿童受到这样的陶冶，怎么能不走到知行不能合一的道路上去呢？也有能够知行合一的人，他们多是出了学校之后，从实际生活的经验中自己觉悟过来的。他们的心力全用在书籍上，或者注释，或者讲解，或者记忆，或者议论，自己只处于客的地位；有时也关合到自身，影响到生活，然而不过是模拟书上所说的罢了。为什么会这样？因为这些知识并不是从实际的经验中得来的。真要收到知行合一的好结果，必须使儿童从实际中获得知识。书籍是非用不可的，但是只宜于用来帮助思考，而不应该当作绝对的不可争议的结论。书籍中的种种结论，不是不可以用来做学习的材料，而正是要使儿童获得的材料，但是怎样获得这些材料，必须让他们自己去经历；倘若经历之后，结论和书籍不同，其中的是非曲直还当诉诸事实，不当盲从书籍。总而言之，学校宜使儿童多多接触实际事物，使他们随处觉得有兴趣，随处可以研究，他们就随处可以获得切己的利益。学校里多备书籍固然是很好的事，但应当摆在图书室里，而不把书籍特定为儿童每天必须接触的东西，这样才能使书籍的权威不超出于实际事物之上。儿童要解决疑难，满足欲望，自己去观察试验，这和查考书籍一样重要。有人以为诵习了书籍，再用事物来做实证，也未尝不是什么办法。我们是为了解决实际的事物才去运用书籍的，不是为了书籍上怎样说，才去找相巧的事物来做证明。所以实际事物是主，书籍是宾。如果照那些人的说法，就是主和宾换了位置，根本的观念先已谬误，还会有什么好结果呢？

儿童在进学校之前，自有他们的生活。进了学校，自然是继续他们的生活。所以两者必须顺着一个方向，不过在质的方面有所不同，便是学校生活比以前的生活合理而有系统。他们将来出了学校，终其一生，把学校生活所得的经验作为基础去应付事物，这才收到了学校教育的效果。倘使儿童一进学校，就把他们关闭在教室里，只让他们诵习书籍，他们的生活境遇可以说骤然改变了。生物的境遇改变了，能渐渐变化以求适应；儿童的境遇骤然改变，他们也会渐渐改变生活，适应那新的境遇。但是这种适应和深谷里的鱼变为盲鱼一样，是一种消极的倾向。学生出了学校，人家以为他们有知识了，他们也以为自己有知识了，实则上真实的知识，不知道究竟得到了百分之几。他们把活动的心性和丰富的兴趣，白白地埋葬在教室和书籍里头了。

有了用书的制度和教室的制度，就不得不分科目来教儿童。与实际生活相比较，就觉得科目的划分有简单和支离的缺憾。学校里选定了若干科目来教育儿童，教者以为儿童一定要学习了这许多东西，方算是一个有知识的人。所以只要进了学校，不管你需要不需要，有兴趣没有兴趣，这些科目是非学习不可的。科目之外，关系人生的事物还有许多，这许多事物因为和日常的事物混在一起而无法区分，就没有列为专门的科目，就够不上教授的价值。儿童倘若在科目之外另有需要的事和感兴趣的活动，因为没有定在科目之中，在学校里只得舍弃而不去弄它。学校里只顾选定现成的科目，叫儿童来凑合，来购买，只为了教者的方便，哪里肯顺着儿童的需求来规定种种设施呢？不妨请教师自己来审察，这几个科目能把实际生活中的事物包括得尽吗？这几个科目都是合理而且有系统的吗？只要学习了这几个科目，就能应付人生的种种事物了吗？这种划定科目的教授方法主客易位，不切实际，能不使知识和实际背道而驰吗？对这几个问题如果不能回答个"不"字，那么可以概括断定：划分科目的方法将使儿童误会科目就是他们的目的，这个误会深入于儿童的心中，科目的价值也就极其微薄了，因为既然把各种科目看作独立的目的，科目的价值自然只限于科目的自身了。若问学生为什么要学习这一科目，他就回答，因为这是一种科目。学历史的原因就因为有历史这一科目，学算术的原因就因为有算术这一科目。科目各各独立，没有共同的出发点，支离破碎，没有相互联络之处，不切合人生的应用，并无实用的价值，儿童何苦耗费心力去学习这等没用的玩意儿呢？

话已经说了很多，现在把上面的意思扼要提纲，再叙述一遍：担任小学教育事业的人，他们的任务观念只在将知识授给儿童，还勉强儿童修炼德行。教育立在这个观念上，得不到良好的效果。这个观念的由来，是没有了解人生的真意，又没有明白儿童的心理。这样的教育"非徒无益，而又害之"，会使儿童受到许多恶影响，其中最显著的就是不好好学习，无从得到真知识，不能理会人生的价值。造成这个结果的原因，从方法上讲便是教育的设施不得当，如教室制度、用书制度和分科制度。

我们要使小学教育得到真实的效果，必须先弄清楚以前的种种谬误，把以前的见解和态度尽行抛弃，求个彻底的改造。要知道以前的见解和态度，并不是一定不可以变更的，只要真诚地观察批评，种种谬误自然会显露出来，于是我们就有一种新的要求。有了要求，运用我们的思想可以得到新的经验和知识。这新的经验和知识，其价值就在支配我们的行动，帮助我们作出计划，使小学教育得到真实的效果。

第一，我们要明白新的人生观应当是怎样一种观念。我们的生活离不开社会，没有社会，我们个人就非常痛苦。这个社会，由于许多人欲求相同、利害相同、感情相同，才组合起来做一致的有秩序的向前推进的行动。社会和个人的关系密切，不可分割。个人的功利便是社会的福祉，社会的进步就是个人的快乐。既然如此，我们就应该根据自己的才学和能力，做那直接有益于社会的事。然而这也不单为社会，同时为了自己。因为社会进步了，自己便能成为更高尚、更合理、更幸福的人。又因为我和他人的欲求、利害、感情都相同，彼此相助，力量就越大，收益就越宏，所以我们尊重我们的伴侣，赞助我们的伴侣。彼此永永相助，社会永永进步，人类才可以得到圆满的、普遍的、永久的快乐。

担任小学教育事业，便是一种帮助儿童、奉献社会，并有益于自己的活动。然而要使给予儿童的帮助确属有用，要使社会的幸福确有增进，要使自己对于本分确无遗憾，不是担任了就行，还得认清教育事业的意义。小学教育的意义，概括地说来便是使儿童在行为上得到新的人生观。要达到这个目的，须承认人生必须是自觉的、自动的、发展的、创造的、社会的，而以教育做手段使学生养成这种品德和习惯，以至达到最高的高度。那玄虚、抽象、仿效、克制、被动的人生观，当然不是现代人所应当具有的，当然不能拘守着作为教育的出发点。

小学教育的意义既然认识清楚了，第二，我们就要想一想：知识究竟是什么？求知识的动机是需求，没有需求，便得不到知识。所谓需求，就是满足现在的欲望，达到愉快的境地，所以知识是帮助我们计划、支配我们行动的动力。我们的行动要有意义，计划要收到效果，非有知识不可。我们不是先有了知识，才有计划有行动的。知识的价值全在于即知即行，当时应用。以前的教育叫儿童学习知识技能，预备着他们将来应用，所以儿童在学习的时候就很不高兴。为什么会这样呢？就因为不是他们当前所必需的。教师说："你们有了知识，可供将来应用，你们修炼品德，预备将来进入人世间生活。"儿童就会想：我们现在难道不生活在世间吗？现在和将来的分界线在哪里呢？现在的所作所为原来只是预备，那么都可以不算数吗？到了将来，就可以什么都不用预备了吗？这等怀疑影响到实际，便没有学习的诚意。如果改变以前的见解，认定儿童的现在就是他们整个人生的一部分。他们现在的所作所为，就需要他们自己去应用知识方能完成。那么他们在当前的环境中有所需求，自然会自己去研究，寻求出道理和办法来，还会自己去试验这些道理和办法是否切合实用，来证实它们的价值。经过这样的研究和试验，他们得到的便是真的知识。试问真的知识有不能支配行动，不和行为合一的吗？

教师有什么可以授予儿童的呢？除却物质的东西可以授受，属于精神方面的知识是谁也不能授予谁的。因为知识是求知者主观的欲望和兴趣的结晶体，离开了求知者的主观便无所谓知识，所以知识只有自己去求，别人的知识只能由别人去应用，我不能沾他们一些光。教师的真知识终究是教师的，与儿童没有关系。教师用语言和文字将占人的和自己的经验一一传授给儿童，即使这些经验是千真万确的，毫无疑义的，也不一定能使儿童得到真知识。因为这许多经验教师固然已心领神会、亦知亦行了，在儿童也许不觉得需要，不发生兴趣。如果这样，这许多经验就不会加入儿童的知识的总和。儿童总要在他们的实际生活中有所需求，自己去研究解决的办法，还要自己证实过、实践过，才会得到真的知识。有时他们听讲看书，却不立即信从别人的经验。而运用自己的推想力去寻求实证和实验，最后得到了和听到的看到的相同的结果，这也是他们的真知识。但是这等情形不一定常常遇到，总要自己实际经验实际证实，才能得到真正理解。

我们既然认定知识不是可以传授的，那么对于儿童，我们决不能将现成的知识装进去，而要使儿童自己思考出来；不是使儿童学习了现成的知识预备应付将来的事物，也不是使他们只为了有知识而去求知识，而是使儿童从事物中寻求真知识，并用真知识来支配他们的行动。儿童遇到事物，发生了求知识的动机，于是亲自去观察、去试验，结果，他们对于这事物得到了一宗新知识，他们在生活中就有了一个新趋向。这种活动创造的能力，什么时候什么地方都用得着，这才是怎样做人的根本方法。学校教育能注重这一点，学生就能不断创造，以谋社会的进步。他们何尝有为了有知识而求知识的观念呢？何尝觉得自己做了求知识这样一件特别的事呢？

　　知识的由来既如上面所述，那么第三，我们就要想一想，怎样可以让儿童经常有求知识的动机？要讨论这个问题，先要说明一下本能，欲望和兴趣。儿童都有他们的本能，在粗心的老师看来，这没有什么意义，有时还加上一个"无意识"的评语，表示厌恶和不屑。其实本能正是教育的原料，如果不加以陶铸，对于人生不产生价值，所以无所谓善恶。如果能引导，没有一种本能没有积极的倾向，不过有的比较容易陶铸成良好的品德，有的比较难一些罢了。教师如果能留心儿童的本能，便可以在教育上找到扼要的手段，随时获得新的经验和知识。儿童的某一本能倘若有善的倾向，便应该设法使他们尽量发展，渐渐成为有意识的习惯；倘若有恶的倾向，便应该设法引导他们转向积极，不使造成恶的结果。阻遏绝不是正当的方法，如果将儿童的各种本能阻遏净尽，教育就失去了原料，那还有什么教育？

　　欲望是人生活动的原动力。欲望的起源由于感到缺陷，渡水不得，便想造船；致远累事，便想造车；推而广之，便是哲学科学。哪一件不是从弥补缺陷起源的。儿童的活动逾越常规，就因为他们对环境感到新奇，非常羡慕，于是引起了求知求行求享受的欲望。顺着他的欲望的趋向，作为教育的入手方法，使他们如愿以偿，才是教育者最应当尽力的事务。顺着他们的欲望，并不是使他纵欲肆志，而是不加摧残，不与违拗，引导他们满足欲望，归结到合理而有系统的道路上去。他们的欲望有时是不应达到的，或者是扰乱秩序的，这也不可以遏止，（无论何人，欲望受到遏止将会何等懊丧！）最好用替代的方法以求补救。他们有了替代的欲望，不蹈空虚，不生恶果，终于得到了满足，那是何等的安慰，何等的快活！倘若为了维持秩序，不想个替代的方法，只一味遏止，秩序固然维持了，却断丧了他们活动的原动力，实在得不偿失。

　　兴趣是我们生命所寄托着的。一个人的世界，不能大于他兴趣所及的范围，唯有这个范围方是他内在的真实的世界。在他所感兴趣的范围以外，固然有许多事物围绕着他，但是他视若无睹、听若不闻，对他来说，可以说实际上并不存在。平常大家以为我们的环境便是围绕我们的一切事物的总和，其实我们所寄托的只有我们经历过的一部分事物罢了。所以人的生活，以他的兴趣所及的事物来划定广狭远近的范围。一个人兴趣所及的事物很少，那么他的生活就非常狭小浅近。以前的小学教育，较好的也不过求教授有趣味，至于儿童是否真有兴趣，他们就不管了。他们这样做，怎么能不收到儿童的人生非常狭小浅近的结果呢？今后的教育要着力于扩充儿童兴趣所及的范围，并使他们养成终身的习惯。一个人影响他人的能力的大小强弱，多半靠他自己的兴趣的多少和深浅。无论何人，如果要影响他人，必须同情和了解他人的兴趣所在。所谓同情和了解，就是从他人的观点去看当前的事物。所以教育者需要扩充自己的兴趣范围，更需要真切了解儿童的兴趣可能及到的范围。

要使儿童经常有求知识的动机，需要根据他们的本能、欲望和兴趣，想方法来引导他们的本能，顺应他们的欲望，扩充他们的兴趣。教育者要尽这许多义务，仿佛戏台上职场面的人，把种种事物都安置妥当，但是怎样表演怎样说白，还要让演员自己去做。教育是有最终的目的和价值的准绳的，教育者的义务便是使儿童得到合理的系统的知识，确定他们的新人生观。如果能给儿童布置个极其适当的环境，自己却忘记了自己是教师，而且使儿童也忘记了我是个教师，只觉得我是他们的环境之中的一个同情的互助的伴侣，这才是今后所需要的教育者。儿童和教师生活在一个环境里，彼此是同情的互助的，那么学校便是社会，学校生活便是社会生活。

小学教育设施的要义既然如以上说的，那么第四，小学教育的设施应当怎样安排呢？以前的制度既然造成了种种恶果，必须根本铲除，才有改造的基础。今后小学必须的设备是会场、工场、农场、运动场、试验室、娱乐所、图书馆、博物馆、卫生处等。一个学校便是一个社会，因为各种设施都是从现在创造的，可以脱去历史的拘束，进入比较圆满的境界。儿童进了学校，只是与各种事物相接触，只是觉得有许多事情要做。有必要的时候，他们自然会到会场里去讨论，会到图书馆里去看书。他们对于环境，兴趣所及有所不同。他们各从所好，随时运用心力和体力，或是工作，或是游戏，来满足各自的欲望，便随时长进经验，随时有所创作有所进步。教师对儿童自然要担负帮助和指导的责任，但是教师自身也随时长进经验，随时有所创作有所进步。教学事业就是教师的社会生活，帮助和指导儿童就是他的"尽其

所能"。

照上面所说的，儿童在学校里便知和行合一、修养和生活合一。他们的本质是创造的、进化的，所以教育越进步，他们便养成更健全的人。同时，这样的学校生活便是社会生活，而且更有系统、更有价值、更有改进的精神。他们并不觉得进了一个特殊的境界，游戏依旧，工作依旧，社交依旧，却不知不觉得到了做社会中的一员的经验。全社会都包含着这样的个人，社会便永永改进！

教师问题

要一个政府的政治修明，似乎算不得很难的事，凡是当政的人都请优秀的人充任，便能达到这个目的。要一条街上的各个人见解明白一点，知能提高一点，至少升到跟水平线相齐，那就非常困难了。因为人的数量这么多，种种关系这么复杂，像一团乱丝，岂是随便就能理清楚的？要达到这个目的，大家知道而且惯说的，只有依靠教育，依靠普及教育。这是谁也不能否认的，我当然十分信服。

普及教育的办法有多端，我想，我现在要说的教师问题应该是其中的重要一项。没有教师，教育无从实施；没有教师，受教育者无从向人去受教育。人们说："这是谁都知道的。而且现在的小学校里，哪一个学校缺少了教师？何必再要你说！"我以为不应该这么说。教师问题，不单讲有没有，还该讲好不好，能不能胜任。教师是好的，胜任的，我们才可以说有了教师。否则，即每城每乡每村都有学校，学校里都不缺少教师，我们只能说没有教师，普及教育的目的仍然很渺茫。

我看见美国门罗先生调查中国教育状况后谈话的记录，他说："中国的小学教育很不坏，最不行的是中等教育。"但是根据我亲自的见闻，我不很相信他的谈话，他所到的只是几处都市。在这几处都市里，他所到的又只是几个有声誉的学校。就在同一的都市里，他不曾到的学校有多少？这几处都市之外，他不曾到的地方又有多少？这样想来，可以知道我们决不能因为他这一句话，而欣幸小学教育有了什么成绩。至于我的亲自的见闻是什么？就是小学教师的不好和不能胜任。

除了相信教育，以教育为一种趣味的少数教师以外，一般教师的情形是

怎样？我不必特地描摹，请有心人自己去找几个小学教师，或是亲戚，或是朋友，看看他们的思想行为和他们对于职务的观念。如其没有相识的，在茶馆里、酒肆里、公园里、赌场里、彩票店里，你可以遇见他们，也可以满足你考察的愿望。若在乡村间，研究三元地理的先生改充教师了，富翁的儿子因避免游荡之名而任教师了，鼓吹的乐工因识几个字而兼任教师了。我永远不肯相信，教师的职务只在教几个一点一画的字；我更不肯相信，思想行为和职务观念对于任教师这件事是没有关系的。而现实的情形，偏是我所不肯相信的！

不顾实情，闭着眼睛处理，这也是极容易解决的事。教师不好，不能胜任，换掉就是了。但是谁去接替？这个问题又是不必想就可以回答的，有师范生在那里。固然，现在的教师之中也有一部分是师范生。但是试问现在的师范学校是什么情形？它和普通的中学校有精神上的区别么？它曾经留意过特地造就良好的小学教师么？如其不能答一个"有"字和一个"曾经"，那么它的成绩就很难说了，即使学生的成绩并不很坏。又试问没有出校的师范生是什么情形？他们虽然在师范学校里，却很鄙夷小学教师这桩事业。越是优秀的，鄙夷的强度也越厉害，若不是真个无路可走，毕业后决不肯自愿投入小学教师的网里。所以时间一年年过去，师范生一班班毕业，小学教师中却仍旧有三元地理先生等等。

这也不能怪三元地理先生等等，好的教师譬如是太阳，他们就仿佛爝火。在太阳不曾出来以前，爝火虽微，总有一点用处。三元地理先生等等不是确曾教孩子们识了几个一点一画的字么？倘若不是他们支撑场面，孩子们要识字也没有机会了。至于他们所以居之不疑，我想有两种原因：一、这究竟是一个饭碗，虽不丰满，却是比较高雅而写意的饭碗；二、明知自己是爝火，待太阳出来也情愿缴械，但是太阳总不出来。就是我，虽然任了多年小学教师，始终自知是一点爝火，同三元地理先生等等一样。等待了好久，只不见太阳出来，而自己的不胜任为教师却越来越明白，终于不敢当教师了。到了最近，更发现不胜任教育自己的孩子，对于一个五岁的孩子时时发愁。若是什么地方有太阳，我愿意将他送给那太阳。但是，太阳在哪里呢！

我写这篇文字，意思在希望小学校里出现太阳。所以我不再写丧气的话，而想对于师范学校贡献一点愚见。第一，我希望师范学校的章程中，多加一条，说明凡来入学的，毕业后必须当小学教师。有了这一条，视师范为普通中学的学生就不会来了，章程中的半途退学罚款的规定就有用了，知照县官任用师范毕业生的办法也有效了。否则，一个毕业生可以不当教师，就可能全班，大家都不愿当教师。果真如此，师范学校有什么用处？第二，我希望师范学校要认清楚它是师范学校，它的任务在造就良好的小学教师。具体的办法，恕我说不出，但是我知道一定与普通中学不同。这两层做到之后，在学者因趋向已定，事业已决，得以安心学习。施教者因标的既具，成绩立见，得以尽力设施。结果一定能使现在的小学教育真正改变一些面目。

师范生不愿任教师的原因当然有许多。我想物质的原因或者是重要的一项。我不信一辈人唱的高调，以为教育是神圣的事业，不是为糊口计的。事业尽管神圣，只要我们能尽职，正不妨借此朗口，而且唯有这样的朗口才是正当。所以看教师事业为一个饭碗，若不加上消极的意思，决不能算是卑鄙可耻。现在这个饭碗却难说了，除开城市，单说大多数乡村，教师月薪在十元以下六元以上的已算优越。这就只能由三元地理先生等等去兼任了。更有所谓学务委员，对于教师们有非常的权力，对于金钱有特异的爱好。他们要从中侵蚀，他们要保持权力，亦唯有录用三元地理先生等等，而优秀的师范生决不愿意受这等苛刻的待遇。

我们不自认为弱者，谁愿意受人家的苛刻待遇？但是因为不愿受而退却不前，仍旧落于弱者一面。既为师范生，教师就是终身的事业；前途的发展是应负的责任，障碍的破除也是应负的责任；各县财政的支配，教育经费的支配，不应为公众、为自己而过问么？若自问真能尽职，老实不客气，很可以明白地提出要求，要一个丰满的饭碗。对于监督者的溺职和舞弊，不应为公众、为自己而反抗么？唯其没有人反抗，才有人越出了范围，公然地无所顾忌地为所欲为。教师发出了反抗之声，才能够在自己的范围内作好应做的事。

我希望师范生都为教师，为学校里的太阳，代替以前昏暗不明的爝火。这使我们有一种骄傲，得以向人家说，"我们不但有教师，而且有好的胜任的教师了！"于是乎这件烦难的工作，就是要一条街上的各个人见解明白一点，知能提高一点，至少升到跟水平线相齐，有成功的希望了。

我这一点浅薄的意思是在对着五岁的孩子发愁时想起的。

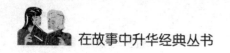

教育与人生

在讨论教育与人生的问题之前，我们先看什么是教育？什么是人生？

教育的意义究竟是什么？许多人认为，教育是"成熟的人对未成熟的人，以一定的目的方法使能自觉"。这种说法固然不能说不对，但总有些空泛。又如杜威所谓"教育即生活"，舒新城所谓"教育是启进人生的活动，其目的在于为社会创造自立的个人，为个人创造互助的社会；其方法在利用社会的（自然环境及社会环境）刺激，使受教育者自动解决问题，创造生活"。（见《教育通论》）这些理论也偏于空疏，没有切实道破具体的教育的意义。

我以为教育应该指学校教育而言。所以教育是用学校作为工具，把旧有的知识系统传授给继起的青年，使他们养成一种适合于既成社会的人格，以维持和发展这个社会。所以教育是人类获得生存资料和经营生活的一种工具。教育本身并非目的，而是工具。这种工具，大而言之可以挽救国家社会，小而言之可以指导个人，改造个人的错误，实现个人的本能，它的作用是很大的。

人生的意义是什么？所谓"人生"，包括人类的物质生活和精神生活而言。各人对于人生的见解，就是所谓"人生观"。认为人生是快乐的，就是快乐的人生观；认为人生应该献身于国家与社会的，就是责任的人生观。各人的环境不同，着眼点各异，因而各人的人生观亦不一致。学校教育的目的就在于使学生养成正确的人生观，因而不能不注意教育与人生的关系。

教育与人生的关系，大致有下列三点。

一、以教育认识自己

天下最可怜的事情莫过于自己不认识自己。有的人因为不认识自己的缘故，走入歧途，一切堕落，事业不得成功，甚至危及生命，这是何等的危险。

认识自己有两方面：一为自己的主体，或称"自我"；一为自己的环境，或称"外物"或"客体"。单是自我，不会有正确的认识。单是被认识的客体，也不能认识自己。必须明白了主体与客体的关系，认识了环境，方能认识自己。所以我们首先要认识的就是我们的环境。我们的行动与环境发生密切的关系。环境有支配或决定人生的力量，同时又有引诱人生入于某种途径的力量；我们受种种外物的支配和引诱都是必然的，不是偶然的。所以要认识了我们的环境，我们的行动才会有目标有意义，不至于成为盲目的不正当的行为。

在认识环境之后，应当认识自己的本身。认识自己的本身，最主要的是自己的地位。一个人能否尽自己的责任，就以认识自己的地位与否为先决的条件。各个人的地位本来是环境的反映，但是对付这个环境因人而不同，不是机械的受其支配而已。所以对于环境，就有能否适应的分别。所谓适应，既非屈从，又非反抗，乃是恰当利用环境之谓。要利用环境，除了认识环境之外，第一要注意自己所处的地位；第二是自己的能力；第三是自己的能力在所处的地位能够发挥的作用。所以环境的认识和自我的认识都是必要的。

认识客体的环境和自我主体的地位，不是一件容易的事情，必须有相当的知识学力，才能辨别是非、分清黑白。这当然是教育的责任了。教育不仅要增加学生的知识学力，同时要引导学生走入正轨，使其了解世界的大势，本国的情状，以及学生所负的使命和个人所处的地位。

二、以教育革新自己

既然认识了自我与环境，就应当从事于革新自己。革新可以分两个方面来说：

一方面是铲除一切障碍物，如虚荣心、怠惰心，等等。一般人很容易受这些魔力的支配，自己不能节制自己，这是人类本性上的缺陷。但人类的本性也具有许多优点，如仁爱、求知，等等。我们应当发扬自己的长处，铲除这些短处。

另一方面是革新过去的错误观念。我们认识了环境和自己的地位，就应当铲除以往的错误观念，向新的路线上走去。一个人总有自己的人生观和宇宙观。较进步的人对社会更有认识，这种种认识，构成了人类行为的基础。我们在认识了环境和自我之后，对这种种当然会有相当的认识。在我们的本能中虽然有除旧布新的成分，同时也有迷恋过去的成分，所以革新过去的错误观念，便非常重要了。

要铲除一切障碍物，革新过去的错误观念，必须在教育上下工夫。因为怎样铲除虚荣心、怠惰心，如何革新错误观念，是要以教育力量为原动力的。

三、以教育成就自己

由认识自己而革新自己，由革新自己而成就自己，是一种自然的步骤。

如何才能达到成就自己的目的呢？这当然有研究的必要。我以为应当按照自己的所长和所好去成就自己。譬如性情爱好理科的，就可以在理科方面努力；爱好文学或政治经济的，就可在文学或政治经济方面努力。这样做去，是很容易成功的。要使人们都能够这样成就自己，非借助于教育不可。可见教育对于人生所负的责任，真是不小。

以上三件事，无论缺了哪一件，很难成为健全的分子。今后的教育应当从这三件事着手，尤其对于中学生，更应当特别训练。希望负有教育责任的人注意。

受教育跟处理生活

中等教育的目标不外乎给予学生处理生活的一般知识，养成学生处理生活的一般能力，使他能够做一个健全的公民。依照教育学者的说法，话决不会这么简单。他们罗列各派的学说，比较各国的国情，一下子一章，再一下子又是一章，可以写成一本很厚的书。但是说来说去，总脱不出这一句简单的话的范围。

所谓生活，无非每天碰到的一桩桩一件件的事情。客人来了，该要款待他，这是一件事情。夏天快到了，该要下稻种，这是一件事，东北四省失去已经三年了，该要想法收回，这是一件事，太阳上的黑子今年又扩大起来了，该要研究它的所以然以及对于地球的影响，这是一件事。事情是举不完数不完的。许许多多的事情积聚起来，其总和就是人类的生活。

根本地说起来，处理生活的知识当然该从一桩桩一件件的事情上去取得，处理生活的能力当然该从一桩桩一件件的事情上去历练。唯有这样，才无所谓学习跟实做的界限，才没有支离破碎的弊病。过一天就是一天的充实生活，便没有像泄了气的气球似的预备生活。

教育的最高境界该怎样呢？说出来也平淡无奇，不过实现上面所说的罢了。在现今世界上，并不是没有施行这种教育规模的地方。在我国，有一部分教育者提出教、学、做合一的主张（又有人说该是做、学、教合一），也是想把教育推进到最高境界的一种企图。

但是要知道，教育是不能离开了种种的社会关联而独立的。教、学、做合一的主张不能普遍于整个教育界，正受着种种的社会关联的限制。此刻我

们必须明白的是：现行的教育规模，例如把训育跟教科分为两橛，又如定下公民、卫生、国文、算学等等科目教学生学习，实在不是顶妥当的办法，而只是不得已的办法。

为什么不是顶妥当的办法？因为这样一来，就把教育跟一桩桩一件件的事情，也就是跟生活的距离拉得远了；故而在学校里当学生，总不免有"预备生活"之感。但是不这样就得全盘推翻，另起炉灶；在不能另起炉灶的时候，要让青年取得知识、历练能力，就只得照现在这样做。所以说只是不得已的办法。

明白了这一点有什么益处呢？益处就在于能使我们不忘记我们的实际生活。我们学的虽然是公民、卫生、国文、算学等等科目，而实际生活里并没有这些科目，只有一桩桩一件件的事情。事情临到我们的面前，我们要能综合地运用这些科目去处理，那才是真个取得了知识、历练了能力。如果徒然记住在心里，写在笔记簿上，临到事情还是茫然失措，那就等于没有受什么教育，我们决不肯这样耽误了自己。

连带地，我们自然会领悟教科书的本质只是各种科目的纲领而已。譬如演戏，教科书好像一张节目单，背得出节目单并不就是演了好戏。纲领自有纲领的用处，繁复的头绪须得理清楚，才可以结成概念，纲领的必要就在于此。因而死命地记诵教科书是无谓的，把记诵教科书当作受教育的终极目的尤其无谓。我们固然不肯把节目单抛开不顾，可是我们更得好好地演我们的戏——随时随地好好地处理我们的生活。

中学生课外读物的商讨
——教育播音演讲记录稿，同"儿童观念三养成"

一

这个题目是教育部出给我的。我以为对于诸位同学来说，这个题目的确很关重要，为着自己的知识和能力的长成起见，你们本就应该仔仔细细想一想。我说的不过是我个人想到的一些意思，也许多少可以供你们作参考。你们听了我说的，如果对于课外读物有了更清楚的认识，对于利用课外读物有了更适当的方法，就是我的荣幸了。我准备分两次来讲。这一次讲两个节目：

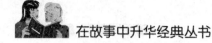

一个是课外读物的必需，一个是课外读物的类别。下一次再讲怎样阅读课外读物。

课外读物是必需的吗？这是个不成问题的问题，谁都知道是必需的。但为什么是必需的呢？这有给以回答的必要。假如回答不出来，或者只能模模糊糊地回答，都不能算已经懂得了课外读物是必需的。

和课外读物相对的，自然是课内读物。课内读物指的什么呢？无非是各科的教科书，也有不用教科书而用讲义的，那讲义也是课内读物。要知道，教科书和讲义的编撰，都不是由编辑员和教师自作主张的，须得根据教育部颁布的"课程标准"。"课程标准"详细规定着各科教材的内容纲要，编辑员编撰教科书，教师编撰讲义，都得按照规定的内容纲要，逐一加以叙述或说明。叙述和说明还不能过分详细繁复；要不，每一科的教科书和讲义都将成为很厚的一部书。所以教科书和讲义还只是一个纲要，比"课程标准"规定的内容纲要略为详明的纲要。单凭这个略为详明的纲要来学习是不济事的，所以还得请教师来给学生讲授，教师的讲授并不重在文字的解释，而重在反复阐明教科书和讲义所提及的内容。万一学生把教师所讲授的某一部分忘记了，翻开教科书和讲义来看，就可以唤起记忆，追回那些忘记了的。说到这里，你们就可以明白教科书和讲义的作用了。在学习之前，不过提示纲要；在学习之后，不过留着备忘罢了。

课内读物的作用既然不过如此，就见得课外读物的必需了。读了历史教科书，再去找一些关于历史的课外读物来看，读了动物讲义，再去找一些关于动物的课外读物来看，其意义等于在教室里听教师的反复阐明的讲授。教师的讲授限于授课的时间，实际上还是只能作扼要的叙说，举几个简单的例子；课外读物却不受什么限制，叙说尽可详尽，举例尽可繁富，你要知道历史上某一事件的前因后果，你可以看专讲这一事件的书，你要知道某种动物的生活详情，你可以去看专讲这种动物的书；看过以后，对于教科书和讲义中所提示的，教师口头所讲的，你就有了更深更广的印证。任何知识都是这样的，仅仅浮在面上，猎涉一点儿概要，是没有多大用处的；越是往深里往广里去研求，越是容易豁然贯通，化为有用的经验。而课外读物，正是引导你往深里广里去研求的路径。

以上说的是你们学习各种科目，为了求得深切的了解，单读教科书和讲义还不够，必须找与各种科目有关的课外读物来看。

除了与各种科目直接有关的读物以外，你们还要看其他的课外读物。譬如，你们修养身心，不但在实际生活中随时留意，还想知道古人今人是怎么说的，以便择善而从，这时候，你们就得看关于修养的书。你们要认识繁复的人生，理解他人的生活和思想感情，不仅为了领受趣味，还想用来陶冶自己，使自己的人格更为高尚，这时候，你们就得看各种文学作品。国难日重一日，这是无可讳言的，你们深感"知己知彼"的必要，在"知彼"这个项目下，你们自然而然想知道日本的一切情形，这时候，你们就得看关于日本的书。广义地说，这些书也和各种科目有关：关于修养的书，可以说是公民科的课外读物；各种文学作品，可以说是国文科的课外读物；关于日本的书，可以说是历史科地理科的课外读物。可是这些书讲的并不限于教科书和讲义的范围，更不是教科书和讲义的详尽的注脚，因而跟前面所说的那些书究竟有所区别。前面所说的那些书通常称作参考书，是学习各种科目的辅助品，这些书却直接供应实际生活的需要。实际生活中需要什么，你们才去找什么书来看，为了充实你们的生活，你们必须扩大阅读范围，去看各科参考书以外的各种性质的课外读物。

对一个中学生来说，有两种习惯是必须养成的。哪两种习惯呢？一是自己学习的习惯，一是随时阅读的习惯。无论什么事物，必得待教师讲授过了才去关心，教师没有讲授过的，即使摆在眼前也给它个不理睬，这种纯粹被动的学习态度是万万要不得的。你们大概听说过"举一反三"的话吧，教师的讲授无论如何详尽，总之只是"举一"；学校教育所以能使学生终身受用，全在乎让学生受到锻炼，养成"反三"的能力。教师决不能把学生所需要的事事物物一股脑儿教给学生，学生在一生中需要的事事物物却多到不可以数计，如果没有"反三"的能力，只有随时碰壁而已。所以，纯粹被动的学习态度必须彻底打破。学生不应该把教师的讲授看作学习的终极目的；教师的讲解只是发动学习的端绪，学生必须自己再加研求，才可以得到能运用于实际生活的知识和能力。即使教师不曾讲到的，不曾给过端绪的，学生为了实际生活的需要，也必须自找门径加以研求，这才是自动的学习态度，也就是自己学习的态度。凡是态度，勉强装扮是不行的，勉强装扮只能敷衍一时，不能维持永久，必须养成习惯，行所无事而自然合拍，才能历久不变，终身以之。所以单知道应该采取自己学习的态度是不够的，尤其重要的是要养成自己学习的习惯。

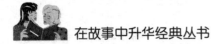

自己学习不限于看书，从实际事务中历练，对具体事物的观察、推究、试验，都是自己学习的方法。可是书中积聚着古人今人的各种经验，收藏着一时找不到手的许多材料，对于自己学习的人来说，书究竟是必须发掘的宝库。因此，阅读课外读物实际上有双重的效果，除了随时得到各种新的收获外，还可以逐渐养成自己学习的习惯。

你们大概也听说过一些文化发达的国家，它们的人民是如何地爱好读书，学问家不必说了，就是商店里的店员、工厂里的工人，也都嗜书如命，得空就读书成了习惯。你们再想想自己的周围，家里的人有几个是经常读书的？亲戚朋友中有几个是经常读书的？如果你们花点儿工夫考察一下，就会知道那些企业家就很少读书的，政治家中嗜书如命的也不多，甚至大学教授，除了他们所教的课本以外，有的也不再读什么旁的书了。我国一向把求学叫做"读书"，又以为求学只是学生该做的事，不当学生了就无须再求学，也就用不着再读书了。这个观念显然是错误的，而普遍不读书的现象正是这个错误的观念造成的。大家都说我国的国力不如人家。所谓国力，不限于有形的经济力量、军事力量等，一般民众的精神和智慧也占着重要的成分。普遍的不读书，民众的精神如何能振奋起来？智慧如何能得到发展？跟经济力量军事力量的不如人家相比较，普遍的不读书至少有同等的严重性。

不爱读书的中年人和老年人是没有什么办法的了，除非他们忽然觉悟，感到读书的必需，自己去养成读书的习惯。可是青年人为了充实自己，也为了充实我国的国力，非在学生时代养成随时阅读的习惯不可。所有的青年人都注意到了这一点，那么在不久的将来，我国就可以成为一个普遍爱好读书的国家。随时阅读的习惯，不是读几本教科书和讲义能够养成的。教科书和讲义是教师指定要读的，而要养成的，却是不待别人的指定，能随时阅读自己所需要的书的习惯。教科书和讲义不过是一个比较详明的纲要，而要养成的，却是不以只知道一个纲要为满足，能随时阅读内容丰富体裁各异的书的习惯。这种随时阅读的习惯，只有多读课外读物才能养成。

至于课外读物的类别，依据前面所说的，大致可以分为四类。第一类是各种科目的参考书。如学习了动物学植物学，再去看一些有关生物学方面的书；学了物理学化学，再去看一些讲这些科学家发现和发明的书，这些书就属于这一类。第二类是关于修养的书，如伟大人物的传记，学问家、事业家的言行录，都属于这一类。第三类是供欣赏的书，小说、剧本、文集、诗歌集，都属于这一类。第四类是供临时需要的书。如预备练习游泳之前，去看一些讲游泳方法的书；当社会上发生了某种问题的时候，去看一些关于某种问题的书，这些书就属于这一类。

这样分类，并非由书的本身着眼，而是以读书的人如何利用这些书作为依据的。同一部书，由于读它的目的不同，可以归到不同的类别中去。譬如一部《史记》，如果作为历史科的补充来读，当然属于第一类；如果为了欣赏它的雄健的文笔和生动的描写，就属于第三类了。一部《论语》，如果作为领受儒家的伦理来读，当然属于第二类；如果为了知道《论语》是怎样的一部书，就属于第四类了。还有一点必须说明的，读一本书的目的虽有所专注，但是读过以后，所受的影响并不限于原来的目的。为着参考去读《史记》，多少也会欣赏到一点儿《史记》的文笔的雄健和描写的生动。为着修养去读《论语》，同时也会了解《论语》是怎样的一部书。我们只能这样认定，为着某个目的去读某一部书，就把某一部书归入哪一类。

现成的书并不是都为中学生编撰的，因而有许多不是中学生所能理解所能消化的。尤其是古书，除了内容外，还有文字上的种种障碍。就像方才说到的《史记》和《论语》，恐怕高中学生也难以通体阅读，没有丝毫疑难。如果能各编一个删节本，把不很重要的部分删去，再加上简明精当的新注，前面再加一篇导言，说明这本书的来历，指示这本书的读法，方能适合中学生阅读。因为提到了两部古书，才引起了我的这一番话，中学生需要的课外读物多数不是古书。但是不管怎么说，现成的书大多不很适合中学生的理解能力和消化能力，所以特地而又认真地为中学生编撰各种科目的课外读物是十分必要的。出版界现在渐渐地明白了这一点，而且正在努力，这是一个很好的现象。

除了整本整部的书，各种各样的杂志也是课外读物。杂志上的文章，可以归入第三类第四类的居多，其中属于第四类的尤其重要，当社会上发生了某种问题的时候，杂志上会及时地有所论述，这是其他的课外读物所不能代替的。至于第一类，专供学习某一科目作参考的杂志，现在还不多见，希望出版社看到中学生的需要，将来能办起来。

这一次，我就讲到这里为止，其余的话留到后天再讲。

二

上一次，我讲了课外读物为什么是必需的，还依据阅读的目的不同，把课外读物分为四类。又说阅读课外读物可以养成两种好习惯：自己学习的习惯和随时读书的习惯。这一次主要讲怎样阅读课外读物。在讲之前，我想先说另外一个的问题。

我知道各地的中学，大体上是鼓励学生阅读课外读物的，但是往往指定某些读物必须加以取缔，不准学生阅读，被取缔的大多是暴露现实的文学作品和关于政治经济的叙述及评论。学校当局采取这种措置，我们可以体谅他们的善意和苦衷：他们无非要学生思想纯正，感情和平，不为偏激的震荡的东西所扰乱。他们取缔的，就是他们认为偏激的震荡的那些读物。但是他们不想一想，对于学生来说，最重要的是培养明澈的识别力。学生有了明澈的识别力，对某一件事物应该怎样看法，什么议论应该赞同，什么议论应该反对，就会自己作出判断。学生要是没有明澈的识别力，你要学生坚持的东西即使都是对的，学生也不明白到底对在哪儿；你要学生回避的东西即使真是要不得的，学生也不明白到底为什么要不得。而取缔某些读物的做法，正剥夺了学生自己锻炼识别力的机会。

学校当局大概不会不知道，取缔的办法实际上是无法彻底做到的。越是不准阅读的东西，越是想弄一本来看看，这是青年人的常情。为了遵守学校的禁令，在学校里固然没有人看那些被取缔的读物了，可是出了学校的大门，只要能弄到手，尽不妨自由阅读。再进一步说，学生即使出了学校也不去看那些读物，社会上的各种现象罗列在学生眼前，各种议论在学生耳边沸沸扬扬，学生能视而不见听而不闻吗？对的不对的，要得的要不得的，学生在生活中既然随时都得碰到，那就只有用明澈的识别力去判断，才可以立定脚跟，知所取舍。学校当局取缔某些读物固然出于善意和苦衷，实际上只是个消极的不很有效的方法。积极有效的方法要从锻炼学生的识别力着眼。不采取取缔的措施，让学生自由地阅读，同时给学生以平正的通达的指导，使学生的识别力渐渐地趋向正确、趋向坚定。经过这样的锻炼而养成的识别力，不但在学生时代有用，而且可以终身受用不尽。这样的效果，不是比漫然取缔某些读物强得多吗？希望学校当局为学生的利益着想，仔细地考虑一下这个问题。

学生在阅读课外读物的时候也应该明白，写在书上的东西并不是完全可以信赖的。阅读要认真，但是尤其重要的是要抱着批判的态度，要区别哪些是应该接受的，哪些是不该接受的，不能"照单全收"。不加区别地"照单全收"绝对不是妥当的读书方法，也不能提高自己的识别力。那么批判用什么作为标准呢？我想，用"此时"、"此地"来作标准，大致不会出什么错。凡是跟"此时"和"此地"相适应的，大概是可取的，当然还得经过实践的检验；凡是跟"此时"和"此地"不相适应的，一定是不可取的，至多只可以供谈助而已，决不能作为自己的行动方针和生活目标。

阅读课外读物，首先不能不谈到时间问题。中学里科目繁多，各科的教科书和讲义都得在课外温习，还有笔记和练习等作业大部分得在课外做，要划出充裕的时间来阅读课外读物，事实上是办不到的。上一次我说过了，阅读课外读物可以养成随时读书的习惯，这就要每天阅读，持之以恒，时间少一点儿倒不妨事。有的书读起来并无困难，一个钟头可以阅读 1 万字，即使要费点儿心思的，一个钟头也可以读 5000 字。就以 5000 字算吧，一本 10 万字的书，每天读一个钟头，20 天就可以读完。20 天读一本书，一年不就可以读完 18 本吗？从初一到高三这 6 年里年年如此，不就可以读完 108 本吗？这就很可观了。一年里头还有两个不短的假期，暑假和寒假，都是阅读课外读物的好时机，假如每天读 3 个钟头，这不算太多吧，两个假期合起来作为 8 个星期计算，就有 168 个钟头，至少可读完 8 本书，6 年又是 48 本。所以时间并不是不充裕，只要坚持不懈，成绩是很可观的。

上一次，我说课外读物大致可以分为四类：第一类是各种科目的参考书；第二类是关于修养方面的书；第三类是供欣赏的书；第四类是供临时需要的书。因为读书的目的不同，阅读的方法也就各异。读第一类和第四类读物，目的只求理解。只要读过之后，能通体理解书中所说的内容就可以了。譬如在物理课上学到了杠杆定理，你想多知道一些杠杆的实际应用，就可以找一本这样的书来看；你学游泳，想知道一些游泳的方法，就可以找一本游泳入门之类的书来看。读这些书，只要达到了目的，理解了书中的内容，你就不妨把书丢开；如果真个理解了，就会终身难忘，不必再看第二回了。至于作者的身世，作者写书的旨趣是什么，作者的文笔怎么样，都可以不必过问，因为对于理解杠杆的运用和游泳的方法没有多大的关系。但是阅读的时候必须认真，不能放过一个词语的涵义，一句话语的真义，决不能采取不求甚解的马虎态度，以致造成曲解和误解。

阅读第二类和第三类读物，可不能但求理解。读第二类书，目的在于修养身心，是要躬行实践的。读第三类书，目的在于跟着作者的眼光去观察社会，体会人生。所以阅读这两类书，不但要理解书中的内容，还要对作者有充分的认识。在读这两类书的时候，其实等于和作者交朋友，由文字做媒介，求得与作者心心相通。但是光靠一两本书，对作者的理解毕竟是有限的，还有进一步熟悉他的生平的必要。阅读一位哲人的言行录，同时要考求他生活的历史时代，他一生的重要事迹；阅读一位作家的文学作品，同时要考求他对生活的态度，他创作的时代背景。经过一番考求，得到的益处就会比仅仅读他的一两本书多得多。这两类书往往不能读过一回就算了事。第一回读，在这一方面得到了若干解悟；第二回读，又在另一方面得到了若干解悟，或者解悟一回比一回深入。善于读这两类书的人都有这样的体会。有些书竟能使人终身阅读而不感厌倦，好像是发掘不完的宝藏，每读一回总会有新的收获。

无论读哪一类书，都必须使用工具书，如字典、辞典、图表，等等。要知道一个字的精密的解释，一个词语的正确的涵义，就得翻查字典和各科辞典。要知道一个地方的正确位置，就得翻查地图。要知道各种东西的实相，就得翻查各种图谱。要知道一个人物的经历、一件事情的概要，就得翻查年谱和大事表。工具书是不开口的顾问，会回答你的各种疑难；工具书又是包罗万象的博物馆，能让你查考各种想知道的事物。个人要置备所有的工具书是办不到的，你得尽量利用学校图书馆和公立图书馆里的工具书。在阅读各种课外读物的同时，你得熟悉各种工具书，养成查阅工具书的习惯。

有的书比较容易读，读起来用不着花多大的力气，有的书比较艰深，读起来并不怎样松快。但是无论什么书，都不能让眼光像跑马似地溜过就算，一定要集中精神，把注意力放在书上。这是第一。第二，一口气直往下读，不如每读一段，稍稍停一停，回过头去想一想这一段主要说了些什么。一口气往下读往往不能消化，好像囫囵吞枣一个样，停下来想一想就像咀嚼一个样，才能辨出真的滋味来。对于第二类和第三类的课外读物，尤其需要下这个工夫。第三，想到了什么，不妨随时提起笔把它记下来，这就是读书笔记。想的时候往往比较杂乱，比较浮泛；写下来就非有条有理不可了，非切切实实不可了。所以写读书笔记是督促自己认真阅读的一个好办法。读书笔记或者采用列表的形式，或者采用杂记的形式，可以根据所读的书的性质而定。

讲述读书方法的书和文章，都应该看，懂得了方法，往往可以"事半功倍"。大多数书的前头都有序文，序文有的介绍这本书的内容，有的介绍这本书的作者，有的指导这本书的读法。在读本文之前，先读一遍序文，也可以

达到"事半功倍"的效果。

我的话讲到这里为止了。我自己知道讲得比较乱，也有没有讲到的地方。请诸位同学代我求你们的老师修正和补充。

国文教学的两个基本观念

我们当国文教师，必须具有两个基本观念。我这么想，差不多延续了20年了。最近机缘巧合，重理旧业，又教了两年半的国文，除了同事诸君而外，还接触了许多位大中学的国文教师。觉得我们的同行具有那两个基本观念的诚然有，而认识完全异趣的也不在少数。现在想说明我的意见，就正于同行诸君。

请容我先指明那两个基本观念是什么。第一，国文是语文学科，在教学的时候，内容方面同然不容忽视，而方法方面尤其应当注重。第二，国文的涵义与文学不同，它比文学宽广得多，所以教学国文并不等于教学文学。

如果国文教学纯粹是阅读与写作的训练，不含有其他意义。那么，任何书籍与文篇，不问它是有益或者有损于青年的，都可以拿来作阅读的材料与写作的示例。它写得好，摄取它的长处；写得不好，发现它的短处，对于阅读能力与写作能力的增进都是有帮助的。可是，国文是各种学科中的一个学科，各种学科又像轮辐一样辏合于一个教育的轴心，所以国文教学除了技术的训练而外，更需含有教育的意义。说到教育的意义，就牵涉内容问题了。国文课程标准规定了教材的标准，书籍与文篇的内容必须合于这些个标准，才配拿来作阅读的材料与写作的示例。此外，笃信固有道德的，爱把圣贤之书教学生诵读，关切我国现状的，爱把抗战文章作为补充教材，都是重视内容也就是重视教育意义的例子。这是应当的，无可非议的。不过重视内容，假如超过了相当的限度，以为国文教学的目标只在灌输固有道德，激发抗战意识等等，而竟忘了语文教学特有的任务，那就很有可议之处了。

道德必须求其能够见诸践履，意识必须求其能够化为行动。要达到这样地步，仅仅读一些书籍与文篇是不够的。必须有关各种学科都注重这方面，学科以外的一切训练也注重这方面，然后有实效可言。国文诚然是这方面的有关学科，却不是独当其任的唯一学科。所以，国文教学，选材能够不忽略教育意义，也就足够了，把精神训练的一切责任都担在自己肩膀上，实在是

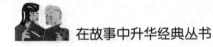

不必的。

国文教学自有它独当其任的任务，那就是阅读与写作的训练。学生眼前要阅读，要写作，至于将来，一辈子要阅读，要写作。这种技术的训练，他科教学是不负责任的，全在国文教学的肩膀上。所谓训练，当然不只是教学生拿起书来读，提起笔来写，就算了事。第一，必须讲求方法。怎样阅读才可以明白通晓，摄其精华，怎样写作才可以清楚畅达，表其情意，都得让学生们心知其故。第二，必须使种种方法成为学生终身以之的习惯。因为阅读与写作都是习惯方面的事情，仅仅心知其故，而习惯没有养成，还是不济事的。国文教学的成功与否，就看以上两点。所以我在前面说，方法方面尤其应当注重。

现在四五十岁的人大都知道从前书塾的情形。从前书塾里的先生很有些注重方法的。他们给学生讲书，用恰当的方言解释与辨别那些难以弄明白的虚字。他们教学生阅读，让学生点读那些没有句读的书籍与报纸论文。他们为学生改文，单就原意增删，并且反复详尽地讲明为什么增删。遇到这样的先生，学生是有福的，修一年学，就得到一年应得的成绩。然而大多数书塾的先生却是不注重方法的，他们只教学生读、读、读、作、作、作，讲解仅及字面，改笔无异自作，他们等待着一个奇迹的出现——学生自己一旦豁然贯通。奇迹自然是难得出现的。所以，在书塾里坐了多年，走出来还是一窍不通，这样的人着实不少。假如先生都能够注重方法，请想一想，从前书塾不像如今学校有许多学科，教学的只是一科国文，学生花了多年的时间专习一种学科，何至于一窍不通呢？再说如今学校，学科不止一种了，学生学习国文的时间约占从前的十分之二三，如果仍旧想等待奇迹，其绝无希望是当然的。换过来说，如今学习时间既已减少，而应得的成绩又非得到不可，唯有特别注重方法，才会收到事半功倍的效果。多读多作固属重要，但是尤其重要的是怎样读、怎样写。对于这个"怎样"，如果不能切实解答，就算不得注重了方法。

现在一说到学生国文程度，其意等于说学生写作程度，至于与写作程度同等重要的阅读程度往往是忽视了的。学生阅读程度提高了或是降低了的话也就没听人提起过。这不是没有理由的，写作程度有迹象可寻，而阅读程度比较难捉摸，有迹象可寻的被注意了，比较难捉摸的被忽视了，原是很自然的事情。然而阅读是吸收，写作是倾吐，倾吐能否合于法度，显然与吸收有密切的关系。单说写作程度如何如何是没有根的，要有根，就得追问那比较难捉摸的阅读程度。最近朱自清先生在《国文月刊》创刊号发表一篇《中学生的国文程度》，他说中学生写不通应用的文言，大概有四种情形。第一是字义不明，因此用字不确切，或犯重复的毛病。第二是成语错误。第三是句式不熟，虚字不通也算在这类里。第四是体例不当，也就是不合口气。他又说一般中学生白话的写作，比起他们的文言来，确是好得多。可是就白话论白话，他们也还脱不掉技术拙劣、思路不清的考语。朱先生这番话明明说的写作程度不够，但是也正说明了所以会有这些情形，都由于阅读程度不够。阅读程度不够的原因，阅读太少是一个，阅读不得其法尤其是重要的一个。对于"体会"、"体察"、"体谅"、"体贴"、"体验"似的一组意义相近的词，字典翻过了，讲解听过了，若不能辨别每一个的确切意义并且熟悉它的用法，还算不得阅读得其法。"汗牛充栋"为什么不可以说成"汗马充屋"？"举一反三"为什么不可以说成"举二反二"？仅仅了解它们的意义而不能说明为什么不可以改换，阅读方法也还没有到家。"与其"之后该来一个"宁"，"犹"或"尚"之后该接上一个"况"，仅仅记住这些，而不辨"与其"的半句是所舍义，"宁"的半句才是所取义，"犹"或"尚"的半句是旁敲侧击，"况"的半句才是正面文章，那也是阅读方法的疏漏。"良深哀痛"是致悼语，"殊堪嘉尚"是奖勉语，但是，以人子的身份，当父母之丧而说"良深哀痛"，以学生的身份，对抗战取胜的将领而说"殊堪嘉尚"，那一定是阅读时候欠缺了揣摩体会的工夫，以上只就朱先生所举四种情形，举例来说。依这些例子看，已经可以知道阅读方法不仅是机械地解释字义，记诵文句，研究文法修辞的法则，最紧要的还在多比较、多归纳、多揣摩、多体会，一字一语都不轻轻放过，务必发现它的特性。唯有这样阅读，才能够发掘文章的蕴蓄，没有一点含糊。也唯有这样阅读，才能够养成用字造语的好习惯，下笔不至有误失。

阅读方法又因阅读材料而不同。就分量说，单篇与整部的书应当有异，单篇宜作精细的剖析，整部的书却在得其大概。就文体说，记叙文与论说文也不一样，记叙文在看作者支配描绘的手段，论说文却在阐明作者推论的途径。同是记敘文，一篇属于文艺的小说与一篇普通的记叙文又该用不同的眼光，小说是常常需要辨认那文字以外的意味的。就文章种类说，文言与白话也不宜用同一态度对付，文言——尤其是秦汉以前的——最先应注意那些虚字，必须体会它们所表的关系与所传的神情，用今语来比较与印证，才会透彻地了解。多方面地讲求阅读方法也就是多方面地养成写作习惯。习惯渐渐养成，技术拙劣与思路不清的毛病自然渐渐减少，一直减到没有。所以说阅读与写作是一贯的，阅读得其法，阅读程度提高了，写作程度没有不提高的。所谓得其法，并不在规律地作训诂学、文法学、修辞学与文章学的研究，那是专门之业，不是中学生所该担负的。可是，那些学问的大意不可不明晓，那些学问的治学态度不可不抱持，明晓与抱持又必须使他成为终身以之的习惯才行。

以下说关于第二个基本观念的话。五四运动以前，国文教材是经史古文，显然因为经史古文是文学。在一些学校里，这种情形延续到如今，专读《古文辞类纂》或者《经史百家杂钞》便是证据。"五四"以后，通行读白话了，教材是当时产生的一些白话的小说、戏剧、小品、诗歌之类，也就是所谓文学。除了这些，还有什么可以阅读的呢？这样想的人仿佛不少。就偏重文学这一点说，以上两派是一路的，都以为国文教学是文学教学。其实国文所包的范围很宽广，文学只是其中一个较小的范围，文学之外，同样包在国文的大范围里头的还有非文学的文章，就是普通文。这包括书信、宣言、报告书、说明书等应用文，以及写一件东西载录一件事情的记叙文，顺畅地阐明一个原理发挥一个意见的论说文。中学生要应付生活，阅读与写作的训练就不能不在文学之外，同时以这种普通文为对象。若偏重了文学，他们看报纸、杂志与各科课本、参考书，就觉得是另外一回事，要好的只得自辟途径，去发现那阅读的方法；不要好的就不免马虎过去，因而减少了吸收的分量。再就写作方面说，流弊更显而易见。主张教学生专读经史古文的，原不望学生写什么文学，他们只望学生写通普通的文言，这是事实。但是正因所读的纯是文学，质料不容易消化，技术不容易仿效，所以学生很难写通普通的文言。如今中学生文言的写作程度低落，我以为也可以从这一点来解释。如果让他们多读一些非文学的普通文言，我想文言的写作或许会好些。很有些人，在书塾里熟读了《四书》《五经》，笔下还是不通，偷空看了《三国演义》或者《饮冰室文集》，却居然通了，这可以作为佐证。至于白话的写作，国文教师大概有这样的经验，只要教学生自由写作，他们交来的往往是一篇类似小说的东西或是一首新体诗。我曾经接到过几个学生的白话信，景物的描绘与心情的抒写全像小说，却与写信的目的全不相干。还有，现在爱写白话的学生多数喜欢高谈文学，他们不管文章的体裁与理法，他们不知道日常应用的不是文学而是普通文。认识尤其错误的，竟以为只要写下白话就是写了文学。以上种种流弊，显然从专读白话文学而忽略了白话的普通文生出来的，如果让他们多读一些非文学的普通白话，我想用白话来状物、记事、表情、达意，该会恰如其分，不至于一味不相称地袭用白话文学的格调吧。

学习图画，先要描写耳目手足的石膏像，叫做基本练习。学习阅读与写作，从普通文入手，意思正相同。普通文易于剖析、理解，也易于仿效，从此立定基本，才可以进一步弄文学。文学当然不是在普通文以外别有什么方法，但是方法的应用繁复得多，变化得多。不先作基本练习而径与接触，就不免迷离惝恍。我也知道有所谓"取法乎上，仅得其中"的说法，而且知道古今专习文学而有很深的造诣的不乏其人。可是我料想古今专习文学而碰壁的，就是说一辈子读不通写不好的，一定更多。少数人有了很深的造诣，多数人只落得一辈子读不通写不好，这不是现代教育所许可的。从现代教育的观点说，人人要作基本练习，而且必须练习得到家。说明白点，就是对于普通文字的阅读与写作，人人要得到应得的成绩，绝不容有一个人读不通写不好。这个目标应该在中学阶段达到。到了大学阶段，学生不必再在普通文的阅读与写作上费工夫了——现在大学里有一年级国文，只是一时补救的办法，不是不可变更的原则。

至于经史古文与现代文学的专习，那是大学本国文学系的事情，旁的系就没有必要，中学当然更没有必要。我不是说中学生不必读经史古文与现代文学，我只是说中学生不该专习那些。从教育意义说，要使中学生了解固有文化，就得教他们读经史古文。现代人生与固有文化同样重要，要使中学生了解现代人生，就得教他们读现代文学。但是应该选取那些切要的、浅易的、易于消化的，不宜兼收并包，泛滥无归。譬如，老子的思想在我国很重要，可是，《老子》的文章至今还有人作训释考证的工夫而没有定论，若读《老子》原文，势必先听取那些训释家考证家的意见，这不是中学生所能担负的。如果有这么一篇普通文字，正确扼要地说明老子的思想，中学生读了也就可以了解老子了，正不必读《老子》原文。又如，历来文家论文之作里头，往往提到神理、气味、格律、声色的话，这些是研究我国文学批评的重要材料，但是放在中学生面前就不免徒乱人意。如果放弃这些，另外找一些明白具体的关于文章理法的普通文字给他们读，他们的解悟该会切实得多。又如，茅

盾的长篇小说《子夜》，一般都认为是精密地解剖经济社会的佳作，但是它的组织繁复、范围宽广，中学生读起来，往往不如读组织较简范围较小的易于透彻领会。依以上所说，可以知道无论古文学现代文学，有许多是中学生所不必读的。不读那些不必读的，其意义并不等于忽视固有文化与现代人生，也很显然。再说文学的写作，少数中学生或许能够写来很像个样子，但是绝不该期望于每一个中学生。这就是说，中学生不必写文学是原则，能够写文学却是例外。据我所知的实际情形，现在教学生专读经史古文的，并不期望学生写来也像经史古文，他们只望学生能写普通的文言，而一般以为现代文学之外别无教材的，却往往存一种奢望，最好学生落笔就是文学的创作。后者的意见。我想是应当修正的。

在初中阶段，虽然也读文学，但是阅读与写作的训练应该偏重在基本方面，以普通文为对象。到了高中阶段，选取教材以文章体制、文学源流、学术思想为纲，对于白话，又规定"应侧重纯文艺作品"，好像是专向文学了，但是基本训练仍旧不可忽略。理由很简单，高中学生与初中学生一样，他们所要阅读的不纯是文学，他们所要写作的并非文学，并且，唯有对于基本训练锲而不舍、熟而成习，接触文学才会左右逢源、头头是道。我的话到此为止。自觉说得还不够透彻，很感惭愧。

如果我当教师

我现在不当教师。如果我当教师的话，在"教师节"的今日，我想把以下的话告诉自己，策励自己，这无非"以后种种譬如今日生"的意思。以前种种是过去了，追不回来了；惭愧是徒然，悔恨也无补于事；让它过去吧，像一个不愉快的噩梦一个样。

我如果当小学教师，决不将投到学校里来的儿童认作讨厌的小家伙，惹人心烦的小魔王；无论聪明的，愚蠢的，干净的，肮脏的，我都要称他们为"小朋友"。那不是假意殷勤，仅仅浮在嘴唇边，油腔滑调的喊一声；而是出于忠诚，真心认他们做朋友，真心要他们做朋友的亲切表示。小朋友的成长和进步是我的欢快；小朋友的羸弱和拙钝是我的忧虑。有了欢快，我将永远保持它；有了忧虑，我将设法消除它。对朋友的忠诚，本该如此；不然，我就够不上做他们的朋友，我只好辞职。

我将特别注意，养成小朋友的好习惯。我想"教育"这个词儿，往精深的方面说，一些专家可以写成巨大的著作，可是就粗浅方面说，"养成好习惯"一句话也就说明了它的含义。无论怎样好的行为，如果只表演一两回，而不能终身以之，那是扮戏；无论怎样有价值的知识，如果只挂在口头说说，而不能彻底消化，举一反三，那是语言的游戏；都必须化为习惯，才可以一辈子受用。养成小朋友的好习惯，我将从最细微最切近的事物入手；但硬是要养成，决不马虎了事。譬如门窗的开关，我要教他们轻轻的，"砰"的一声固然要不得，足以扰动人家的心思的"咿呀"声也不宜发出；直到他们随时随地开关门窗总是轻轻的，才认为一种好习惯养成了。又如菜蔬的种植，我要教他们经心着意地做，根入土要多少深，两本之间的距离要多少宽，灌溉该怎样调节，害虫该怎样防治，这些都得由知识化为实践；直到他们随时随地种植植物，总是这样经心着意，才认为又养成了一种好习惯。这样的好习惯不仅对于某事物本身是好习惯，更可以推到其他事物方面去。对于开门关窗那样细微的事，尚且不愿意扰动人家的心思，还肯作奸犯科，干那些扰动社会安宁的事吗？对于种植蔬菜那样切近的事，既因工夫到家，收到成效，对于其他切近生活的事，抽象的如自然原理的认识，具体的如社会现象的剖析，还肯节省工夫，贪图省事，让它马虎过去吗？

我当然要教小朋友识字读书，可是我不把教识字教读书认作终极的目的。我要从这方面养成小朋友语言的好习惯。有一派心理学者说，思想是不出声的语言；所以语言的好习惯也就是思想的好习惯。一个词儿，不但使他们知道怎么念、怎么写，更要使他们知道它的含义和限度，该怎样使用它才得当。一句句子，不但使他们知道怎么说、怎么讲，更要使他们知道它的语气和情调，该用在什么场合才合式。一篇故事，不但使他们明白说的什么，更要借此发展他们的意识。一首诗歌，不但使他们明白咏的什么，更要借此培养他们的情绪。教识字教读书只是手段，养成他们语言的好习惯，也就是思想的好习惯，才是终极的目的。

我决不教小朋友像和尚念经一样，把各科课文齐声合唱。这样唱的时候，完全失掉语言之自然，只成为发声部分的机械运动，与理解和感受很少关系。既然与理解和感受很少关系，那么，随口唱熟一些文句又有什么意义？

现当抗战时期，课本的供给很成问题，也许临到开学买不到一本课本，可是我决不说"没有课本，怎么能开学呢！"我相信课本是一种工具或凭借，但不是唯一的工具或凭借。许多功课都是不一定要利用课本的，也可以说，文字的课本以外还有非文字的课本，非文字的课本罗列在我们周围，随时可以取来利用，利用得适当，比利用文字的课本更为有效，因为其间省略了一条文字的桥梁。公民、社会、自然、劳作，这些功课的非文字的课本，真是取之不尽，用之不竭；书铺子里没有课本卖，又有什么要紧？只有国语，是非有课本不可的；然而我有黑板和粉笔，小朋友还买得到纸和笔，也就没有什么关系。

小朋友顽皮的时候，或者做功课显得很愚笨的时候，我决不举起手来，在他们的身体上打一下。打了一下，那痛的感觉至多几分钟就消失了；就是打重了，使他们身体上起了红肿，隔一两天也就没有痕迹；这似乎没有多大关系。然而这一下不只是打了他们的身体，同时也打了他们的自尊心；身体上的痛或红肿，固然不久就会消失，而自尊心所受的损伤，却是永远不会磨灭的。我有什么权利损伤他们的自尊心呢？并且，当我打他们的时候，我的面目一定显得很难看，我的举动一定显得很粗暴，如果有一面镜子在前面，也许自己看了也会显得可厌。我是一个好好的人，又怎么能对着他们有这种可厌的表现呢？一有这种可厌的表现，以前的努力不是根本白费了吗？以后的努力不将不产生效果吗？这样想的时候，我的手再也举不起来了。他们的顽皮和愚笨，总有一个或多个的缘由；我根据我的经验，从观察和剖析找出缘由，加以对症的治疗，那还会有一个顽皮的愚笨的小朋友在我周围吗？这样想的时候，我即使感情冲动到怒不可遏的程度，也会立刻转到心平气和，再不想用打一下的手段来出气了。

我还要做小朋友家属的朋友，对他们的亲切和忠诚和对小朋友一般无二。小朋友在家庭里的时间，比在学校里来得多；我要养成他们的好习惯，必须与他们的家属取得一致才行。我要他们往东，家属却要他们往西，我教他们这样，家属却教他们不要这样，他们便将徘徊歧途，而我的心力也就白费。做家属的亲切忠诚的朋友，我想并不难；拿出真心来，从行为、语言、态度上表现我要小朋友好，也就是要他们的子女弟妹好。谁不爱自己的子女弟妹？还肯故意与我不一致。

我如果当中学教师，决不将我的行业叫做"教书"，犹如我决不将学生入学校的事情叫做"读书"一个样。书中积蓄着古人和今人的经验，固然是学生所需要的；但是就学生方面说，重要的在于消化那些经验成为自身的经验，说成"读书"，便把这个意思抹杀了，好像入学校只须做一些书本上的工夫。因此，说成"教书",也便把我当教师的意义抹杀了,好像我与从前书房里的老先生并没有什么分别。我与从前书房里的老先生其实是大有分别的:他们只须教学生把书读通,能够去应考试、取功名,此外没有他们的事儿;而我呢,却要使学生能做人、能做事,成为健全的公民。这里我不敢用一个"教"字。因为用了"教"字,便表示我有这么一套本领,双手授予学生的意思;而我的做人做事的本领,能够说已经完整无缺了吗?我能够肯定地说我就是一个标准的健全的公民吗?我比学生,不过年纪长一点儿,经验多一点儿罢了。他们要得到他们所需要的经验,我就凭年纪长一点儿、经验多一点儿的份儿,指示给他们一些方法,提供给他们一些实例,以免他们在迷茫之中摸索,或是走了许多冤枉道路才达到目的——不过如此而已。所以,若有人问我干什么,我的回答将是"帮助学生得到做人做事的经验";我决不说"教书"。

我不想把"忠""孝""仁""爱"等等抽象德目向学生的头脑里死灌。我认为这种办法毫无用处,与教授"蛋白质""脂肪"等名词不会使身体得到营养一个样。忠于国家忠于朋友忠于自己的人,他只是顺着习惯之自然,存于内心,发于外面,无不恰如分寸。他决不想到德目中有个"忠"字,才这样存心,这样表现。进一步说,想到了"忠"字而行"忠",那不一定是"至忠",因为那是"有所为",并不是听从良心的第一个命令。为了使学生存心和表现切合着某种德目,而且切合得纯任自然,毫不勉强,我的办法是在一件一件事情上,使学生养成好习惯。譬如举行扫除或筹备什么会之类,我自己奋力参加,同时使学生也要奋力参加;当社会上发生了什么问题的时候,我自己看作切身的事,竭知尽力的图谋最好的解决,同时使学生也要看作切身的事,竭知尽力的图谋最好的解决:在诸如此类的事情上,养成学生的好习惯,综合起来,他们便实做了"忠"字。为什么我要和他们一样的做呢?第一,我听从良心的第一个命令,本应当"忠";第二,这样做才算是指示方法,提供实例,对于学生尽了帮助他们的责任。

我认为自己是与学生同样的人,我所过的是与学生同样的生活;凡希望学生去实践的,我自己一定实践;凡劝诫学生不要做的,我自己一定不做。譬如,我希望学生整洁、勤快,我一定把自己的仪容、服装、办事室、寝室弄得十分整洁,我处理各种公事私事一定做得十分勤快;我希望学生出言必信、待人以诚,我每说一句话一定算一句话,我对学生和同事一定掬诚相示,毫不掩饰;我劝诫学生不要抽烟卷,我一定不抽烟卷,决不说"你们抽不得,到了我们的年纪才不妨抽"的话；我劝诫学生不要破坏秩序，我一定不破坏秩序，决不做那营私结派摩擦倾轧的勾当。为什么要如此？无非实做两句老话，叫做"有诸己而后求诸人，无诸己而后非诸人"。必须"有诸己"、"无诸己"，表示出愿望来，吐露出话语来，才有真气，才有力量；大家也易于受感动。如果不能"有诸己"、"无诸己"，表示和吐露的时候，自己先就赧赧然了，哪里有什么真气？哪里还有力量？人家看穿了你的矛盾，至多报答你一个会心的微笑罢了，哪里会受你的感动？无论学校里行不行导师制，无论我当不当导师，我都准备如此，因为我的名义是教师，凡负教师的名义的人，谁都有帮助学生的责任。

我不想教学生做有名无实的事情。设立学生自治会了，组织学艺研究社了，通过了章程，推举了职员，以后就别无下文，与没有那些会和社的时候一个样：这便是有名无实。创办图书馆了，经营种植园了，一阵高兴之后，图书馆里只有七零八落的几本书，一天工夫没有一两个读者，种植园里蔓草丛生，蛛网处处，找不到一棵像样的蔬菜，看不见一朵有劲的花朵：这便是有名无实。做这种有名无实的事比不做还要糟糕；如果学生习惯了，终其一生，无论做什么事总是这样有名无实，种种实际事务还有逐渐推进和圆满成功的希望吗？我说比不做还要糟糕，并不是抱着多一事不如少一事的心思，主张不要成立那些会和社，不要有图书馆种植园之类的设备。我只是说干那些事都必须认真去干，必须名副其实。自治会硬是要"自治"，研究社硬是要"研究"，项目不妨简单，作业不妨浅易，但凡是提了出来的，必须样样实做，一毫也不放松；有了图书馆硬是要去阅读和参考，有了种植园硬是要去管理和灌溉，规模不妨狭小，门类不妨稀少，但是既然有了这种设备，必须切实利用，每一个机会都不放过。而且，那绝不是一时乘兴的事，既然已经干了起来，便须一直干下去，与学校同其寿命。如果这学期干得起劲，下学期却烟消云散了，今年名副其实，明年却徒有其名了，这从整段的过程说起来，还是个有名无实，还是不足以养成学生的好习惯。

我无论担任哪一门功课教师，自然要认清那门功课的目标，如国文科在训练思维，养成语言文字的好习惯，理化科在懂得自然，进而操纵自然之类；同时我不忘记各种功课有个总目标，那就是"教育"——造成健全的公民。每一种功课犹如车轮上的一根"辐"，许多的辐必须集中在"教育"的"轴"上，才能成为把国家民族推向前进的整个"轮子"。这个观念虽然近乎抽象，可是很关重要。有了这个观念，我才不会贪图省事，把功课教得太松太浅，或者过分要好，把功课教得太紧太深。做人做事原是不分科目的，譬如，一个学生是世代做庄稼的，他帮同父兄做庄稼，你说该属于公民科、生物科，还是数学科？又如，一个学生出外旅行，他接触了许多的人，访问了许多的古迹，游历了许多的山川城镇，你说该属于史地科、体育科，还是艺术科？学校里分科是由于不得已；要会开方小数，不能不懂得加减乘除；知道了唐朝，不能不知道唐朝的前后是什么朝代；由于这种不得已，才有分科教学的办法。可是，学生现在和将来做人做事，还是与前面所举的帮做庄稼和出外旅行一个样，是综合而不可分的；那么，我能只顾分科而不顾综合，只认清自己那门功课的目标而忘记了造成健全的公民这个总的目标吗？

我无论担任哪一门功课，决不专作讲解工作，从跑进教室始，直到下课铃响，只是念一句讲一句。我想，就是国文课，也得让学生自己试读试讲，求知文章的意义，揣摩文章的法则；因为他们一辈子要读书看报，必须单枪匹马、无所依傍才行，国文教师决不能一辈子伴着他们，给他们讲解书报。国文教师的工作只是待他们自己尝试之后，领导他们共同讨论：他们如有错误，给他们纠正，他们如有遗漏，给他们补充，他们不能分析或综合，替他们分析或综合。这样，他们才像学步的幼孩一样，渐渐的能够自己走路，不需要人搀扶；国文课尚且如此，其他功课可想而知。教师捧着理化课本或史地课本，学生对着理化课本或史地课本，一边是念一句讲一句，一边是看一句听一句，这种情景，如果仔细想一想的话，多么滑稽又多么残酷啊！怎么说滑稽？因为这样之后，任何功课都变为国文课了，而且是教学不得其法的国文课。怎么说残酷？因为学生除了听讲以外再没有别的工作，这样听讲要连续到四五个钟头，实在是一种难受的刑罚，我说刑罚绝非夸张，试想我们在什么会场里听人演讲，演讲者的话如果无多意义，很少趣味，如果延长到两三个钟头，我们也要移动椅子，拖擦鞋底，作希望离座的表示；这由于听讲到底是被动的事情，被动的事情做得太久了，便不免有受刑罚似的感觉。在听得厌倦了而还是不能不听的时候，最自然的倾向是外貌表示在那里听，而心里并不在听；这当儿也许游心外骛，一心以为有鸿鹄将至，也许什么都不想，像老僧入了禅定。教学生一味听讲，实际上无异于要他们游心外骛或者什么都不想，无异于摧残他们的心思活动的机能，岂不是残酷？

我不怕多费学生的心力，我要他们试读、试讲、试作探讨、试作实习，做许多的工作，比仅仅听讲多得多，我要教他们处于主动的地位。他们没有尝试过的事物，我决不滔滔汩汩地一口气讲给他们听，他们尝试过了，我才讲，可是我并不逐句逐句地讲书，我只给他们纠正，给他们补充，替他们分析和综合。

我如果当大学教师，还是不将我的行业叫做"教书"。依理说，大学生该比中学生更能够自己看书了；我或者自己编了讲义发给他们，或是采用商务印书馆的《大学丛书》或别的书给他们作课本，他们都可以逐章逐节地看下去，不待我教。如果我跑进教室去，按照讲义上课本上所说的复述一遍，直到下课铃响又跑出来，那在我是徒费口舌，在他们是徒费时间，太无聊了；我不想干那样无聊的勾当。我开一门课程，对于那门课程的整个系统或研究方法，至少要有一点儿是我自己的东西，依通常的说法就是所谓"心得"，我才敢于跑进教室去，向学生口讲手画，我不但把我的一点儿给予他们，还要诱导他们帮助他们各自得到他们的一点儿；唯有如此，文化的总和才会越积越多，文化的质地才会今胜于古；明日超过今日。这就不是"教书"了。若有人问这叫什么，我的回答将是："帮助学生为学。"

据说以前的拳教师教授徒弟，往往藏过一手，不肯尽其所有的拿出来；其意在保持自己的优势，徒弟无论如何高明，总之比我少一手。我不想效学那种拳教师，决不藏过我的一手。我的探讨走的什么途径，我的研究用的什么方法，我将把途径和方法在学生面前尽量公开。那途径即使是我自己开辟的，那方法即使是我独自发现的，我所以能够开辟和发现，也由于种种的"势"，因缘凑合，刚刚给我捉住了；我又有什么可以矜夸的？我又怎么能自以为独得之秘？我如果看见了冷僻的书或是收集了难得的材料，我决不讳莫如深，决不提起，只是偷偷地写我的学术论文。别的人，包括学生在内，倘若得到了那些书或材料，写出学术论文来，不将和我一样的好，或许比我更好吗？将书或材料认为私有的东西，侥幸于自己的"有"，欣幸于别人的"没有"，这实在是一种卑劣心理，我的心理，自问还不至这么卑劣。

我不想用禁遏的方法，板起脸来对学生说，什么思想不许接触，什么书籍不许阅读。不许接触，偏要接触，不许阅读，偏要阅读，这是人之常情，尤其在青年。禁遏终于不能禁遏，何必多此一举？并且，大学里的功夫既是"为学"，既是"研究"，作为研究对象的材料是越多越好；如果排斥其中的一部分，岂不是舍广博而趋狭小？在化学实验室里，不排斥含有毒性的元素；

明知它含有毒性，一样的要教学生加以分析，得到真切的认识。什么思想什么书籍如果认为要不得的话，岂不也可以与含有毒性的元素一样看待，还是要加以研究？学生在研究之中锻炼他们的辨别力和判断力，从而得到结论，凡真是要不得的，他们必将会直指为要不得。这就不禁遏而自禁遏了，其效果比一味禁遏来得切实。

我要做学生的朋友，我要学生做我的朋友。凡是在我班上的学生，我至少要知道他们的性情和习惯，同时也要使他们知道我的性情和习惯。这与我的课程，假如是宋词研究或工程设计，似乎没有关系，可是谁能断言确实没有关系？我不仅在教室内与学生见面，当休闲的时候也要与他们接触，称心而谈，绝无矜饰，像会见一位知心的老朋友一样。他们如果到我家里来，我会决不冷然地问："你们来做什么？"他们如果有什么疑问，问得深一点儿的时候，我会决不摇头地说："你们要懂得这个还早呢！"问得浅一点儿的时候，我会决不带玩笑地说："这还要问吗？我正要考你们呢！"他们听了"你们来做什么"的问话，自己想想说不出来做什么，以后就再也不来了。他们见到问得深也不好、问得浅也不好，不知道怎样问才不深不浅、刚刚合式，以后就再也不问了。这种拒人千里的语言态度，对于不相识的人也不应该有，何况对于最相亲的朋友？

我还是不忘记"教育"那个总目标：无论我教什么课程，如宋词研究或工程设计，决不说除此之外再没有我的事儿了，我不妨纵情任意，或去嫖妓，或去赌博，或做其他不正当的事。我要勉为健全的公民，本来不该做这些事；我要勉为合格的大学教授，尤其不该做这些事。一个教宋词研究或工程设计的教师，他的行为如果不正当的话，其给予学生的影响虽是无形的，却是深刻的，我不能不估计它的深刻程度。我无法教学生一定要敬重我，因为敬重不敬重在学生方面而不在我的方面，可是我总得在课程方面同时在行为方面，尽力取得他们的敬重，因为我是他们的教师。取得他们的敬重，并不为满足我的虚荣心，只因为如此才证明我对课程同时对那个总的目标负了责。

无论当小学、中学或大学的教师，我要时时记着：在我面前的学生都是准备参加建国事业的人。建国事业有大有小，但样样都是必需的；在必需这个条件上，大事业小事业彼此平等。而要建国成功，必须参加各种事业的人个个够格，真个能够干他的事业。因此，当一班学生毕业的时候，我要逐个逐个的审量一下：甲够格吗？乙够格吗？丙够格吗？……如果答案全是肯定

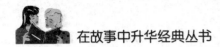

的，我才对自己感到满意，因为我帮助学生总算没有错儿，我对于建国事业也贡献了我的心力。

我决不"外慕徒业"，可是我也希望精神和物质的环境能使我安于其业。安排这样的环境，虽不能说全不是我所能为力，但大部分属于社会国家方面，因此我就不说了。

革除传统的教育精神

"不变应万变"的话儿，一半儿对，一半儿不对。无论如何要抗战到底，无论如何要建立个全新的国家，无论如何要由老百姓当主人，要使老百姓的生活：物质与精神两方面都好起来。从这一点看，不变应万变没有错儿。但是，照以往的做法，这个目标都达不到，都会落了空，要达到，要不落空，非改弦更张、另起炉灶不可。从这一点看，谁还说不变应万变，简直是自甘没落，荒谬已极。

"穷则变，变则通"，《系辞传》里的这两句，如今被引用得很普遍了。虽然一部分人只当他是作文的滥调，也可见在当前的局势之下，"变"这个字已经在人人心目中占了重要的位置。

这儿不说旁的，单说教育。教育不是独立的部门，与政治、经济等项都有关系。怎么能够"单说"？话是不错。可是就教育方面谈一些原则，那些原则当然决定于其他部门，而不再谈及其他部门，这样去枝去叶、只取本干的办法，也未尝不可以。

教育应该变了，一个月内，各地报纸上都有表示这个意思的论文。各人有各人的看法，各人有各人的注意点、为学生着想的看法。至于学制与课程之类，待教育专家去讨论，这儿不说。

为学生着想，我们以为急需革除传统的教育精神，传统的教育精神是什么？让一些人读书、应考，考上了的做或大或小的官，帮助皇帝统治老百姓。无论其人的存心是仁义道德，或是声色货利；无论其人的出身是贵胄高门，或是瓮牖绳枢，只要一读了书，一做了官，就站到皇帝一边，事实上与老百姓对立。这样的教育，说得好听些，是为国家培育人才，拆穿了说，无非替皇帝找帮手的途径而已。就受教育的人一方面看，由此可以得些利禄，不能算没有好处。可是离开了老百姓，与老百姓处在对立的地位，有意无意的加害于老百姓，只要这么一想，就知道实在没有什么好处。

依理说，传统的教育精神到了民国时代应当废弃了，因为民国时代不再有什么皇帝，大家都是老百姓，也不再有什么个人或集团与老百姓对立。但是，究竟习染太深了，传统的教育精神到了民国时代依然保持着。这不能就学校的设置与学科的安排那些事项上看，就那些事项上看，如今的教育当然与以往的两样。这要就精神上看。在施教的一方面，无非想造就一班公务人员与技术人员，这些人员高明不高明无关紧要，能不能为老百姓服务尤其不须顾虑，只要撑得起那么个场面就成。在受教的一方面，看重分数，看重文凭，认定自己走的是利禄之途，此途走通的时候，就可以出人头地，高高在上。至于自己本是个老百姓，该一辈子为老百姓服务，这样的认识自始就没有听说过，到了文凭到手，高高在上，自然更不容易领悟了。以上说的未免抽象，可是，似乎已经抓住了如今的教育的精神。试想这样的教育精神与传统的有什么分别？

民国时代要行真正的民主，必须人人自己觉着是老百姓，是个不折不扣的老百姓，是个处于主人地位的老百姓。公务人员，技术人员，乃至于什么什么"家"，都是社会间不可缺少的，自然得由许多人去当。但是有个重要条件，当这些人员这些家的，仍然是个老百姓，他的一切努力都是为老百姓服务，也就是为他自己的伙伴服务，决不为旁的。传统的教育不管这一点，不能怪它，因为以往时代老百姓注定踩在皇帝脚底下。如今的教育不管这一点，就失去了教育的意义，任凭你说得天花乱坠，干得花样翻新，总之毫不相干，因为这一点才是如今的教育的根本与灵魂，而没有根本的树木是枯木，没有灵魂的躯体是尸体。

教育要变，就得在精神上变，革除传统的教育精神，认定以老百姓为本位。学制与课程之类也不是不重要，然而精神不立，单就这些上讨论如何如何更改，就是舍本逐末，必然没有什么好处。对谁没有好处呢？对受教育的没有好处，对国家民族没有好处。

改变教育

"穷则变，变则通。"《系辞传》中这句陈话近来用得很普遍，成为一句流行话了。

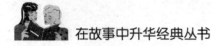

不谈旁的方面，单就教育方面说，主张改变的人就不知多少，报纸杂志上讨论改变教育的文字就不知有多少。大家并不是无事生事，忘了"不变应万变"的原则，喜欢花样翻新，闹着玩儿。实在感到教育在今天此刻，已经到了"穷"的地步，倘若照样下去，结果必然是"不通"——"此路不通"的"不通"。不通而没有什么，倒也罢了，无奈不通就要吃亏，就是要吃实实在在的亏。明知是亏，谁又肯吃？所以想到了改变教育那方面去。

改变教育只是一句话，分析起来，头绪太多了。从教育与其他部门的关联上，从教育本身的精神与制度上，从教育实施的方法与技术上，都可以引出若干头绪来。而且，必须把这若干头绪联结在一块儿来考虑，才可以收到改变的效果，打破"不通"而教他"通"。关于这些，让教育专家与教育行政当局去研究，去讨论。这儿只就一个头绪谈谈，就是改变教育与受教育的关系这个头绪。

受教育的头上戴着这个"受"字，似乎处于被动地位，对于改变教育恐怕做不得主，用不上力吧。这个疑念是容易发生的。可是要知道，教育的对象是受教育的，受教育的是教育事业的中心；教育好不好，有没有实际效益，照理说，应该是受教育的知道得最清楚，体会得最亲切。即使说"不识庐山真面目，只缘身在此山中"，因为正在受教育，反而不明白教育到底是怎么回事，这情形可能有。然而，只要把眼界放宽一点，就自己就社会多想想，也就会明白起来。在明白起来的时候，如果发觉所受的教育不好，没有实际的效益，这是万分切身的事情，怎么不出点主意、用点力量，把教育改变过来。

还有一层。受教育不是像张开一个空袋子，等人家把东西倒进来，装满它。受教育含有个重要的意义，就是学习，朱子注"学而时习之"道，"习，鸟数飞也。学之不已，如鸟数飞也"。这个说法极好。小鸟儿屡次的飞，用的它自己的能力。可见所谓学习。全靠自己的能力。受教育的这就有了把握，教育不好，没有实际效益，只要自己能在学习方面改变过来，教育就不改变而自改变。并且，改变教育，本来要在受教育的学习方面改变过来之后，才算收效。

以上两段，是说受教育的也可以在改变教育上做主、甩力。

受教育的与改革教育

改革教育，好像只是教师以及教育行政人员的事情，受教育的并没有份儿。这个"好像"是看着受教育的头顶上戴着个"受"字而来的，戴着个"受"字，显然处于被动地位，对于改革教育那种主动工作，未必做得上主、用得上力。假如承认这样看法，受教育的就只有等待下去，在教育尚未改革的时候，只好勉强"受"那坏教育，一朝黄河清了，教育改革了，才称心如意地"受"那好教育。除此而外又有什么办法呢？然而这样看法并不能承认，受教育的头顶上戴着个"受"字并不表示处于被动地位，所以对于改革教育，受教育的也做得上主、用得上力。

教育的对象是受教育的，受教育的是教育事业的中心，教育好不好，有没有实际效益，依理说，应该是受教育的知道得最清楚，体验得最亲切。即使说"不识庐山真面目，只缘身在此山中"，因为自己正在受教育，反而不明白教育到底是怎么一回事，这个情形可能有。可是，只要把眼界放得宽一点，把生活看得认真一点，就社会就自己多想想，也就会明白起来。在明白起来的时候，如果发觉所受的教育不好，没有实际效益，这就是社会和自己都吃了实实在在的亏。社会是自己所依附的群体，自己是一切思想行动的主体，社会和自己都吃了实实在在的亏，那是再切身也没有的事情了，怎能不做点儿主、用点儿力，把教育改变过来，使往后不再吃丝毫的亏？——这是说受教育的只要明白所受的教育不好，迫于切身的需要，就不得不参加改革教育的工作。

还有一层，受教育不是像张开了个空袋子，等人家把东西倒进来，装满它。受教育含有个重要的意义，就是学习。朱子注"学而时习之"道，"习，鸟数飞也。学之不已，如鸟数飞也。"这个说法极好。小鸟儿屡次屡次的飞，用的是他自己的能力。所谓学习，全靠学习者自己的能力，受教育的这就有了确切的把握。教育不好，没有实际效益，属于旁人范围内的事情（如教师以及教育行政人员方面的事情）也不是不要过问，但是不妨把属于自己范围内的事情放在首要地位。属于自己范围内的事情就是学习。从前那样学习使社会和自己吃了实实在在的亏，现在把他改革，改革到不再吃亏的地步，那就教育不改革而自改革了。并且，改革教育，本来要在受教育的学习方面改革过来之后，才算收效。——这是说受教育的对于改革教育的工作确有把握，也可以处于主动地位。

以上不过是原则的话，说得又很简单。希望读者诸君从这里有所触发，再就自己所受的教育和改革教育的必要，逐步想开去，得到些具体的意见、

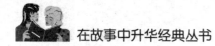

切实的办法。至于我写这篇短文的意思，无非以为改革教育不只是教育家、教育者、教育官的问题，在首当其冲的受教育的，尤其要加以注意，非但要讨论如何改革，并且要促成真个改革。

文字教育和记忆教育
——在某师范学校周会上的讲话

在民国初年，我也做过多年的小学教师，可惜得很，教书所用的方法是很古老的。现在已经过了 30 多年了，看去仍旧用着老方法，老到唐宋以前的方法。现代的学校，科目虽是改变了，而方法仍旧没有改变。

老方法可以分成两种：一种是文字教育，一种是记忆教育。先讲文字教育。从前总是先读《诗经》，因为《诗经》是韵文，容易读，所以开始就"关关雎鸠，在河之洲"地读《诗经》了；也有因为要应举子的考试，先读《四书》，这《四书》就是把《礼记》中的《大学》《中庸》两篇，加入《论语》《孟子》，并为《四书》，说是儒家的精义所在。

念书并不讲意义，先生读，学生跟着读，同刚才读《总理遗嘱》，全体循声诵读的样子差不多，念到能够背，便算一天的功课完毕了。学生年龄大一点的，先生开讲了，开讲也有次序，有的先讲《论语》："子曰，学而时习之，"这样照字面地讲下去；有的先讲《左传》，因为《左传》里的许多春秋时代的故事，讲时很有趣味，学生喜欢听。所谓讲，也不过把文字翻译成土话，把文字讲清楚了就完了。这种情形，诸位不要觉得好笑，现在的大学中学甚至小学里都还在这样教。抗战期间我在四川，曾到过 20 多个县，参观学校教学的情形，看他们教国文多是如此教法的。

诸位都知道读国文是需要预习的。我们读国文有两个目标。第一个是学习看书。自己要会看书，便不能专依靠先生来讲，要用自己的力量来看，先要看懂文的内容，再从自己的经验来判别内容，对或不对。上课的时候，好像开一个讨论会，先生是主席，提出许多问题来看学生有没有预习，随后先生再修正学生的见解，改正学生的错误。这样做起来，先生也许要感到太难了，工作太多了。不过，我以为，如果要学生得到实际的利益，先生非要辛苦一点不可！

国文且不说，现在甚至历史地理、数学理化之类，这些是有实在东西的科目，必须依据已得的知识，来做进一步的研究的，决不能同国语国文一样只照着文字读。可是现在大多数的学校也还在用老方法教，一切的功课都变了国语国文：史地的先生讲史地的国文，数学的先生在教数学的国文，一切的东西都变了文字教育，反把实在的东西丢在一边。这种教育，实在应该打倒！

文字是符号，符号要应用在实际的生活里才有意义。譬如说"学而时习之"这一句，单从字面讲解是不够的，一定要弄清楚假使不"时习之"又怎么样？这便是学习心理的问题；再讲到文言文的句子，这中间有"而"、"之"两个字，"而"字是什么口气？是一个连词，再仔细研究，还含有"假如"的意思在里面，同样的句法，也可以举些例子，如："读而勤攻之"、"爱而久焉"，等等；"之"字相当于现在的"它"字，在这里代"学"字，这种情形在口语里是没有的，在文言文却时常用到，这是文字方面应用方法的研究。

再讲记忆教育。记忆实在是学习的基本问题，如史、地里面的人名、地名、朝代等，非牢记不可；但不能专靠记忆来解决教学上的一切问题。从前读儒家的书是不许怀疑的（如《庄子》《离骚》、宋词等是被认为旁门，不许看的），只要记住成了。这记忆教育，到了现在还是不能改良，只要学得很多记得很多，便算成功。其实这种记忆之学便是杂学，自己没有东西的，所以是真真有学问的人所看不起的，可是直到现在还在援用。有许多学校还禁止看课外书，据说他的理由是：一来，看了课外书，学生的思想容易引起转变；二来，读了课外书，便要疏忽课内的书了。

还有像毕业考试升学考试必须要用某书局的教本为标准，只要记好这些课本的内容，便可以应考了，这种办法，对于学生，实在不是要他好，而是要他坏，不要学生的脑子活动。于是这些学生由小学而中学，而大学，16年的光阴，浪费在记忆里。等到毕业以后，要用自己的脑子应付实际的生活了，却已经来不及了。

现在我所要提出的，文字教育实在就是内容问题，记忆教育实在就是方法问题。将来诸位毕业以后，出去教书，千万不要再用老方法了，更不要受了人家的熏染，仍旧走到老路上去。最好还要劝劝人家，希望大家来把教育的方法改良一下。

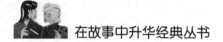

中学国文学习法

认定目标

学习国文该认定两个目标：培养阅读能力，培养写作能力。培养能力的事必须继续不断地做去，又必须随时改善学习方法，提高学习效率，才会成功。所以学习国文必须多多阅读，多多写作，并且随时要求阅读得精审，写作得适当。

在课内，阅读的是国文教本。那用意是让学生在阅读教本的当儿，培养阅读能力。凭了这一份能力，应该再阅读其他的书以及报纸杂志，等等。这才可以使阅读能力越来越强。并且，要阅读什么就能阅读什么，才是真正的受用。

在课内，写作的是老师命题作文。那用意是让学生在按题作文的当儿，培养写作能力。凭了这一份能力，应该随时动笔，写日记，写信，写笔记，写自己的种种想要写的。这才可以使写作能力越来越强。并且，要写作什么就能写作什么，才是真正的受用。

就一个高中毕业生说，阅读能力和写作能力应该达到如下的程度。

阅读方面——（一）能读日报和各种并非专门性质的杂志；（二）能看适于中学程度的各科参考书；（三）能读国人创作的以及翻译过来的各体文艺作品的一部分；（四）能读如教本里所选的欧阳修、苏轼、归有光等人所作散文那样的文言；（五）能适应需要，自己查看如《论语》、《孟子》、《史记》、《通鉴》一类的书；（六）能查看《国语辞典》、《辞源》、《辞海》一类的工具书。这里所说的"能"表示了解得到家，体会得透彻，至少要不发生错误。眼睛在纸面上跑一回马，心里不起什么作用，那是算不得"能"的。

写作方面——（一）能作十分钟的演说；（二）能写合情合理合式的书信；（三）能把自己的所见所闻所思所感记下来；（四）能写类似现社会中通用的文言信那样的文言。这里所说的"能"指表达得正确明白而言，至少也得没有语法上论理上的错误。就演说和书信说，还得没有礼貌上的错误。为什么把演说也列在写作方面？因为演说和写作是同一源头的两条水流，演说是用口的写作，写作是用笔的演说。

以上虽只是个人的意见，我自以为很切实际，一个高中毕业生能够如此，国文程度也就可以了，自己也很够受用了。至于阅读不急需的古书如《尚书》、《左传》、《老子》、《庄子》，写作不切用的体裁如骈文古文旧体诗，各人有各人的自由，旁人自然不便说他不对。可是就时代观点和教育立场说，这些都是不必教中学生操心思花工夫的。还有文艺创作，能够着手固然好，不能够也无须强求，因为这件事不是人人都近情的。

靠自己的力阅读

阅读要多靠自己的力，自己能办到几分务必办到几分；不可专等老师给讲解，也不可专等老师抄给字典辞典上的解释以及参考书上的文句。直到自己实在没法解决，才去请教老师或其他的人。因为阅读是自己的事，像这样专靠自己的力才能养成好习惯，培养真能力。再说，我们总有离开可以请教的人的时候，这时候阅读些什么，非专靠自己的力不可。

要靠自己的力阅读，不能不有所准备。特别划一段时期特别定一个课程来准备，不但不经济，而且很无聊。也只须随时多用些心，不肯马虎，那就是为将来做了准备。譬如查字典，如果为了做准备，专看字典，从第一页开头，一页一页顺次看下去，这绝非办法。只须在需要查某一字的时候看得仔细，记得清楚，以后遇列这个字就是熟朋友了，这就是做了准备。不但查字典如此，其他都如此。

应做的准备大概有以下几项：

（一）留心听人家的活。写在书上是文字，说在口里就是话。听话也是阅读，不过读的是"声音的书"。能够随时留心听话，对于阅读能力的长进大有帮助。听清楚，不误会，固然第一要紧；根据自己的经验加以衡量，人家的话正确不正确，有没有罅漏，也是必要的事。不然只是被动地听，那是很有流弊的。至于人家用词的选择，语调的特点，表现方法的优劣，也须加以考虑。他有长处，好在哪里？他有短处，坏在哪里？这些都得解答，对于阅读极有用处。

（二）留心查字典。一个字往往有几个意义，有些字还有几个读音。翻开字典一看，随便取一个读音一个意义就算解决，那实在是没有学会查字典。必须就读物里那个字的上下文通看，再把字典里那个字的释文来对勘，然后确定那个字何音何义。这是第一步。其次，字典里往往有些例句，自己也可以找一些用着那个字的例句，许多例句聚在一块儿，那个字的用法（就是通行这么用）以及限制（就是不通行那么用）可以看出来了。如果能找近似而不一样的字两相比较，辨明彼此的区别在哪里，应用上有什么不同，那自然更好了。

（三）留心查辞典。一个辞也往往有几个意义，认真查辞典，该与前一节说的一样。那个辞若是有关历史的，最好根据自己的历史知识，把那个时代的事迹想一回。那个辞若是个地名，最好把地图翻开来辨认一下。那个辞若是涉及生物理化等科的，最好把自己的生物理化的知识温习一遍，辞典里说的或许很简略，就查各科的书把它考究个明白。那个辞若是来自某书某文的典故或是有关某时某人的成语，如果方便，最好把某书某文以及记载某时某人的话的原书找来看看。那个辞若是一种制度的名称，一个专用在某种场合的术语，辞典里说的或许很简略，如果方便，最好找些相当的书来考究个详细。以上说的无非要真个弄明白，不容含糊了事。而且，这样将辞典作钥匙，随时翻检，阅读的范围就扩大了，阅读参考书的习惯也可以养成了。

（四）留心看参考书。参考书范围很广，性质不一，未可一概而论。可是也有可以说的。一种参考书未必需要全部看完，但是既然与它接触了，它的体例总得弄清楚。目录该通体一看，书上的序文，人家批评这书的文章，也该阅读。这样，多接触一种参考书就如多结识一个朋友，以后需要的时候，还可以向他讨教，与他商量。还有，参考书未必全由自己购备，往往要往图书馆借看。那么，图书分类法是必要的知识。某个图书馆用的什么分类法，其中卡片怎样安排，某一种书该在哪一类里找，必须认清搞熟，检查起来才方便。此外如各家书店的特点以及它们的目录，如果认得清，取得到，对于搜求参考书也有不少便利。

以上说的准备也可以换成"积蓄"两个字。积蓄得越多，阅读能力越强。阅读不仅是中学生的事，出了学校仍需要阅读。人生一辈子阅读，其实是一辈子在积蓄中，同时一辈子在长进中。

阅读举要

如果经常做前面说的那些准备，阅读就不是什么难事。阅读时候的心情也得自己调摄，务需起劲、愉快。认为阅读好像还债务，那一定读不好。要保持着这么一种心情，好像腹中有些饥饿的人面对着甘美膳食的时候似的，才会有好成绩。

阅读总得"读"。出声念诵固然是读，不出声默诵也是读，乃至口腔喉舌绝不运动，只用眼睛在纸面上巡行，如古人所谓"目治"，也是读。无论怎样读，起初该用论理的读法，把文句中一个个词切断，读出它们彼此之间的关系来。又按各句各节的意义，读出它们彼此之间的关系来。这样读了，就好比听作者当面说一番话，大体总能听明白。最忌的是不能分解，不问关系，糊里糊涂读下去——这样读三五遍，也许还是一片朦胧。

读过一节停一停，回转去想一下这一节说的什么，这是个好办法。读过两节三节，又把两节三节连起来回想一下。这个办法可以使自己经常清楚，并且容易记住。

回想的时候，最好自己多多设问。文中讲的若是道理，问问是怎样的道理？用什么方法论证这个道理？文中讲的若是人物，问问是怎样的人物？用怎样的笔墨表现这个人物？有些国文读本在课文后面提出这一类的问题，就是帮助读者回想的。一般的书籍报刊当然没有这一类的问题，唯有读者自己来提出。

读一遍未必够，而且大多是不够的，于是读第二遍第三遍。读过几遍之后，若还有若干地方不明白不了解，就得做翻查参考的工夫。这在前面已经说过了，关于翻查字典辞典，以及阅读参考书，这儿不再重复。

总之，阅读以了解所读的文篇书籍为起码标准。所谓了解，就是明白作者的意思情感，不误会，不缺漏，作者表达些什么，就完全领会他那什么。必须做到这一步，才可以进一步加以批评，说他说得对不对，合情理不合情理，值不值得同情或接受。

在阅读的时候，标记全篇或者全书的主要部分，有力部分，表现最好的部分，这可以帮助了解，值得采用。标记或画铅笔线，或做别种符号，都一样。随后依据这些符号，可以总结全部的要旨，可以认清全部的警句，可以辨明值得反复玩味的部分。

说理的文章大概只需论理地读，叙事叙情的文章最好还要"美读"。所谓美读，就是把作者的情感在读的时候传达出来。这无非如孟子所说的"以意逆志"，设身处地，激昂处还他个激昂，委婉处还他个委婉，诸如此类。美读的方法，所读的若是白话文，就如戏剧演员读台词那个样子。所读的若是文言，就用各地读文言的传统读法，务期尽情发挥作者当时的情感。美读得其法，不但了解作者说些什么，而且与作者的心灵相感通了，无论兴味方面或受用方面都有莫大的收获。

读要不要读熟？这看自己的兴趣和读物的种类而定。心爱某篇文字，自然乐于读熟。对于某书中的某几段文字感觉兴趣，也不妨读熟。读熟了，不待翻书也可以随时温习，得到新的领会，这是很大的乐趣。

学习文言，必须熟读若干篇。勉强记住不算熟，要能自然成诵才行。因为文言是另一种语言，不是现代口头运用的语言，文言的法则固然可以从分析比较而理解，可是要养成熟读如流的看文言的习惯，非先熟读若干篇文言不可。

阅读当然越快越好，可以经济时间，但是得以了解为先决条件。糊里糊涂读得快，不如通体了解而读得慢。练习的步骤该是先求其无不了解，然后求其尽量地快。出声读须运动口腔喉舌，总比默读仅用"目治"来得慢些。为阅读多数书籍报刊的便利起见，该多多练习"目治"。

阅读之后该是做笔记了，如果需要记什么的话。关于做笔记，在后面谈写作的时候说。

最要紧的，阅读不是没事做闲消遣，无非要从他人的经验中取其正确无误的、于我有用的，借以扩充我的知识，加多我的经验，增强我的能力。就是读文艺作品如诗歌小说等，也不是没事做闲消遣。好的文艺作品中总含有一种人生见解和社会观察，这对于我的立身处世都有极大的关系。

写作须知

写作必须把它看成一件寻常事，好比说话一样。但是又必须把它看成一件认真事，好比说话一样。

写作绝不是无中生有。必须有了意思才动手写作，有了需要才动手写作。没意思，没需要，硬找些话写出来，这会养成不良的写作习惯，而且影响到思想方面。

写作和说话虽说同样是发表，可也有不同处。写作一定要有个中心，写一张最简单的便条，写一篇千万字的论文，同样的有个中心，不像随便谈话那样可以东拉西扯，前后无照应。写作又得比说话正确些、齐整些、干净些。说话固然也不宜错误拖沓，可是听的人就在对面，不明白可以当面问，不心服可以当面驳，嫌啰嗦也可以说别太啰嗦了。写了下来，看的人可不在对面，如果其中有不周到不妥帖处，就将使他人不明白、不心服、不愉快，岂不违反了写作的本意？所以写作得比说话正确些、齐整些、干净些。

写作的中心问自己就知道。写一张便条，只要问为什么写这张便条。那答案就是中心，写一篇论文，只要问我的主要意思是什么，那答案就是中心。

所有材料（就是要说的事物或意思）该向中心集中，用得着的毫无遗漏，用不着的淘汰净尽。当然，用得着用不着只能以自己的知识能力为标准。按标准把材料审查一下总比不审查好，不审查往往会发生遗漏了什么或多余了什么的毛病。

还有一点，写作不仅是拿起笔来写在纸上那一段时间内的事情。如前面所说。意思的发生，需要的提出，都在动笔之前。认定中心，审查材料，也在动笔之前。提起笔来写在纸上，不过完成这工作的一段步骤罢了。有些人认为写作的工作在提起笔来的时候才开始，这显然是错误的。如果如此，写作就成为一种无需要、无目的、可做可不做的事了。

写作完毕之后，或需修改，或不需修改。不改，是自以为一切都写对了。没有什么遗憾了。至于修改，通常说由于自己觉得文字不好。说得确切一点，该是由于自己觉得还没有写透那意思，适合那需要。于是再来想一通，把材料增减一些，调动一些，把语句增减一些，变换一些，这就是修改。

练习写作，如果是课内作文，也得像前面所说的办。题目虽然是老师临时出的，可是学生写的意思要是平时有的，所需的材料又要是找得到的，不然就是无中生有的勾当了。（老师若出些超出学生能力范围的题目，学生只好交白卷，但是不必闹风潮）练习是练习有意思有材料就写，而且写得像样，不是练习无中生有。

无论应用的或练习的写作，以写得像样为目标。记事物记清楚了，说道理说明白了；没有语法上的毛病了；没有论理上的毛病了：这就是像样。至于写得好，那是可遇而不可求的。经验积聚得多，情感蕴蓄得深，思想钻研得精，才可以写成好文章。换句话说，好文章是深度生活的产品，生活的深度不够，是勉强不来的。希求生活渐进于深度，虽也是人生当然之事，可是超出了国文学习的范围了。

要写得像样，除了审查材料以外，并得在语言文字上用心，这才可以表达出那选定的材料，不至于走样。所谓在语言文字上用心，实际也是极容易的事，试列举若干项。

（一）所用的词要熟悉的，懂得他的意义和用法的。似懂非懂的词宁可不用，换一个熟悉的来用。

（二）就一句句子说，那说法要通行的，也就是人家会这么说，常常这么说的。一句话固然可以有几样说法，作者有自由挑选那最相宜的使用，可是决不能独造一种教人家莫名其妙的说法。

（三）就一节一段说，前后要连贯，第二句接得上第一句，第三句接得上第二句。必须注意连词的运用，语气的承接，观点的转换不转换。一个"所以"一个"然而"都不可随便乱用。陈述、判断、反诘、疑问等的语气都不可有一点儿含糊。观点如须转换，不可不特别点明。

（四）如果用比喻，要问所用的比喻是否恰当明白。用不好的比喻还不如不用比喻。

（五）如果说些夸张话，要问那夸张话是否必要。不必要的夸张不只是语言文字上的毛病，也是思想上、修养上的毛病。

（六）不要用一些套语滥调如"时代的巨轮"、"紧张的心弦"之类。这些词语第一个人用来见得新鲜，大家都用就只有讨厌。

（七）运用成语以不改原样为原则，如"削足适履"不宜作"削足凑鞋"，"怒发冲冠"不宜作"怒发把帽子都顶起来了"。

（八）用标点符号必须要审慎。宜多用句号，把一句句话交代清楚。宜少用感叹号，如"以为很好"、"他怕极了"都不是感叹语气，用不着感叹号。用问号也得想一想。询问和反诘的语气才用问号，并不是含有疑问词的语句都要用问号。如"他不知道该怎么做"、"我问他老张哪一天到的"都不是问句，用不着问号。

写作举要

练习写作，最好从记叙文入手。记叙文的材料是现成的，作者只须加上安排取舍的工夫，容易着手。

议论文也不是不必练习，但是所说的道理或意见必须明白透彻，最忌把不甚了了的道理或意见乱说一阵。因此，练习议论文该从切近自身的话题入手，如学习心得和见闻随感之类。应用文如书信，如读书报告，往往兼包记叙和议论。写作这类东西，一方面固然应用，一方面也是练习。所以也得认真地写，多一回认真的练习，就多一分长进。

以下略说写作各类东西的大要。

（一）记物的文字须把那东西的要点记明。譬如记一幅图画，画的什么就是要点，必须记明。也许画面上东西很多，而以某一件东西为主，这某一件东西必须说明。

（二）叙事的文字须把那事件的始末和经过叙明。譬如叙一个文艺晚会，晚会的用意和开会的过程必须叙明，也许会中节目很多，几个重要的节目必须详叙，其余节目只说几句简单的话带过。

（三）书信须把自己要向对方说的话说清楚。不清楚，失了写信的作用，重复啰嗦，容易混淆对方的心思，都不能算写得适当。书信又须注意程式。程式不是客套，程式之中实在包含着情分和礼貌。不注意程式，在情分上礼貌上若有欠缺，就将使对方不快，这也违反写信的初意。

（四）日记最好能够天天写，对修养有好处，对写作也有好处。刻板式的日记比较没有意义。一天里头总有些比较新鲜的知识见闻和想头，就把那些记下来。

（五）读书笔记不只是把老师写在黑板上的注解表格等等抄上去，也不只是把一些书本上的美妙紧要的文句抄上去。除了这些，还有应该记的，如：翻了几种书，就可以把参照比较的结果记录下来。读了一篇文章一部书，自己有些想头，或属怀疑，或属阐发，或属欣赏，都可以记录下来。

（六）给壁报揭载的或投寄报纸杂志的文章与其他文章一样，也应该以写自己熟知的了解的东西为主。可是有点不同，这类文章是特地写给他人看的，写的时候，心目中就须顾到读者。既然顾到读者，人人知道的事物和道理就不必写。至于自己还没有弄清楚的大问题大道理，那非但不必写，简直不容写，写出来就是欺人，欺人是最要不得的。

写字

末了儿还得说一说写字。一般人只须讲求实用的写字，不必以练成书家为目标。实用的写字，除了首先求其正确之外，还须求其清楚匀整，放在眼前觉得舒服，至少也须不觉得难看。

临碑帖，一般人没有这么多闲工夫。只须逢写字不马虎，就是练习。写字是手的技能，随时留意，自然会做到心手相应的地步。

目前写字的工具不只毛笔，钢笔铅笔也常用，也许用得更多。无论用什么笔写，全都得不马虎，才可以养成好习惯。

就字体而论，一般人只须注意真书行书两种。行书写起来比真书快，所以应用更广。行书是真书的简化，基本还是真书。真书写得像样，行书就不会太差。

真书求其清楚匀整，大略有如下几点可以说的。

（一）笔笔交代清楚，横是横，撇是撇，一点不含糊。

（二）横平竖直，不要歪斜，这就端正了。

（三）就一个字而言，各笔的距离务须匀称，不太宽也不太挤。这须相度各个字的形状。偏旁占一半还是三分之一，头和底各占几分之几，中心又是哪一笔，相度清楚，然后照此落笔。距离匀称，不宽不挤，看在眼里就舒服。

（四）就一行的字而言，须求其上下连贯，无形中好像有一条直线穿着似的。还须认定各个字的中线，把中线放在一直线上。中线或是一竖，如"中"字、"草"字，或是虚处，如"非"字、"井"字，很容易辨明。

（五）就若干行的字而言，须求两行之间有一条空隙。次行的字的笔画触着前行的字的笔画固然不好看，就是几乎要触着也不好看。

（六）写一长篇的字须要前后如一。如果开头端端正正，到后来潦潦草草，这就通篇不一致，说不上匀称了。

如果有工夫练习实用的写字，可以按字的形体分类练习，如挑选若干木旁字来写，又挑选若干雨头字来写。木旁雨头的字是比较容易的。比较烦难的尤宜如此，如心底的字，从之的字。手写之外，宜乎多看，看人家怎样把这些字写得合适。看与写并行，心与手并用，自然会逐渐有进步。

教师怎样尽责任

今年是制定第一个五年计划的年头，全国人民拥护这个五年计划，愿意尽心竭力实现这个五年计划，现在逢到国庆，庆祝的心情特别热烈。我怀着这样的心情写这篇短文，跟教师们共同庆祝国庆。

实现五年计划的是人，第一个计划之后还有第二个第三个，实现这些计划直到建成社会主义社会的是人，而教师就是培养这大批大批的人的，所以教师非常光荣，可是担当的责任也很不轻。这个道理谁都明白，我不多说。我说一说教师怎样尽他的责任。我想，教师首先要认识他所教的学生。学生的状貌、性情、家庭情况之类固然必须认识，可是我所说的认识并不指这个。排列在教师面前的学生将做什么样的人，这能不明确地认识吗？学生目前处在什么样的社会里，这个社会将过渡到什么样的社会，他们在这里头将起什么样的作用，这能不明确地认识吗？我所说的认识就指这个。

对这个有了明确的认识，才能就学生的体质方面，知识技能方面，道德品质方面，思想感情方面，脚踏实地地按部就班地做培养工作。这个认识是根本，是源头，不抓住根本，不探到源头，培养工作就成无本之木，无源之水，结果必然是培养不好，徒劳无功——也就是没有尽教师的责任。所以，教体育也好，教语文也好，教史地也好，教理化也好……都不能按"为什么而什么"的公式办事；必须从学生出发，认清楚教体育、语文、史地、理化……跟培养学生的总目标有什么关系，该怎样教才达到培养学生的总目标。教的是某一门功课，为的是针对着总目标给学生必要的培养。

说到怎样教，对学生还得有所认识。不认识他们身体发展的情形，怎能培养好他们的体质？不认识他们获得知识和掌握技能的过程，怎能培养好他们的知识技能？不认识他们躬行实践该取什么途径，怎能培养好他们的道德品质？不认识他们的思想形成和感情深化的过程，怎能培养好他们的思想感情？这些都必须认识，不然，任你辛辛苦苦地教，实际上只是盲目地教——也就是没有尽教师的责任。所以，生理学、心理学、教育学之类非钻研不可。钻研这些学科越深，认识学生身心就越真，教起来就越有把握。

关于认识学生，就说到这儿。

其次，我想，教师要经常注意，让学生把学到的种种东西运用到实践里去。换句话说，无论知识、技能、思想、道德，教得学生懂不得说不清，当然非常不好，就是教得他们懂得了说得清了，也还是不够，因为懂得了说得清了还可能跟实践脱节。必须让学生懂得一分就在实践里运用一分，懂得两分就在实践里运用两分，才算教得真有了效果。不为在实践里运用，学生还有受教育的必要吗？再打个比喻，把知识、技能、思想、道德教给学生，必须让学生像吃了适当的食品一样，把它充分消化，化为自身的血肉。

这跟前一点有连带关系。对学生认识得透彻，自然会知道学生受教育为的什么，自然会把所教的一切东西归结到实践，因为影响到他们的实践才真是教了他们。

教功课必须用课本，但是讲明了课本，让学生记住了课本，决不能就算了事（不讲明课本当然更不能算了事，那不必说了）。课本只能当工具看，当手段看。通过这些工具和手段，使包含在里头的种种东西在学生的思想、意识、行动、工作方面起积极的作用，这才是目的。教师要尽责任，就得努力达到这个目的。

所以，教语文不仅要学生熟读课本，更重要的在使学生在生活里扩大词汇，掌握语言的规律，增长表达的能力，从文学作品的阅读里提高思想的境界。教自然地理不仅要学生记住课本，更重要的在使学生在生活里熟悉地理环境，无论水流风吹，天气变化，都能知道该怎么样适应，该怎么样利用。教植物动物也不仅要学生记住课本，更重要的在使学生在生活里熟悉周围的那些植物动物，它们怎么样跟环境一致，它们怎么样发育生长，都能知其所以然，而且能利用这些所以然为人们的生活谋福利。……不再一科一科列举了。总之，教学不能不从课本入手，可是决不能限于课本里的语言文字，课本里的语言文字原是实际的反映，必须通过它而触及实际的本身。要是学生头脑里有这么一种印象，课本是一回事，实际又是一回事，彼此连不到一块儿，那就是教学上的大失败。

再说，教给学生行为的规范和道德的标准，不能不用语言讲明一些道理。教师不给讲明，学生就不明白那些道理，怎么能自觉地实践呢？但是，决不能讲过就算，最要紧的还在随时考察学生是不是自觉地实践了。给他们讲，目的就在要他们自觉地实践，要是他们不能自觉地实践，那就等于没有讲，非重新考虑，另想办法不可。列宁说过，对青年的教育不在于灌输给他们一切令人悦耳的道德的词句，而在于自觉的斗争，在于在日常生活里养成共产主义的行为标准和规范。口头讲说诚然是一种重要的办法，可不是唯一的办法。照列宁的话，好好地从旁辅导，让学生作自觉的斗争，在日常生活里自动地合乎标准和规范，这种"不言之教"是一种有效的办法。还有，教师以身作则，教师本身的行为就是标准和规范，也是一种极有效的"不言之教"。

关于让学生把学到的种种东西运用到实践里去，就说到这儿。可以说的很多，以上两点是最主要的。要做到这两点，得付出无量的心思和劳动，努力不懈，终身以之。可是，我知道教师们为了在这伟大的时代尽分内的责任，一定乐于付出无量的心思和劳动。

"教师下水"

在成都听一位中学老师谈，他学校里领导方面向语文老师提出"教师下水"的号召，很有意思。"下水"是从游泳方面借过来的。教游泳当然要讲一些游泳的道理，但是教的人熟识水性，跳下水去游几阵给学的人看，对学的人好处更多。语文老师教学生作文，要是老师自己经常动笔，或者做跟学生相同的题目，或者另外写些什么，就能更有效地帮助学生，加快学生的进步。经常动笔，用比喻的说法说，就是"下水"。这无非希望老师深知作文的甘苦，无论取材布局、遣词造句，知其然又知其所以然，而且非常熟练，具有敏感，几乎不假思索，而自然能左右逢源。这样的时候，随时给学生引导一下，指点几句，全是最有益的启发、最切用的经验，学生只要用心领会，努力实践，作一回文就有一回的进步。

老师出身于学生，当学生的时候，谁不曾练习作文，当了老师之后，或者工作上需要，或者个人有兴趣，经常动笔的也有之。但是就多数而言，当了老师就只教学生作文，而自己不作文了。只教而不作，能派用场的不就是学生时代得来的一点儿甘苦吗？老话说，三日不弹，手生荆棘，这点儿甘苦保得住永不褪色吗？固然，讲语法修辞的书，讲篇章结构的书，都可以拿来参考，帮助教学。但是真要对学生练习作文起作用，给学生切合实际的引导和指点，还在乎老师消化那些书而不是转述那些书，还在乎老师在作文的实践中深知作文的甘苦。因此，经常动动笔是大有好处的。"教师下水"确然是个切要的号召。

试拿改文做例子来说说。给学生改文，最有效的办法是当面改。当面改可以提起笔来就改，也可以跟学生共同念文稿，遇到需要改的地方就顿住，向学生提出些问题，如"这儿怎么样""这儿说清楚了没有"之类，让学生自己去考虑。两种办法比较起来，后一种对学生尤其有好处。学生经这么一点醒，本来忽略了的地方他注意了，他动脑筋了。脑筋动过之后，可能的情形有二。一是他悟出来了，原稿写得不对，该怎么样才对。这多好啊，这个不对那个对由他自己悟出，印象当然最深刻。二是他动过脑筋还是不明白，不知道老师为什么要在这儿向他提问题。这时候他感到异常困惑，在这异常困惑的时候听老师的改正，也将会终身忘不了。前面说，让学生自己去考虑的办法对学生尤其有好处，理由就在此。现在要说的是老师要念下去就有数，哪儿该给学生点醒，哪儿该提怎么样的问题给学生点醒最有效，这并不是轻易办得了的。要不是对作文非常熟练、具有敏感，势将无能为力。怎么达到非常熟练、具有敏感的境界呢？唯有经常动动笔、勤写多作而已。

当面改不是经常可行的办法。一般是把全班的文稿改好，按期给学生评讲指导。只要评讲得当，指导切要，而且能使学生真正领会，深印脑筋，当然也是有效的办法。既然如此，就不能说某两段不怎么好，所以要改，某一句不大通顺，所以要改，必须扣得很准，辨得很明确，某一段为什么不好，所以要改，某一句为什么不通顺，所以要改，评讲才有可靠的资料，指导才有确切的依据。而要处处能扣准，处处能辨明确，哪怕一个"的"字一个"了"字，增删全有交代，哪怕一个逗号一个问号，改动全有理由，非对作文非常熟练、具有敏感不可。怎么达到非常熟练、具有敏感的境界呢？唯有经常动动笔、勤写多作而已。

作文教学的事不限于改文。总之，凡是有关作文的事老师实践越多，经验越丰富，给学生的帮助就越大。教学的方式方法多种多样，自然要仔细研究，看准本班学生的实际，乃至某一个学生的实际，挑选适当的来应用。但是老师的实践是根本，老师从实践中得来的经验是根本。根本深固，再加上适当的教学的方式方法，成绩就斐然可观了。

记得开国之初，新华通讯社发动一个"练笔运动"，要求社中人员认真地经常地练习作文。当时我非常拥护这个运动。通讯社担任的宣传报道的工作，而直接跟读者见面的，没有别的，唯有写出来的文章。要是文章差点儿，问题不在乎文章不好，而在乎做不好宣传报道的工作。因此，"练笔"是非常必要的。现在说到语文老师。语文老师担任的工作，有一项是教学生作文，而教好作文，根本在乎老师深知作文的甘苦。那么，"练笔"不是也非常必要吗？语文老师"练笔"，通讯社人员"练笔"，目的似乎不同，其实并无不同，都是为做好所担任的工作而"练笔"。我非常拥护"教师下水"的号召，乐于写这篇短文来宣传，就是为此。

还可以推广开来说几句。语文老师担任的工作，再有一项是讲读教学。讲读教学，就是教学生读书。跟教作文一样，唯有老师善于读书，深有所得，才能教好读书。只教学生读书，而自己少读书或者不读书，是不容易收到成效的。因此，在读书方面，也得号召"教师下水"。

小学教师的工作

一个青年人如果思想通达，懂得为人民服务的真意义，在被派到小学教师的岗位上去的时候，他一定欣然承诺。他知道值得干的事业有许多，一个人不能样样都干，只能干其中的一种；而当小学教师是值得干的事业之一，现在既然派到头上，这就是有了尽力效劳的方向，自然应该欣然承诺。

为什么小学教师值得干，可以说的很多，我只能简单说几句。不妨这么想，国家和人民把儿童交给小学教师教育和培养，这是多么重大的信托！儿童是最容易受影响的，小学教师要从各方面给他们好的影响，使他们往后升学或者就业都得到好处，一辈子立身处世都得到好处，这是多么重要的工作。受这重大的信托，干这重要的工作，只要是有志气的人，必然会从心底里透出一句肯定的话，小学教师确实值得干。

当小学教师可不容易，我在1912年开始当小学教师，当初以为教孩子们识字读书学算术，没有什么难。谁知道教了几天就觉得难。要他们真正领会我的讲解，难。要他们鼓起热情来答问题，做练习，难。还有揣摩他们的心理，捉摸各人的脾气，无一不难。那时候并没有人给我提示说"切莫在困难面前低头"，可是我总算不曾知难而退。随后我渐渐感到干这事业有些乐趣。全班孩子聚精会神地学功课，差不多连自身都忘了的时候，我乐。某几个孩子毫无拘束。跟我说些家里的情形或是所见所闻所想的时候，我乐。某个孩子回答问题，说得明白透彻，某个孩子练习演讲，讲得有条有理，某个孩子犯了过失，经我劝说，掉下了悔悟的眼泪，这些时候我都乐。我并不是说那时候我已经懂得孩子。老实说，懂得孩子是一门大学问，我至今还没有参透这门大学问，可是我确实不曾把小学教师这个岗位看做"鸡肋"。现在想来，大概就在其中有乐趣。

我拿这一点儿经验，告诉准备走上小学教师崩位的青年人，希望他们不要以为这事儿很容易。虽然不容易，只要随时留心随时想，在工作中历练，这事儿也就不太难。而越来越多的乐趣，全是工作有进步的标志。这些乐趣，这些进步，会巩固他们的事业心，甚至愿意当一辈子的小学教师，像苏联影片里的那个乡村女教师那样。

人们常说"教学相长"。教孩子学习各种学科，最要紧的是教师自己熟习那些学科。所谓熟习，意思是不仅记住那些学科的内容，而要把那些内容消化了，随时随处都能拿出来运用。熟习是没有止境的，在教中可以学，向年长于我的同事学。向我所教的一班孩子学。怎么说向我所教的一班孩子学呢？他们天天在我面前上课游戏，做种种活动。只要我能随时留心随时想，这些个全是活生生的教材，随时在那里教我怎样懂得他们，怎样教他们。

除了一边教一边想办法，还要抽时间进修。有些教师不这么做，以为凭现有的一些知识和能力尽够对付了，以为当了教师，就可以只管"付出"，不必讲求"收入"了；结果往往会感到拮据，能"付出"的不够充裕，工作做不好，事业心也不免因而动摇。所以我要告诉准备走上小学教师岗位的青年人，在不断"付出"的岁月里，同时要源源不断地谋求"收入"——就是说要努力进修。"收入"越丰富，工作越能左右逢源。

教学方法也很重要。熟习某一学科，可是不擅长教学方法，未必能教好某一学科。不过要认清主次，一定要熟习了，才说得上教学方法；熟习还没做到，空谈教学方法有什么用？再说，在边教边学和不断进修之中，自然会获得切合实际的方法，比较从书上看来的，从别人那里听来的，行之更为有效。要掌握教学方法，逐步改进教学方法，根本办法还在于自己不断进修，一边教一边自己动脑筋。

当教师除了教学而外，还负有教育的任务。教育是怎么一回事，专家学者可以写成很厚的书，我只能说最浅近的。我想，所谓教育，无非是从各方各面给学生好的影响，使学生在修养品德、锻炼思想、充实知识、提高能力、加强健康各方各面养成好的习惯。假如我的想法不错，那么小学教师就得在给予学生影响和养成学生习惯这两点上，特别下工夫。

刚才我说过，儿童是最容易受影响的，要使他们受到的影响全是好的，最有效的办法是教师以身作则，一言一动，全是好的。举个浅显的例子来说，要求孩子们想心思说话都有条有理，唯有教师自己想心思说话都有条有理，才能逐渐影响孩子们，使他们做到无论何时何地，想心思说话都不至于杂乱无章。如果教师不示范，只是杂七杂八三番五次地向孩子们说些必须有条有理的道理，那不是缘木求鱼吗？"以身作则"这四个字可以说是教师终身的座右铭，要做到家并不容易；可是有志的教师总希望能做到家，而且做到几分，必然有几分明显的成效。

再说习惯。养成习惯不容易，习惯养成了要更改尤其难，所以在最初必须注意，要使孩子们养成好习惯。也举个浅显的例子来说，在孩子们识字之初，就注意养成他们辨认笔画和咀嚼字义的习惯，他们笔下就不会有很多错别字。现在大家看到学生笔下错别字很多，感到头痛，想方设法消灭错别字，老是消灭不了。原因何在呢？我说，原因就在于开始不曾注意使他们养成辨认笔画和咀嚼字义的好的习惯，他们就自然而然养成了忽略笔画和字义的不好的习惯。不好的习惯也是习惯，既已养成，要更改就不容易了。跟其他习惯比较起来，字写得错不错不算太重要，譬如待人接物，就比较重要。务必使孩子们养成好的习惯，而且要一开始就注意，我看也是教师终身的座右铭。

讲 和 教

关于课堂里教师的讲，经常听见的有两个说法，一个是"讲深讲透"，再一个是"精讲多练"。"讲深讲透"专就教师方面说。"精讲多练"说到两方面，教师自己要"精讲"，同时要让学生"多练"。

我想，"讲深讲透"虽然专就教师方面说。但是教师胸中总得有学生，因为学生是教师的服务对象。所谓"深"和"透"都是漫无边际的，胸中有学生，就该立个标准。或者定个范围。譬如说，通过教师的讲，凡是学生应该理解的东西，学生真正理解了，这就是"讲深讲透"了：这样限定一下好不好？限定一下很有必要，一可以避免过于求深，不切实际，二可以避免多所多讲说，流于繁琐。

再就"精讲多练"想，我以为这个"精"字也漫无边际，似乎可以照前边说的，作同样的限定。至于"多练"，确乎极重要，不经过多练，理解的东西不容易化为熟练的知能和终身的习惯。要学生多练，又要不增加学生额外的负担。似乎不太容易。关键在教师怎样指导学生练习。如果真能做到循序渐进，引导学生脚踏实地一步一步走；练习的方式又多种多样。提个恰当的问，促使学生在关键要点上想一想，也都是练习，不限于写在作业本本上，那就不至于增加学生额外的负担了。

我又想，假如"深"、"透"、"精"都以使学生真正理解应该理解的东西为限，还有个方法上的问题。开门见山就讲是一种方法；让学生先来思考一番，像旧时教授法所谓"引起动机"那样，然后给他们讲，又是一种方法。如果设计得好，引起动机真正切合学生求知的欲望，那么这种方法比较好。为什么？因为学生先经过思考一番然后听教师的讲，必然专心致志，印入就比较深，言者谆谆、听者藐藐的情形，当然决不会有了。

孔子的想法更进一层，他不仅主张让学生先思考一番，而且要在学生思考而碰壁的时候老师才给教。他说"不愤不启，不悱不发。举一隅，不以三隅反，则不复也。"一般的解释，"愤"在这儿是想不通的意思，"悱"在这儿是说不清楚的意思，"隅"是四方形的一个角，"反"在这儿是推知的意思。把这两句话说成现代话，大致是"不到他想不通说不清楚的时候不启发他。教给了他一个角，他却不能由此推知其他三个角，就不再教他了。"

从这两句话看，可见孔子极重视学生的主观能动性。学生自己想得通的，说得清楚的，自然不必教。想不通了，说不清楚，这就是碰了壁了，其时学生心头的苦闷多么厉害，要求解决的欲望多么迫切，可想而知。在这种情况下受老师的教，真好比久旱逢甘雨，庄稼就会蓬蓬勃勃地滋长。孔子又强调学生能"以三隅反"，甚至说"不以三隅反"就不再教他了，似乎有点儿过火。我想孔子这第二句话可能是正话反说，意思是在学生碰了壁的时候才给教，学生不仅容易豁然贯通，同时也加强了主观能动性，因而一定能"以三隅反"了。

学生的主观能动性不断发展，将会达到这样一个境界：在事事物物中，随时随地能够发现问题并且解决问题。这样的人才是任何工作任何行业最为需要的，我恳切期望老师们向这方面着力。

关于探讨教材教法的几点想法

听说《课程·教材·教法》创刊，我有几点想法，就说一说。

第一点：经过三四年的努力，各科课本大致齐备了，今后在使用中当然还要修改。至少可以说，各科教材已经初具规模了。按理说，老师对教材的内容应该是熟悉的，问题在怎么运用这些教材把知识和技能教给学生。教和学的关系并不是简单的授给和接受的关系。老师把铅笔分发给学生，只要老师给了，学生就收到了。教课可不是这样，如果不得其法，只照着课本宣讲，学生很可能什么也得不到。所以我想，办这样一种刊物，推动大家来探讨各科教材的教法，交流教学的经验，的确是很有必要的。

第二点：教材即使编得非常详尽，也不过是某一学科的提要，加上一些必要的范例罢了（语文课本几乎全是范例）；因此，教材只能作为教课的依据，要教得好，使学生受到实益，还靠老师的善于运用。我国有一种至今还相当普遍的观念，认为"教"就是老师讲课本给学生听，"学"就是学生听老师讲课本。如果真的照这样做，学生得到的益处就非常有限。学生要学的，不光是课本上的知识，更重要的是在各科的学习中学会自己寻求知识和解决问题的本领。这是他们一辈子的工作和生活的第一需要。要使学生养成自己寻求知识和解决问题的习惯，并不是容易的事，这就更需要探讨各科教材的教法。

第三点：同样的教材，可以有不同的教法，因为教的人不同，学的人也不同。总之，能收到实效的就是好教法。不要因为谋种教法曾经受到某某的赞赏，就此"定于一"，不允许再有别的教法。任何一种教法都有优点和缺点，优点要它更优，缺点要它改正，这才能不断改进。轻易否定一种教法是不好的，把一种教法强加于人也是不好的，因为都不利于动员大家创造好的教法。

第四点：学习别人的成功的教法当然很必要，但是不宜生搬硬套，要结合自己的具体情况和学生的具体情况作适当的变通。同一种教法，因为教的人不同，学的人不同，收到的效果可能有很大的不同。就编辑《课程·教材·教法》这个刊物来说，不要代替老师编什么教案，而应该通过探讨教法和交流教学经验，让老师各自编出适合本校本班的教案来。老师对学生要用启发的手段，刊物对读者（就是教各科的老师）也应该用启发的手段；只有这样，才能使教学质量不断提高。

第五点：一位老师往往只教一门功课，一位学生要学的功课却有许多门。这许多门功课并不是各自孤立的，它们相互之间有很密切的联系。以语文课为例，就没有一门功课离得开语文。学生对各门功课的理解，基础之一就是他的语文程度；老师对各门功课的教导，也都会影响到学生的语文程度。所有各科老师要经常通气，互相配合，同心协力把学生教好。如果一位老师能够精通自己教的那门功课，对其他各门功课也都有大致的了解（按理说这并不是过分的希求），那么他教课的时候就能触类旁通，一定会使学生得到更多的益处。在这一方面给老师以帮助，也是《课程·教材·教法》的任务之一。

教育杂谈
——在民进外地来京参观教师茶话会上的讲话

我和诸位初次见面，但第一是同会，都是民进会员，第二是同行，我也当过十年教师。今天初次见面，我诚恳地向同志们致敬意。我的耳朵不好，

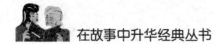

听不清楚。刚才不清楚地听了大家的讲话，也感到诸位是关心民进的工作的，热心于教育事业的，我心里激动得没法说。

刚才有一位同志说到我说过"教是为了不教"。后来我加了四个字："教是为了达到不需要教"。我觉得这样表达比较明白。是不是不教了，学生就学成了呢？非也。不教是因为学生能够自己学习了，不再需要老师教了。不要说小学毕业就学完了，中学毕业也没有学完，大学毕业考上了研究生，也不能算毕业。世界上的事情是学不完的，无论是谁，都要学习一辈子，咱们当教师的要引导他们，使他们能够自己学，自己学一辈子。一直学到老。世界的变化快得没法说。我们讲中国历史，唐朝宋朝有变化，明朝清朝有变化，清末到现在这一百年间，变化之快，跟以前相比恐怕难以用数字来说明。再看全世界，战后这30多年的变化多么大，近几年的变化多么大！一个人到某一阶段也非变不可，如果到此为止，停步不前，就是落后——不进则退。达到不需要教，就是要教给学生自己学习的本领，让他们自己学习一辈子。

学习不等于读书。认为读书就是学习，这个观点要打破。把进学校说成"读书"，是一种普通的说法，通俗的说法，不要把"读书"两个字看得太死。学生看得太死，学生自己吃亏；教师看得太化，不能教好学生；家长看得太死，对不起自己的子女。严格说起来，进小学中学大学都不是去读书，而是去受教育。受教育的目的不是为了应付考试，是为了做社会的合格成员、国家的合格公民。我新近做了一篇文章，题目是《读书和受教育》，不久将在香港《大公报》发表，意思大概是说，大家不要叫通俗的说法弄糊涂了，以为学生就是读书，教师就是教书，非也。教师并非教书，而是教育学生，使学生受学校的教育、受国家的教育。

现在很通行参观，不知诸位来到北京参观过学校没有？参观，怎么个参观法？今天某老师上课，他是位好老师，我们坐在旁边，听他怎么讲。听某老师怎么教是一个方面，老师教了，学生得到了什么，这是另一方面，参观要着重在后一方面。参观老师教课，要看老师是不是善于启发学生、引导学生，要看效果如何，学生是不是真有所得：所以不能光看老师唱独角戏。听到有人说，听某老师讲课简直是最高的艺术享受。我不大赞同这个说法。欣赏艺术要到剧院去，到音乐会去。参观学校最要紧的是看学生，而不是光看老师讲课。学生怎样生活，甚至怎样游戏，都应该是参观的内容。

还有个升学率问题。不讲升学率而升学率很高的学校，有上海的育才中学，段力佩同志在当校长。这个学校不片面追求升学率，毕业生考进大学的很多。他们就是根据党的教育万针来进行教育，不是为升学率而上课。目前的高中有三年的，有两年的，将来大概都要改成三年。许多高中，最后的一学期不上课，只是复习，为的应付高考。我想建议，即使三年，也要把三年内应当学的东西分配到六个学期中，让学生脚踏实地地学，老师尽心尽力地教，用不着抽出最后一个学期来复习。现在许多高中只有两年，实际上只学一年半，这个道理讲不通。学习不是为应付考试而强记，而是要让学生把所学的东西真正消化，使之成为自己的血肉，能终身受用。诸位能不能同意这个说法？我想建议取清高中最后一个学期的复习。

初次见到诸位，好像见到了亲人，想到什么就说了出来。时间有限，只能到此为止。诸位这次到北京来参观，精神上，体魄上都满载而归，回去一定工作顺利，比上学期更有进步。

1983 年 8 月 6 日讲读书和受教育

儿童开始进小学，中学生考上了大学，都说是去读书。"读书"是个通常的说法，大家说惯了，随和地说说也无妨，可是决不能信以为真，看得太死。如果信以为真，看得太死，学生本身大吃其亏自不必说；而且吃亏的范围非常之广，并不夸张地说，简直是整个社会、整个国家。

所以谁都要辨别清楚，学生上学，随俗地说是去读书，正确地说可不是去读书，而是去受教育，受教育是上学的全部意义和整个目的，读书是受教育的一种手段。为什么说是"一种"手段？因为除了读书还有其他手段。

受教育的意义和目的是做人，做社会的够格的成员，做国家的够格的公民。想到"做"字，就可以悟出光记住些什么是远远不够的。必得把某些精要的东西化为自身的血肉，养成永久的习惯，终身以之，永远实践，这才对于做人真有用处。

无论是谁，从各级各类学校出来之后还得受教育，大学生和研究生毕了业并非受教育的终结。那时候哪儿去受教育呢？从社会各方各面都可以受教育，只要自己有要受教育的坚强意愿。这就是自我教育，简化地说就是"自学"。自学能力的强或弱根据在校时候所受教育的好或差。假如在校时候常被引导向自学方面前进，学生有福了，他们一辈子得到无限好的受用。而且，不但他们自己，社会和国家也得到无限大的利益。不怕他人嗤笑，我简直要外行地说，所有各级各类学校以及补习、进修的机构的主要职能，全都在引

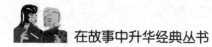

导来学的人向自学方面不断进展。

我说这句外行话源于两点意思。一点意思是，所有做人的必需的东西非常之多，教不尽的，各种教育机构只能取其重要的，作为例子来教。来学的人如果学一光知一，不能举一而反三，受益就不多。所以教了一，同时要引导来学的人能够反三：这就是引导他们自学。再一点意思是，学了什么如果光能守住什么，即使一丝一毫没遗漏也是不够的。不妨试想一下，要是半坡村人光知守而不知变，要是咱们的先民全都光知守而不知变，那么直到今天，茫茫神州还是不计其数的半坡村，哪会有灿烂光昌的中华人民共和国？所以执一不二，光知守而不知变，不求变，不善变，是极不适宜于做人之道的，尤其是在多变激变的 20 世纪 80 年代。这就给各种教育机构规定了必须担当的任务，在教育来学的人的同时，要特别注意引导他们知变、求变、善变，有所改革，有所创新：这就是引导他们自学。

一辈子坚持自学的人也就是一辈子自强不息的人。不难想象，这样的人不断增多，社会和国家将达到何等繁荣昌盛的境界。

因此，教师特别致力于引导学生善于自学，绝不是越出了教师的职责，绝不致贬低了教师的尊严。正相反，我以为唯有能这样做的教师才够得上称为名副其实的教育家。

现在来说读书。因为这篇拙作谈的是学校教育的事，姑且只说课内的读书，不说读课外书。课内的书就是各科的课本，也叫教科书。

不妨先设一问：为什么要有各科的课本？

我想，回答应该是这样：做一个够格的人，必须懂得许多事物，明白许多道理，实践许多好行为；可是事物不能全部直接接触，道理不能一时马上渗透，好行为不能立即正确实践，因而只能写在课本里，以便间接接触、从容揣摩、积久成习。学生读课本并非目的，真能懂得事物，真能明白道理，真能实践好行为，才是目的。

这三个"真能"极为重要。学生果真"真能"了，才是真正受到了教育。另外一种情形，要是学生能把课本读熟，考试的时候能按课本对答无误，可是跟三个"真能"却有或大或小的距离，那就成问题了。问题是学生在受教育的意义上有或大或小的亏缺。所以致此，或出于课本的编写失当，或由于教师的教学欠妥，或则二者兼之。因此，我诚恳地祝愿编者和教师，你们在编写和教学的时候务必注意到学生的三个"真能"，同时还要注意到引导学生向自学方面进展，终身做得到三个"真能"。

40年前，一位同事编小学课本，要说明蒸汽机能带动列车是怎么一回事。他写得很辛苦，一改再改，总不满意。他把稿子给我看，我看过后说。小学生念了这篇课文，恐怕对蒸汽机还是不甚了了，要是学校里有个蒸汽机的模型，酒精灯一点燃，活塞一推动，孩子们看了就大致懂得蒸汽机了，这篇课文也就不用写了。要是当地有火车站，火车站的站长容许孩子们爬上机车去看一看，那就懂得更清楚了。

看蒸汽机的模型开动，或者爬上机车去看一看，都是直观。直观是受教育的又一种手段。我想，无论什么学校总要尽可能让学生直观，光凭一堆课本总有不足之嫌，有观就是跟事物直接接触，因而容易懂得，容易明白其中的道理。学校里能有动植矿标本室、理化实验室、图书阅览室（那里的书不是课本了）、实习工厂、种植园地之类，当然最好。如果经费不充裕，小规模地设备一些总比完全没有好。地方上如果有动物园、植物园、博物馆、天文馆、地质馆、科技馆、图书馆等，自当组织学生去参观学习。此外，如工厂参观，农村访问，社会调查，假期旅行，也是使学生从直观中受到教育的好途径，不必细说。

还有一问，要使学生"真能"实践好行为，有没有直观的门径呢？我说有。其一，教师以身作则，事事处处为人师表，这就是学生最亲切的直观。其二，让学生多接近各方各面的先进模范人物，也是极为有益的直观。

教育工作者的全部工作就是为人师表

我在《教工》杂志去年的第三期上题过如本篇标题的一句话，现在方明同志要我把这句话大略伸说几句，就执笔写这一短篇。

第一点——通常说教育工作分"言教"和"身教"，以"身教"为贵。这是不错的。不过仔细想想，要是自己不明白某些道理，不擅长某些方法，怎么能说给学生听？这是一层。要是光能说明某些道理和方法，而在平日的实践中并不按照自己所说的道理和方法行事，那给予学生的不良影响是不必细说的。所以，凡是自己的实践必须跟说给学生听的一致，这是又一层。从以上说的两层看来，"言教"并非独立的一回事，而是依附于"身教"的；或以言教，或不言而教，实际上都是"身教"。"身教"就是"为人师表"，就是一言一动都足以为受教者的模范。

第二点——知识学问无止境，品德修养无止境，这是古今中外凡是有识见的人一致的认识。所以就个人来说，谁也不该固步自封，说我是够了，凭我现在这一身本领，可以应用一辈子了。至于教育工作者，担负的既然是教育工作，就不能不就当前国家的形势，就受教育者的前途，考虑该怎样"自处"。当前国家的形势怎样？两个文明必须大力推进，四化建设必须赶速完成，全国各族人民都在为此而勤奋努力，各方各面都开展前所未有的新局面。受教育者的前途怎样？回答一句话就可以概括：唯有投身到上面所说的洪流中去，各自尽一份应尽的力量。受教育者的前途既然是这样，教育工作者自当从这些方面训练他们、熏陶他们。就教育工作者个人方面来说，当前国家的形势既然如此，自己是全国各族人民中的一分子，本该德才兼备，知能日新，一心为公，实事求是。何况自己担负的是教育工作。无论言教或是不言之教，总之要把自己的好模样去教人，才能收到训练和熏陶的实效。把自己的好模样之教人就是"为人师表"。

第三点——"知也无涯"，没有接触过的事物不能知，没有探索过的道理不能知。现在是 20 世纪 80 年代，人类的进步事业飞速发展，宏观世界和微观世界的奥秘都有极其丰富的发见发明。但是绝没有到了尽头，很可能没有发见发明的比已经发见发明的还多得多。所以谁也不能是全知全能的人，只能是个"知之为知之，不知为不知"的人。教育工作者当然也如此。不过教育工作者必须为当前的受教育者着想，将来攀登新高峰窥见新奥秘的正是他们，非趁早给他们打基础不可，基础怎么打？还是身教为要。事事不马虎，样样问个为什么，受教育者看在眼里、印在心里，自然而然会养成钻研探索的良好习惯。至于一切事物后来居上的道理，历史洪流好比接力长跑的道理等，虽然只能言教，如果例证确凿，说理透彻，受教育者也会受到良好影响。我以为在当今的时代，这是教育工作者为人师表的极其重要的一项。

我就说以上三点，自知不免有重复处、欠透彻处，请方明同志和本刊的广大读者予以指教。